VOL.39

EDITORA AFILIADA

Dados Internacionais de Catalogação na Publicação (CIP)
(Câmara Brasileira do Livro, SP, Brasil)

Lipman, Matthew
 A filosofia vai à escola / Matthew Lipman; [tradução de Maria Elice de Brzezinski Prestes e Lucia Maria Silva Kremer] - São Paulo: Summus, 1990. (Novas buscas em educação; v. 39)

 Bibliografia.

 ISBN 978-85-323-0060-7

1. Filosofia - Estudo e ensino 2. Raciocínio I. Título II. Série.

90-1287
CDD-167
-160

Índice para catálogo sistemático:
1. Filosofia: Estudo e ensino 107
2. Raciocínio: Lógica 160

www.summus.com.br

EDITORA AFILIADA

Compre em lugar de fotocopiar.
Cada real que você dá por um livro recompensa seus autores
e os convida a produzir mais sobre o tema;
incentiva seus editores a encomendar, traduzir e publicar
outras obras sobre o assunto;
e paga aos livreiros por estocar e levar até você livros
para a sua informação e o se entretenimento.
Cada real que você dá pela fotocópia não autorizada de um livro
financia um crime
e ajuda a matar a produção intelectual de seu país.

A FILOSOFIA VAI À ESCOLA

Matthew Lipman

summus
editorial

Do riginal em língua inglesa
PHILOSOPHY GOES TO SCHOOL
Copyright © 1989 by Temple University Press
Direitos desta tradução reservados por Summus Editorial

Tradução: **Maria Alice de Brzeninski Prestes e Lucia Maria Silva Kremer**
Capa: **Edith Derdyk**
Direção da Coleção: **Fanny Abramovich**

Summus Editorial
Departamento editorial
Rua Itapicuru, 613 – 7º andar
05006-000 – São Paulo – SP
Fone: (11) 3872-3322
Fax: (11) 3872-7476
http://www.summus.com.br
e-mail: summus@summus.com.br

Atendimento ao consumidor
Summus Editorial
Fone: (11) 3865-9890

Vendas por atacado
Fone: (11) 3873-8638
Fax: (11) 3872-7476
e-mail: vendas@summus.com.br

Impresso no Brasil

NOVAS BUSCAS EM EDUCAÇÃO

Esta coleção está preocupada fundamentalmente com um aluno vivo, inquieto e participante; com um professor que não tema suas próprias dúvidas; e com uma escola aberta, viva, posta no mundo e ciente de que estamos chegando ao século XXI.

Neste sentido, é preciso repensar o processo educacional. É preciso preparar a pessoa para a vida e não para o mero acúmulo de informações.

A postura acadêmica do professor não está garantindo maior mobilidade à agilidade do aluno (tenha ele a idade que tiver). Assim, é preciso trabalhar o aluno como uma pessoa inteira, com sua afetividade, suas percepções, sua expressão, seus sentidos, sua crítica, sua criatividade...

Algo deve ser feito para que o aluno possa ampliar seus referenciais do mundo e trabalhar, simultaneamente, com todas as linguagens (escrita, sonora, dramática, cinematográfica, corporal etc.).

A derrubada dos muros da escola poderá integrar a educação ao espaço vivificante do mundo e ajudará o aluno a construir sua própria visão do universo.

É fundamental que se questione mais sobre educação. Para isto, deve-se estar mais aberto, mais inquieto, mais vivo, mais poroso, mais ligado, refletindo sobre o nosso cotidiano pedagógico e se perguntando sobre o seu futuro.

É necessário nos instrumentarmos com os processos vividos pelos outros educadores como contraponto aos nossos, tomarmos contato com experiências mais antigas mas que permanecem inquietantes, pesquisarmos o que vem se propondo em termos de educação (dentro e fora da escola) no Brasil e no mundo.

A coleção *Novas Buscas em Educação* pretende ajudar a repensar velhos problemas ou novas dúvidas, que coloquem num outro prisma preocupações irresolvidas de todos aqueles envolvidos em educação: pais, educadores, estudantes, comunicadores, psicólogos, fonoaudiólogos, assistentes sociais e, sobretudo, professores... Pretende servir a todos aqueles que saibam que o único compromisso do educador é com a dinâmica. e que uma postura estática é a garantia do não-crescimento daquele a quem se propõe educar.

ÍNDICE

Introdução à edição brasileira 9

Prefácio 13

I. Introdução 17
  1. Refazendo os Fundamentos 19

II. Filosofia na Educação 25
  2. A Prática Filosófica e a Reforma Educacional 27
  3. O Papel da Filosofia na Educação para o Pensar 47
  4. Filosofia, Pensamento Crítico e o Núcleo Comum de Cultura 54

III. Investigação Ética nas Escolas 63
  5. Educação para os Valores Cívicos 65
  6. A Investigação Ética e o Ofício da Prática Moral 92

IV. Impacto sobre o Currículo 105
  7. Filosofia e Ciência da Educação no 1º grau 107
  8. Raciocínio na Linguagem no 1º grau 121
  9. Investigação Social no 2º grau 130
  10. Pensamento e Escrita no 2º grau 145

V. Reflexões sobre a Prática: Implicações para a Reforma Educacional 161

11. Elaborando um Currículo para Aperfeiçoar o Pensamento e a Compreensão 163
12. Preparando os Professores para Ensinar a Pensar .. 173
13. Doze Sessões com *Pimpa* em P.S. 87: Um Diário de Classe 182
14. Filosofia e Criatividade 196

VI. Epílogo 213
    15. A Filosofia da Infância 215

Apêndice: Aplicando Habilidades Específicas de Raciocínio a Questões de Valores 227
Notas 245
Bibliografia 251

INTRODUÇÃO À EDIÇÃO BRASILEIRA

A edição brasileira de *A Filosofia Vai à Escola* de Matthew Lipman vem colocar, pela primeira vez para o público leitor brasileiro, uma completa apresentação teórica da inusitada proposta educacional de Filosofia para Crianças, cujo objetivo é o de desenvolver o pensamento e o raciocínio de alunos de primeiro e segundo graus através de discussões filosóficas nas salas de aula. Este trabalho foi recebido inicialmente com ceticismo tanto por filósofos como por educadores: aqueles temiam que a filosofia seria desvirtuada ao ser apresentada a alunos ainda imaturos, enquanto estes duvidavam do valor educativo da filosofia como disciplina curricular nos anos de formação básica.

Mas, desde o seu início (nos Estados Unidos em 1970,) Filosofia para Crianças vem se revelando extremamente eficaz em desenvolver o pensamento crítico de crianças, sugerindo que o raciocínio é tão ou mais básico que as disciplinas assim chamadas. Numerosas avaliações experimentais em vários países demonstram que os alunos que estudam filosofia expressam-se com maior clareza, lêem melhor, escrevem melhor, desempenham-se melhor em matemática, pensam mais criativamente, interessam-se mais pelos estudos, questiona mais e... adoram fazer filosofia. Hoje os programas de Lipman são adaptados e aplicados em 29 países, entre eles o Brasil, onde, desde 1985, centenas e centenas de crianças brasileiras discutem animadamente os temas filosóficos.

A concepção da educação como um processo cujo objetivo principal é o de levar os alunos a pensar não é nova, como tampouco o é a consciência de que o processo educacional tradicional não o faz. Cansados da triste constatação de que os alunos não querem ou não sabem pensar, a maioria dos educadores hoje rejeita os moldes tradicionais nos quais o ensino consiste da transmissão, pelo professor aos alunos, de informações e conhecimentos previamente estabelecidos. A inadequação da educação tradicional é clara: ela dificilmente se aplica a sociedades em rápida, profunda e imprevisível transformação como é a nossa; a quantidade e velocidade das informações tornam seu armazenamento uma tarefa impossível para as pessoas (diz-se que o último homem a saber tudo foi John Stuart Mill!); simplesmente não podemos saber o que as próximas gerações necessitarão conhecer ou dentro de quais realidades elas terão de aplicar seus conhecimentos.

A tarefa dos educadores de hoje é menos a de transmitir conteúdos aos alunos e mais a de orientá-los a como buscar aquilo que necessitam saber e como processar as informações para que dêem subsídios para a aquisição de conhecimentos significativos. Os educadores devem desenvolver seu próprio pensamento, e, para tal, na expressão do autor, devem "afiar as ferramentas" intelectuais. Os professores devem maximizar as oportunidades nas quais os alunos exercitam seu raciocínio e aprendem a buscar, questionar a investigar em lugar de esperar ou aceitar as respostas que lhes vêm prontas. Em discussões filosóficas com os colegas, os alunos aprendem a formular e expressar seus próprios pensamentos, a ouvir e respeitar as posições dos outros, a forjar e empregar critérios adequados para a avaliação de conceitos e a adoção de valores próprios.

Para Lipman, a filosofia e a educação para pensar estão imbricados; uma definição do filosofar poderia ser o "exame auto-corretivo de maneiras alternativas de fazer (making), dizer (saying) e agir (doing)." O autor defende a tese de que o pensar e a discussão filosóficos geram o próprio pensar que se busca desenvolver nos alunos "dentro de um contexto humanístico da filosofia no qual os alunos experienciam relevância cultural e rigor metodológico". É essa estreita identificação entre processo e produto que torna a filosofia uma disciplina tão valiosa dentro da educação primária e secundária.

A filosofia é interdisciplinar por excelência. Destacando esta característica, o autor afirma que a filosofia deve ser o núcleo dos currículos de primeiro e segundo graus. O pensamento crítico gerado pela filosofia infunde nas demais disciplinas o questionamento, o espírito de auto-correção e a razoabilidade, assim como a busca de normas e padrões de logicidade e racionalidade.

Poucos lugares se mostram tão apropriados para o exercício do questionamento filosófico como a sala de aula. Ali, professores e alunos tornam-se co-participantes de comunidades de investigação de assuntos importantes para a vida humana, que são, enfim, os temas da própria filosofia.

Nossa experiência do Centro Brasileiro de Filosofia para Crianças vem nos demonstrando que a filosofia abre novos horizontes não apenas às crianças que a estudam como também aos professores que ministram as aulas. Quando os professores abrem mão de sua tradicional postura como autoridades do saber, eles participam integralmente com seus alunos nas discussões filosóficas. Opera-se uma transformação na sala de aula: o processo de aprendizagem é compartilhado por todos e torna-se aquilo que efetivamente deveria ser, ou seja, a busca de significado.

A obra de Lipman convida o leitor a questionar e refletir com o autor sobre a responsabilidade que temos, como educadores, de influir na formação de pessoas capazes de pensar, escolher e decidir por si mesmas. Penso que não poderíamos encontrar melhor interlocutor para essa reflexão do que este filósofo e educador, que, em lugar de tentar dar respostas, nos incita um questionamento autocorretivo da nossa própria realidade educacional.

CATHERINE YOUNG SILVA, 18 de junho de 1990.
Centro Brasileiro de Filosofia para Crianças
São Paulo, Brasil

PREFÁCIO

O ingresso da filosofia nas escolas ainda se dá por um conta-gotas. Mas é perceptível e cresce com regularidade. Preocupados em desenvolver a qualidade do pensamento das crianças, muitos educadores têm percebido que a filosofia é uma opção educacional estimulante e confiável. O mesmo acontece com aqueles que esquadrinham os programas de humanidades para as séries iniciais do 1º grau a fim de enriquecer o currículo orientado para habilidades, típico das escolas atuais: a filosofia oferece às crianças a oportunidade de discutir conceitos, tais como o de verdade, que existem em todas as outras disciplinas mas que não são abertamente examinados por nenhuma delas. A filosofia oferece um fórum no qual as crianças podem descobrir, por si mesmas, a relevância, para suas vidas, dos ideais que norteiam a vida de todas as pessoas. Com o passar do tempo, a presença da filosofia nas escolas é mais aceita, mais aprovada, e o que cada vez mais surpreende é o fato de ter estado ausente até agora.

A emergência da filosofia como uma disciplina das séries iniciais do 1º grau tem sido acompanhada de uma pequena mostra de estudos documentando a possibilidade de se envolver em uma investigação filosófica com crianças — trabalhos como os de Gareth B. Matthew em *Philosophy and the Young Child* e *Dialogues with Children*, de Ronald F. Reed em *Talking with Children*, de Michael S. Pritchard em *Philosophical Adventures with Children* e de Lipman e Sharp em *Growing Up with Philosophy*.

Quando o enfoque passa da possibilidade de conversação filosófica das crianças para a questão mais ampla da prática da filosofia como uma disciplina escolar, o trabalho central é *Philosophy in the Classroom*, de Lipman, Sharp e Oscanyan. Esse livro fornece uma teorética para o currículo de filosofia desenvolvido pelo Institute for the Advancement of Philosophy for Children de Montclair State College. Por outro lado, tornou-se um livro de consulta para professores que buscam sugestões práticas para guiar discussões filosóficas, para envolver-se em investigações éticas e para ajudar as crianças a encontrarem mais significado em ler, ouvir, falar e escrever. Esses são apenas alguns dentre os muitos assuntos árduos e complexos com os quais *Philosophy in the Classroom* tenta lidar, fazendo-o porém de modo um tanto breve devido ao esforço em ser compreensível. Alguns desses assuntos têm peso suficiente para que uma discussão mais ampla não possa ser adiada por muito mais tempo. Exemplos são a relação do ensino de filosofia com o desenvolvimento do pensar, a natureza de uma comunidade de investigação e o significado educacional da filosofia.

Este livro procura dedicar-se ao significado educacional da filosofia no 1º grau, embora, ocasionalmente, possa sondar alguns dos outros assuntos já mencionados. Com isso busca um equilíbrio entre generalidade e especificidade.

A parte II do livro discute a questão geral da contribuição da filosofia para o ensino de 1º e 2º graus. Várias alusões a Platão tentam fornecer uma perspectiva histórica e algumas referências ao cenário educacional contemporâneo indicam onde se encontra a filosofia no espectro das ofertas curriculares disponíveis ao supervisor escolar.

A parte III e o capítulo 14 exploram as contribuições para a educação que podem ser esperadas de dois ramos particulares da filosofia — ética e estética. As questões sobre a criatividade, tratadas no capítulo 14, estavam entre aquelas mais notadamente ausentes em *Philosophy in the Classroom*. A discussão aqui não é definitiva, mas pode ser tomada como uma introdução para uma exploração posterior. O mesmo acontece com os comentários que lidam com educação ética e cívica.

Na parte IV, é feito um esforço para lidar com matérias de áreas específicas em níveis educacionais específicos, ilustrando como a filosofia pode ser relevante nesses casos. As matérias são comunicação e expressão, ciências e estudos sociais.

A parte V retorna aos temas da prática educacional e da reforma educacional que foram tratados no capítulo 1. Oferece algumas reflexões sobre a significação da filosofia no ensino de 1º grau no desenvolvimento do currículo, na preparação do professor e no ensino para o pensar na sala de aula.

Vários capítulos apareceram originalmente em outras publicações. A introdução foi originalmente publicada em *Federation Reports: The Journal of the State Humanities Councils* 5, n? 5 (set.-out., 1982): 1-4. "Prática Filosófica e a Reforma Educacional" foi publicado no *Journal of Thought* 20, n? 4 (Inverno, 1985): 20-36 (com uma réplica de Kurt Baier, pp. 37-44). "O Papel da Filosofia na Educação para o Pensar" fez parte dos anais da *Conference 85 on Critical Thinking* (Abril), publicado pelo Christopher Newport College, pp. 41-52. Embora não tenha sido publicado, "Educação para os Valores Cívicos" foi um documento aprovado em 1981 pelo Departamento de Educação de Nova York. "Investigação Ética e o Ofício da Prática Moral" foi publicado no *Journal of Moral Education*, 16, n? 2 (maio, 1987): 139-47, com a permissão de NFERNELSON, Windsor, Inglaterra. Os capítulos 7 a 10 serviram como introduções aos manuais de instrução no currículo da Filosofia para Crianças. O capítulo 11 foi publicado originalmente em *Philosophy Today* 31, n? 1/4 (Primavera, 1987): 90-96, e uma parte do capítulo 13 foi publicada em *Analytic Teaching* 3, n? 1 (nov.-dez., 1982): 19-25. O capítulo 15 (Epílogo) é do *Thinking: The Journal of Philosophy for Children* 2, n?s 3-4, pp. 4-7. Parte do Apêndice foi publicado originalmente no *National Forum* 65, n? 1 (Inverno, 1985): 22-23. Reimpresso com a permissão do National Forum, "Critical Thinking", Inverno 1985.

I. INTRODUÇÃO

1. REFAZENDO OS FUNDAMENTOS

Contra o Saber Convencional

Um Cálicles irônico no *Górgias* insinua que a filosofia é somente para crianças: os adultos, melhor que lidem com os assuntos sérios da vida. Comentários subseqüentes em Platão afirmam que Cálicles deve estar errado: a filosofia é somente para os adultos, e quanto mais velhos forem, melhores serão, provavelmente. (Uma inferência estranha, especialmente quando se nota que Sócrates acolhe a conversação com jovens e velhos com o mesmo gosto.)

Por essa razão deve ser um choque para muitos que milhares de crianças, talvez até dezenas de milhares — do jardim-de-infância ao 2º grau — tenham aulas de filosofia, reputadamente a mais obscura, desconcertante e impenetrável das disciplinas. O que aconteceu? A matéria foi indescritivelmente vulgarizada? É preciso agora memorizar o *Enchiridion* de Epíteto na infância e ser capaz de recitar David Hume e John Stuart Mill ao completar a 5ª série? Os supervisores e diretores até agora sérios perderam a cabeça?

Pelo contrário. Há muito se desconfiava que a filosofia, apesar de sua carapaça exterior, carregava dentro de si tesouros pedagógicos de grande generosidade e que esses tesouros poderiam, algum dia, seguir o "método Socrático" e dar sua valiosa contribuição para a educação. Se agora a filosofia está encontrando um lugar respeitável no ensino de 1º e 2º graus é porque educadores sisudos descobriram que as crianças estão encantadas com ela e que a filosofia contribui significativamente para o seu desenvolvimento educacional, mesmo na área de "habilidades básicas" como leitura e matemática.

Talvez em nenhum outro lugar a filosofia seja mais bem-vinda do que no início da educação escolar, até agora um deserto de oportunidades perdidas. Mas as habilidades de raciocínio que a filosofia fornece encontram-se completamente à vontade nas séries finais do 1º grau e no 2º grau. Toda matéria parece ser mais fácil de aprender quando seu ensino é inspirado pelo espírito aberto, crítico e de rigor lógico característico da filosofia; mas, além disso, a filosofia é ensinada como uma disciplina autônoma e independente para que estudantes e professores nunca a percam de vista como um modelo criativo, ainda que disciplinado, de investigação intelectual.

Tudo isso, é óbvio, atinge frontalmente o saber convencional. Uma "taxionomia de objetivos educacionais" da moda estabeleceu uma espécie de pirâmide das funções cognitivas, na qual a lembrança de fatos específicos forma a desprezível base e as habilidades de análise e avaliação formam o exaltado vértice. A partir daí foi muito fácil para professores, pedagogos e, do mesmo modo, para os elaboradores de currículos, inferir que a educação deve necessariamente seguir das funções de nível inferior para as de nível superior. Esta inferência foi particularmente inútil e é evidente que o progresso educacional dependerá, de agora em diante, de nossa capacidade de inverter tal pirâmide nociva, bem como de injetar habilidades analíticas em todos os níveis do currículo.

Isto não significa que a educação reflexiva, na qual a filosofia está emparelhada com as outras disciplinas, surge de lugar nenhum e não pode citar nenhuma origem ou tradição. Tem-se apenas que reler Montaigne e Locke, Richard e Maria Edgeworth, Coleridge e I. A. Richards, ou Dewey e Bruner para perceber que uma noção rudimentar mas poderosa estava lutando para nascer.

A contribuição de John Dewey, é preciso reconhecer, minimiza a de todos os outros, sobretudo devido às suas colocações em filosofia da educação. Sem dúvida foi Dewey quem previu, nos tempos modernos, que a filosofia tinha que ser redefinida como o cultivo do pensamento ao invés de transmissão de conhecimento; que não poderia haver diferença entre o método pelo qual os professores eram ensinados e o método pelo qual seria esperado que eles ensinassem; que a lógica de uma disciplina não devia ser confundida com a seqüência das descobertas que constituiriam sua compreensão; que a reflexão do estudante é melhor estimulada pela experiência viva do que por um texto desidratado, formalmente organizado; que nada melhor que a discussão disciplinada para aguçar e aperfeiçoar o raciocínio e que as habilidades de raciocínio são essenciais para ler e escrever com sucesso; e que a alternativa para não doutrinar os estudantes está em ajudá-los a refletir efetivamente sobre os valores que constantemente são impostos a eles. Rejeitando tanto o romantismo como seus oponentes, Dewey não viu a criança como "anjo" nem como "capeta", mas como um ser tão criativamente promissor que exige de nossa parte um domínio da civilização como um todo para compreender o significado e o portento de sua conduta em desenvolvimento.

Há apenas um pequeno passo de distância entre Dewey e a alegação de Jerome Bruner de que a herança cultural do gênero humano pode ser ensinada com toda integridade em todas as séries escolares; e a insistência de Michael Oakeshott de que todas as disciplinas, tanto as ciências como as humanidades, são linguagens a ser aprendidas, linguagens cuja interação constitui a "conversação do gênero humano"; e o pensamento de Wittgenstein e Ryle, e o diálogo de Buber. Um outro pequeno passo e nós vemos o texto substituído pelo romance filosófico e pelo manual de instruções* (como Wittgenstein teria ficado encantado!) composto quase que exclusivamente de questões filosóficas.

Implicações para as Disciplinas

As humanidades devem lançar um segundo olhar no que está acontecendo com a filosofia: pode haver muito o que aprender sobre o modo como uma disciplina, que tinha sido anteriormente limitada ao claustro da universidade, começou a penetrar na educação primária para a qual as outras humanidades tiveram, até agora, somente acesso limitado. Isso não significa negar que a filosofia pode ser singular em alguns aspectos e que tem potenciais pedagógicos com os quais as outras disciplinas não podem competir. Ainda assim haveria muito a ser aprendido da autotransformação que a filosofia teve de sofrer: para ser digna de consideração no nível da escola primária ela está agora começando a trabalhar a sua volta a universidade e a modificar o modo com que é apresentada até nessa atmosfera mais arrojada. Além do mais, se a posição das humanidades não é eminentemente segura, mesmo no nível universitário, isso é menos devido à estreiteza da sociedade em que vivemos do que ao fracasso dessas disciplinas de se engajarem na busca da auto-avaliação em relação ao currículo e à pedagogia, coisa que a filosofia tem achado conveniente fazer, embora às vezes relutantemente.

Dessa forma, para se fazer aceitável às crianças, a filosofia tem

---

* Referência aos livros do mesmo autor, que compõem o Programa de Filosofia para Crianças. (N.T.)

tido de sacrificar a terminologia hermética através da qual, desde Aristóteles, tem conseguido se fazer ininteligível para o leigo e escassamente inteligível para o graduado em filosofia. O caso da disciplina de lógica é particularmente instrutivo. A lógica certamente é um acompanhamento indispensável para o cultivo do raciocínio, já que os critérios lógicos são os únicos que temos para distinguir um raciocínio melhor de um pior. Mas a lógica mostrou ser uma família razoavelmente desordenada de muitas lógicas, que têm surgido a esmo através dos séculos, e poucos autores de textos nesta área concordam a respeito de o que é logicamente prioritário para quê ou de o que é pedagogicamente prioritário para quê. Conseqüentemente, a tradução da filosofia tradicional em filosofia para crianças exigiu uma ordenação dos tópicos de lógica de modo que os estudantes pudessem compreender intuitivamente cada novo passo e como ele decorre do anterior.

Como já foi indicado, o texto tradicional dá lugar ao romance filosófico, um trabalho de ficção constituído, tanto quanto possível, de diálogos de modo a eliminar a repreensível voz de um narrador adulto atrás dos bastidores. As idéias filosóficas estão espalhadas profusamente em cada página, de modo que é rara a criança que possa ler uma página sem ser golpeada por alguma coisa intrigante, alguma coisa controversa ou algo que a deixe maravilhada. À medida que as crianças que povoam o romance vão se envolvendo numa cooperação intelectual e, assim, formando uma comunidade de investigação, a história se torna um paradigma para as crianças reais da sala de aula. De fato, o objetivo de cada um desses romances é ser um exemplo ao retratar crianças de ficção no ato de descobrir a natureza da disciplina na qual e sobre a qual é esperado que as crianças da sala de aula pensem.

Do mesmo modo, o tradicional "manual do professor", um compêndio de monótonos exercícios de fixação, deu lugar a estratégias de questionamento e planos de discussão relacionados a páginas e linhas específicas do texto. O propósito é extrair diálogo através do qual os conceitos puxados pelo texto são operacionalizados e compreendidos. Se no decorrer de tal diálogo em sala de aula uma insuspeita quantidade de alternativas é descoberta, o objetivo não é desnortear os estudantes levando-os ao relativismo, mas encorajá-los a empregar as ferramentas e métodos de investigação para que possam, competentemente, avaliar evidências, detectar incoerências e incompatibilidades, tirar conclusões válidas, construir hipóteses e empregar critérios até que percebam as possibilidades de objetividade com relação a valores e fatos.

As Tarefas que Temos pela Frente

Não há por que ensinar lógica às crianças se ao mesmo tempo não as ensinarmos a pensar logicamente. Do mesmo modo, o objetivo de ensinar história é levar as crianças a pensar historicamente e, no caso da matemática, levá-las a pensar matematicamente. Aprender qualquer língua (inclusive línguas estrangeiras) é aprender a pensar nessa língua. Se a educação tem como objetivo a produção de crianças racionais, elas devem ser capazes de pensar na matéria e sobre a matéria de ensino.

Melhorar o nível do ensino de 1º e 2º graus na direção desse objetivo é uma tarefa monumental, uma tarefa que as escolas não estão em posição de realizar por si mesmas. (A idéia de que os professores de hoje podem, apenas com o esforço de fim de semana, alcançar estratégias pelas quais a educação pública pode elevar-se a um novo nível de excelência é tão irreal quanto a idéia de que uma pessoa pode "fazer-se por si própria".) As escolas não têm escolha a não ser voltar-se para a faculdade e para a universidade — isto é, para os mais avançados profissionais das disciplinas. O passo inicial provavelmente imporia uma revisão radical no currículo. O árido texto didático teria de ser substituído por materiais (não necessariamente romances) que tanto mostrassem como comunicassem o que é o pensar uma disciplina. E essa disciplina teria de ser apresentada aos estudantes como algo agradável, algo a ser descoberto e a ser apropriado por eles mesmos e não como algo estranho e intimidador. As habilidades de raciocínio inerentes a cada uma das matérias teriam de estar explícitas e cultivadas em cada uma delas. E a sala de aula teria de se devotar ao raciocínio, à investigação, à auto-avaliação, até se tornar uma comunidade exploratória e autocorretiva onde os professores são peritos tanto em cultivar a reflexão como em comprometer-se com ela.

As páginas seguintes exploram o panorama a nossa frente: o que a educação pode ser com a inclusão da filosofia no currículo. Muitas páginas são dedicadas a uma defesa dessa inclusão e, nesse estágio, tais justificativas são indispensáveis. Contudo, com o correr do tempo, não serão justificativas teóricas que farão da filosofia um componente essencial do currículo das séries iniciais do 1º grau, mas o fato de que as crianças gostam dela e os professores e coordenadores a respeitam. A filosofia só terá seu lugar legítimo no núcleo curricular quando tiver mostrado aos educadores que pertence a ele. Isso é algo que este livro sozinho não pode fazer; para isso, a teoria deve seguir a prática.

II. FILOSOFIA NA EDUCAÇÃO

2. A PRÁTICA FILOSÓFICA E A REFORMA EDUCACIONAL

Platão Condenou a Filosofia para o Jovem?

Todos nós sabemos que a filosofia surgiu na Grécia há mais de dois mil anos, e por esse empreendimento honramos personalidades como Tales, Anaximandro, Anaxágoras e Anaxímenes. Aparentemente, a filosofia foi em seu começo encorpada com aforismos, poesia, diálogo e drama. Mas essa multiplicidade de veículos filosóficos teve vida curta e a filosofia tornou-se aquilo que, de modo geral, permaneceu: uma disciplina acadêmica, cujo acesso foi limitado aos estudantes das universidades.

Na maioria dos casos, espera-se que tais estudantes *aprendam* filosofia ao invés de *fazê-la*. Eles estudam a história dos sistemas de filosofia (talvez dos pré-socráticos até Hegel ou de Aristóteles até S. Tomás ou de Russell até Quine) como preparação aos exames finais ou para a elaboração de discussões filosóficas extensas sobre tópicos obscuros, mas respeitados, a fim de obterem qualificação acadêmica.

Mas a filosofia é uma sobrevivente. Numa era em que a maioria das humanidades foi colocada contra a parede, ela tem conseguido se manter a salvo — ainda que de forma moderada — principalmente por ter-se convertido numa indústria de conhecimento: *pace* Sócrates! Mas o preço da sobrevivência foi alto: a filosofia teve de abdicar de toda reivindicação de exercer um papel socialmente significativo. Mesmo os catedráticos de filosofia mais renomados da atualidade teriam de admitir que, no vasto palco do mundo dos negócios, eles aparecem apenas como atores coadjuvantes ou membros da multidão.

Curiosamente, a despeito de sua contínua impotência social, a filosofia permaneceu, em seu próprio domínio, uma disciplina de incrível riqueza e diversidade. Apenas nos últimos séculos é que surgiu um novo sinal sugerindo que a filosofia tem aplicações práticas jamais imaginadas pelos acadêmicos, e aqui e ali existem aqueles que ficam maravilhados (como Descartes, espantado com o fato de que as matemáticas ofereciam fundamentos poderosos mas que não eram utilizados) diante do vasto panorama de sua aplicabilidade.

Contudo, *aplicar* filosofia e *fazer* filosofia não são a mesma coisa. O paradigma do fazer filosofia é a figura altiva e solitária de Sócrates. Para ele não se tratava de uma aquisição nem de uma profissão, mas de um modo de vida. O que Sócrates nos exemplifica não é uma filosofia conhecida nem aplicada, mas *praticada*. Ele nos desafia a reconhecer que como obra, como forma de vida, a filosofia é algo a que qualquer um de nós pode dedicar-se.

Qualquer um de nós? Ou somente os homens? Ou somente os adultos? Para muitos filósofos a racionalidade só é encontrada nos adultos. As crianças (como as mulheres) podem ser charmosas, bonitas, agradáveis, mas raramente são consideradas capazes de ser racionais ou lógicas. Descartes, por exemplo, e o jovem Piaget parece que pensavam a infância como um período de erro epistemológico que é, felizmente, perdido com a maturidade. A dicotomia adulto/criança tem um paralelo óbvio na dicotomia entre a gerência industrial ideal ("razão") e os trabalhadores ideais ("prazer"). Contudo, é provável que aquela dicotomia, no que concerne à capacidade de perseguir uma forma de vida filosófica, tenha sido absurda para Sócrates.

Geralmente, se uma disciplina só é disponível na graduação universitária, ou acima dela, é porque trata de algo considerado inapropriado para as crianças ou não essencial para sua educação. Entretanto, não é exatamente este o caso da filosofia, pois ela já foi parte essencial da educação de príncipes e princesas conforme aponta Jacques Derrida.[1] Mas a Reforma pôs um fim a isso: a filosofia afigurou-se completamente supérflua no preparo dos futuros homens de negócios e cientistas. Com a ascendência da ideologia dos negócios, a filosofia foi tirada de cena no que dizia respeito à educação das crianças. Nem mesmo Dewey, tranqüilamente o mais perspicaz de todos os filósofos da educação, pôde persuadir-se a defender a filosofia como uma matéria da escola primária, mas isto porque já se havia comprometido a reconstruir a educação de acordo com as linhas da investigação científica. Para outros, a filosofia afigurou-se muito difícil às crianças ou muito frívola ou muito árida; alguns até a acharam muito perigosa. O que havia com a filosofia para ocasionar essas apreensões?

Voltemos a Platão e reexaminemos sua atitude em relação ao ensino de filosofia aos jovens. Nos primeiros diálogos, como se sabe, Sócrates fala para jovens e velhos da mesma maneira, embora não seja clara a idade desses jovens. (Robert Brumbaugh, por exemplo, supõe que as duas crianças em *Lysis* têm 11 anos.) Não há indicações de que Sócrates tenha alguma apreensão em relação a essas conversações com crianças (embora em outras ocasiões ele seja capaz de demonstrar um certo embaraço quanto ao que está fazendo: basta lembrar a sua conduta bizarra em *Fedro*). Mas então surge uma inversão aparentemente dramática: no livro VII da *República*, depois de nos aconselhar, genialmente, a estimular as crianças a seus estudos pelo prazer e não pela coação e depois de ter elogiado, talvez em demasia, a dialética ("o espírito sinóptico é dialético, os outros não o são"), ele insiste em que as crianças não sejam expostas à dialética, porque "os que a ela se dedicam estão cheios de desordem"*[537]. Os jovens, ele diz,

> uma vez que tenham provado a dialética, abusam dela e convertem-na em jogo, utilizando-a para contradizer incessantemente, e, imitando os que a refutam, refutam os outros, por seu turno, e se comprazem, como cães novos, em puxar e estraçalhar pelo raciocínio todos os que se lhes aproximam. Após refutar muitas vezes os outros, e terem sido eles próprios muitas vezes refutados, deixam rapidamente de acreditar em tudo que acreditavam antes; e, por aí, eles próprios e a filosofia inteira ficam desacreditados perante a opinião pública. [539][2]

Seguramente essa última observação não deve ser considerada com leviandade. A situação da filosofia naqueles tempos turbulentos era suficientemente precária para não incorrer em riscos adicionais encorajando os pirralhos de Atenas a argumentarem e especularem. Nem podemos esquecer que até Aristóteles teve de sair apressadamente de Atenas, a fim de não proporcionar aos atenienses a oportunidade de fazer a ele o que haviam feito a Sócrates e assim "pecar duas vezes contra a filosofia".

Uma razão, portanto, para separar as crianças da filosofia é protegê-la, pois se for concedido às crianças fazer filosofia, ela parecerá indigna dos adultos. Outra razão é a proteção das crianças: a dialética irá subvertê-las, corrompê-las, infectá-las com a desor-

---

* Utilizamos a tradução de J. Guinsburg para *A República* (Col. Clássicos Garnier). São Paulo, Difusão Européia do Livro, 1965. (N.T.)

dem. Essas razões, deve-se presumir, foram tomadas como conclusivas desde que Platão as escreveu, e sua autoridade foi invocada para desencorajar as iniciativas educacionais que poderiam ter dado às crianças o acesso à filosofia mais cedo. O que temos a dizer sobre isso? Platão errou ao se opor tão vigorosamente ao treino dialético para as crianças no livro VII? Neste momento pode ser útil considerar o quadro da Atenas intelectual pintado por Gilbert Ryle. Ryle nos fornece um retrato bastante especulativo do modo pelo qual eram ensinados aos estudantes os procedimentos e as técnicas da heurística ou dialética. A disputa intelectual era suprema: aos debatedores eram apontadas teses para defender ou atacar, independente de suas crenças pessoais, e era através desses procedimentos de "júri simulado", argumenta Ryle, que o poder de persuasão pela argumentação era cultivado e conquistado. Essas condições de debate "provaram ser o começo do raciocínio filosófico — metodológico". Nada nas considerações de Ryle indica que ele achou censuráveis essas técnicas de instrução forense ou sofística.

De fato, noutra parte, Ryle parece achar que Sócrates também não estava inclinado a distinguir raciocínio filosófico de filosofia. Assim ele defende que Sócrates na *Apologia* dá "apenas uma resposta superficial à acusação de impiedade mas faz uma defesa demorada da prática do questionamento erístico". Ryle identifica tal questionamento como o "método Socrático" e nos diz que era o direito de se envolver nesse questionamento que Sócrates estava interessado em justificar.[3]

Aqui precisamos ter muito cuidado. Uma coisa é dizer que o debate e a argumentação podem ser artifícios disciplinares úteis na preparação daqueles que se engajam no raciocínio filosófico; outra coisa, completamente diferente, é supor que a filosofia é redutível à argumentação. O método erístico de ensino, provavelmente introduzido em Atenas pelo sofista Protágoras, pode ter sido adequado para preparar os futuros advogados e políticos, mas será que era realmente útil para a preparação de todos os demais (inclusive pretensos filósofos) que buscavam uma visão de mundo mais racional? Seria realmente estranho se Sócrates (que considerava da maior urgência o exame compartilhado dos conceitos essenciais à conduta de vida) tivesse se contentado em equiparar essa busca importantíssima com os procedimentos áridos, técnicos, da argumentação dialética. O que Sócrates enfatiza é o prosseguimento ininterrupto da investigação filosófica, seguindo o raciocínio para onde quer que ele conduza (confiante de que, seja onde for, a sabedoria se encontra naquela direção) e, não, o ofegar e o tinir de armaduras em batalhas dialéticas, onde o prêmio não está na compreensão mas na vitória.

O que fez a retórica clássica e a dialética perigosas para os jovens de qualquer forma foi a separação entre a técnica e a convicção. As crianças deveriam adquirir prática em discutir os conceitos que elas considerassem importantes. Fazer com que discutam assuntos que lhes são indiferentes priva-as dos prazeres intrínsecos de se tornarem educadas e abastece a sociedade com futuros cidadãos que nem discutem o que lhes interessa nem se interessam pelo que discutem. A educação forense, a preparação de advogados que possam defender qualquer lado independente de suas próprias convicções (se tiverem alguma) devia ser considerada um caso especial e de modo nenhum um modelo para o resto da educação. O meio de cultura do amoralismo é o treinamento de técnicos que supõem que os fins são dados (ou que não importam), de modo que suas preocupações são simplesmente com os meios, com as táticas, com as técnicas. Se às crianças não é dada a oportunidade de pesar e discutir tanto os fins quanto os meios e suas inter-relações, elas provavelmente tornar-se-ão céticas a respeito de tudo, exceto de seu próprio bem-estar, e os adultos não tardarão em condená-las como "pequenos relativistas estúpidos".

Pode-se prontamente conjecturar, portanto, que o que Platão estava condenando no livro sétimo da *República* não era a prática da filosofia pelas crianças enquanto tal, mas a redução da filosofia aos exercícios sofísticos na dialética ou retórica, cujos efeitos sobre as crianças seriam particularmente devastadores e desmoralizantes. Existe melhor maneira de garantir o amoralismo no adulto do que ensinando à criança que uma crença é tão defensável quanto qualquer outra? Que o certo deve ser o produto do poder de argumentação? Se esse é o modo pelo qual a filosofia é colocada à disposição das crianças, Platão poderia ter dito, é muito melhor, então, que elas não tenham filosofia alguma.

A condenação de Platão à argumentação erística feita pelas crianças é coerente com suas suspeitas gerais a respeito do que quer que fosse proposto pelos sofistas à Grécia. Evidentemente Platão via os sofistas como seus rivais em subversão: eles lhe pareciam estar minando as bases da moralidade grega, enquanto Platão estava tentando minar as bases da *imoralidade* grega. Quando eles eloquentemente equipararam a dialética com a filosofia — equipararam, em suma, a parte com o todo — Platão e Sócrates não foram incluídos. Em nenhum lugar Sócrates jamais estabeleceu um limite de quando fazer filosofia com pessoas de idades diferentes, pois fazer filosofia não é uma questão de idade mas de habilidade em refletir escrupulosa e corajosamente sobre o que se considera importante. Na verda-

de, quando Cálicles sugere a Sócrates que a filosofia é indigna dos homens adultos, nós podemos imaginar a diversão de Platão em ser capaz de implantar uma idéia tão sediciosa quanto essa na conversação.[4]
É difícil duvidar que a proibição tradicional da filosofia para crianças seja devida, principalmente, às citações da *República* de Platão. Todavia, deve-se concluir que à medida que essa proibição se apóia numa referência a Platão, ela se apóia num engano.

A Investigação Filosófica como Modelo de Educação

O sistema educacional contemporâneo é geralmente descrito como monolítico, inflexível e impenetrável. No entanto, é consideravelmente mais pluralístico do que sugerem essas considerações — de uma trama mais larga, mais aberta e diversificada. Dentro de muitas de suas frestas e interstícios há os coordenadores escolares para quem a filosofia para crianças, por qualquer que seja a razão, parece irresistível. Alguns a apreciam por sua promessa de desenvolver as habilidades de raciocínio; outros a admiram porque os alunos parecem gostar dela por ela mesma e não por causa das notas ou pela relevância a suas aspirações vocacionais. Alguns a vêem como o tronco central do ensino de 1º e 2º graus, do qual as disciplinas especializadas podem emergir; outros a vêem como uma prevenção salutar ao abuso do álcool e das drogas. Esses educadores talvez estejam familiarizados com a recusa tradicional da filosofia para crianças, mas são suficientemente práticos para rejeitá-la. Eles gostam do que acontece quando as crianças fazem filosofia. Eles talvez não saibam que a filosofia para crianças preenche o conselho pedagógico de Platão de que a educação é conduzida "não pela coação mas pelo prazer". Embora possa não ser fácil colocar a filosofia no seu devido lugar, é suficiente para eles que ela funcione quando colocada no lugar certo.

Sob essas circunstâncias, a filosofia para crianças continua a buscar seu caminho nas séries iniciais do 1º grau. Afinal, notícia boa logo se espalha; as crianças que têm filosofia vangloriam-se disso para aquelas que não têm e, longe de ser vista com ódio e desdém, a filosofia tornou-se um símbolo de *status* nas séries iniciais do 1º grau. Mas todas essas mudanças talvez não passem de sintomas de uma tendência da moda. Como, então, justificar a filosofia enquanto uma disciplina obrigatória para as séries iniciais do 1º grau — talvez até como o cerne ou armação do currículo?

Isso não é fácil, porque exige um tipo de conhecimento de si próprio que nós, como educadores, sabemos ser altamente ardiloso, mas que Sócrates costumava insistir ser indispensável para uma vida proveitosa. Devemos pôr de lado qualquer ilusão que possamos ter sobre a influência benigna que exercemos como educadores e falar francamente uns com os outros como Santayana fala do "magnífico exemplo" que Spinoza nos dá

da liberdade filosófica, da coragem, firmeza e sinceridade com as quais ele resignou seu coração à verdade... Muitos antes e a partir de Spinoza encontraram o segredo da paz: mas a singularidade de Spinoza, pelo menos no mundo moderno, foi que ele facilitou essa vitória moral através de postulados seguros. Ele não pediu a Deus para encontrá-lo no meio do caminho: ele não encobriu os fatos, conforme os fatos parecem esclarecer a razão ou conforme eles se apresentam à ciência de seu tempo. Ele solucionou o problema da vida espiritual após afirmá-lo nos termos mais inflexíveis, mordazes e cruéis. Animemo-nos hoje para imitar seu exemplo, não pela simples aceitação da sua solução, que para alguns de nós poderia ser fácil, mas exercitando sua coragem em face de um mundo de algum modo diferente.[5]

Se examinarmos nosso sistema educacional com essa franqueza, é absolutamente previsível que seremos obrigados a concluir não apenas que é imperfeito, mas que suas imperfeições são muito mais responsáveis do que gostaríamos de admitir pelas graves circunstâncias em que o mundo se encontra atualmente. Se lamentamos nossos líderes e nossos eleitores por serem egoístas e não esclarecidos, devemos lembrar que eles são produtos de nosso sistema educacional. Se protestamos, como um fator atenuante, que eles são também produtos dos lares e famílias, devemos lembrar que os pais e avós dessas famílias são igualmente produtos do mesmíssimo processo de educação. Como educadores, temos uma enorme responsabilidade pela irracionalidade da população mundial.

Sócrates devia saber que o verniz do conhecimento de si próprio fornecido pela filosofia em si mesma dificilmente bastaria para deter um estado ateniense firmemente decidido em sua própria destruição. Contudo, ele insistiu a ponto de demonstrar que o que estava fazendo valia mais para ele do que para a vida em si. (Sempre o professor, mesmo seu ato final foi intencionalmente instrutivo!) Certamente Sócrates percebeu que a discussão dos conceitos filosóficos era, por si mesma, apenas um frágil caniço. O que ele deve ter tentado mostrar era que o fazer filosofia simbolizava uma investigação compartilhada como um modo de vida. Não é preciso ser um filósofo para cultivar o espírito autocorretivo da comunidade de investigação; pelo contrário, ela pode, e deve, ser cultivada em cada uma de nossas instituições.

Existe então uma justificativa restrita e outra mais ampla para a filosofia para crianças. O argumento mais restrito é que ela dá uma contribuição salutar ao currículo e à sala de aula. A justificativa mais ampla apóia-se no modo pelo qual paradigmaticamente representa a educação do futuro como uma forma de vida que não foi ainda percebida e como um tipo de práxis. A reforma da educação tem de ter a investigação filosófica compartilhada na sala de aula como um modelo heurístico. Sem a orientação de um paradigma como esse, continuaremos a ser arrastados e o currículo continuará a ser uma mixórdia.

O que É Ser Educado Plenamente

Alguns educadores vêem hoje a filosofia para crianças prefigurando uma reavaliação radical da educação e estão ansiosos em relacionar as características da filosofia da escola primária que o processo educacional como um todo, segundo eles, deve exibir. Essa é, sem dúvida, uma abordagem atraente, mas deve ser acompanhada por uma análise de princípios. Comumente não se tenta retraçar alguma coisa a menos que antes se saiba o que esperar ou o que tentar realizar por meio disso. Os gregos provavelmente foram os primeiros a insistir que as instituições (e não apenas as pessoas) precisavam ser aperfeiçoadas e que apenas por meio de ideais como os de justiça e liberdade podia ser medida e julgada a reforma das instituições existentes. É improvável que a noção de perfeição nos incite da mesma forma que aos gregos. Todavia, podemos ainda concordar com Dewey de que nada na sociedade humana inspira maior admiração que instituições humanas como ciência e arte, medicina e direito que buscam em suas práticas aproximar-se de seus respectivos ideais de verdade e beleza, saúde e justiça.

Qual é então o ideal de que a prática educacional busca aproximar-se? Essa parece ser a principal questão que a reformulação da educação tem de enfrentar; no entanto, assim colocada, pode ser muito difícil respondê-la. Talvez devêssemos tentar primeiro uma pergunta diferente: em que aspecto a educação mais nos desaponta? Nossa resposta não precisa ser, de maneira nenhuma, equívoca e ao responder a esta questão automaticamente respondemos à primeira: o maior desapontamento da educação tradicional é o seu fracasso em produzir pessoas que se aproximem do ideal de racionalidade. (Isso não quer dizer que todos aqueles que são racionais têm de ser educados, mas que qualquer um que seja educado deve ser racional.) Pode ser que em séculos anteriores a irracionalidade fosse um luxo ao qual os seres humanos pudessem permitir-se, mesmo que o preço fosse alto. Devia ser evidente, no entanto, que os custos de nossa atitude tolerante diante da irracionalidade estão agora muito além de nosso alcance. Ainda podemos sorrir indulgentemente quando lemos sobre as legendárias figuras da história que eram esplendidamente excêntricas e magnificamente ilógicas: elas atacavam brutalmente suas vítimas, mas não punham tudo em risco. Não é mais esse o caso; teremos de raciocinar juntos ou morreremos juntos.

Tradicionalmente, a educação é entendida como uma iniciação à cultura e a pessoa educada é tomada como uma pessoa "refinada" ou como uma pessoa "culta". Porém, um olhar mais atento na educação tradicional pode mostrar alunos que estudam e, de fato, aprendem, mas que ainda fracassam na tentativa de pensar nos termos da disciplina ou de apropriar-se totalmente dela. Raramente a educação tradicional foi capaz de satisfazer o desafio de Vico — o único caminho para realmente compreender uma coisa é o de representá-lo de algum modo. Só se pode compreender o que é ser um contador de histórias tornando-se um contador de histórias, um pintor, apenas tornando-se um pintor, um dançarino ou um operário ou um escravo, apenas tornando-se um dançarino ou um operário ou um escravo.

Para se ter uma educação plena, é preciso ser capaz de tratar cada disciplina como uma linguagem e de pensar fluentemente nessa linguagem; de ser culto em seu raciocínio, assim como em tudo o mais, lembrando que o raciocínio é mais efetivamente cultivado no contexto da filosofia; e de demonstrar habilidades educacionais não meramente como aquisições de propriedades intelectuais ou como o acúmulo de um capital espiritual, mas como uma apropriação genuína que resulta no engrandecimento do ser. Por ser a filosofia a disciplina que melhor nos prepara para pensar nos termos das outras disciplinas, tem de lhe ser dado um papel central nos estágios iniciais (assim como nos posteriores) do processo educacional.

Convertendo as Salas de Aula em Comunidades de Investigação

Não seria realístico esperar que crianças educadas em meio a instituições injustas se comportassem justamente. Aqueles que abusam dos direitos dos outros freqüentemente acabam sendo, eles mesmos, objetos de abuso. Do mesmo modo, não é realístico esperar que uma criança educada em meio a instituições irracionais comporte-se racionalmente. A irracionalidade das instituições deve ser evitada. Perdoá-las por isso é permitir que sejam tomadas como a desculpa das crianças que se criaram em tais instituições e que adotam a sua irracionalidade.

A instituição com que nós, enquanto educadores, estamos principalmente interessados é a educação. As irracionalidades ou os "defeitos socialmente padronizados" que permeiam a educação têm de ser extirpados porque não morrem sozinhos: eles têm uma extraordinária capacidade de autoperpetuação. Isso exige que levemos um maior grau de ordem racional ao que existe atualmente nos currículos, na metodologia de ensino, no processo de educação dos professores e nos procedimentos de avaliação. Os ajustamentos feitos em cada uma dessas áreas têm de ser determinados, por sua vez, pelas inter-relações que elas têm entre si, como componentes da educação, do mesmo modo que a estrutura da educação depende do tipo de mundo em que queremos viver, já que terá muito a ver com as características desse mundo.

Muito freqüentemente os componentes da educação têm esse tipo de inter-relação bizarra para a qual a melhor analogia é a de colocar o carro na frente dos bois. A avaliação, que devia ter, na melhor das hipóteses, apenas uma posição auxiliar, tende a ser a força que dirige o sistema. O conteúdo das avaliações estrutura o currículo que, por sua vez, controla a natureza da educação do professor. Isso não significa negar que a prática corrente nas escolas de educação é geralmente compatível com o ato da educação superior, assim como esse ato é, em geral, compatível com o da sociedade da qual é uma parte. Escolas de educação tendem a repetir os valores de sua sociedade, e não o contrário.

Já que o principal objetivo da educação é aprender, como é o caso em todas as sociedades tribais, o modelo de memorização dominará a avaliação e os professores acharão difícil não ensinar para os testes. Igualmente triste é que o modelo de aquisição de informação que domina a educação, em vez de estimular as crianças a pensarem por si mesmas, seja um fracasso até em seus próprios termos, pois ficamos constantemente assustados com o pouco que nossas crianças parecem saber sobre a história do mundo ou sobre a sua organização política e econômica. O efeito do modelo tribal é mais o de abafar do que o de iniciar o pensamento no estudante. Isso não significa que precisamos começar a produzir avaliações melhores; precisamos, sim, perguntar a nós mesmos em que tipo de mundo queremos viver, que tipo de educação é mais apropriado para contribuir ao surgimento de tal mundo e que tipo de currículo é mais apropriado para produzir tal educação. Temos, então, de começar a produzir esse currículo melhor.

Existem boas razões para pensar que o modelo para toda e qualquer sala de aula — aquela que busca aproximar-se e às vezes consegue — é a comunidade de investigação. Por investigação quero dizer perseverança na exploração autocorretiva de questões consideradas, ao mesmo tempo, importantes e problemáticas. De modo nenhum quero sugerir que a investigação dá um prêmio maior à descoberta do que à invenção, ou um prêmio maior às atividades governadas por regras em oposição à improvisação. Os que produzem trabalho de arte não são menos praticantes da investigação do que aqueles que produzem novos tratados epistemológicos ou novas descobertas em biologia.

Se começarmos com a prática da sala de aula, a prática de convertê-la numa comunidade reflexiva que pensa nas disciplinas relativas ao mundo e sobre os seus pensamentos sobre o mundo, logo perceberemos que as comunidades podem ser aninhadas dentro de comunidades maiores e essas dentro de outras ainda maiores, desde que todas empreguem a mesma fidelidade aos mesmos procedimentos de investigação. Esse é o familiar efeito de onda da pedra arremessada ao lago: mais e mais comunidades circundantes, cada vez maiores, são formadas, cada uma constituída de indivíduos comprometidos com a exploração autocorretiva e com a criatividade. Esse é um quadro que deve seu sucesso tanto a Charles Peirce quanto a John Dewey, mas duvido que eles disputassem os créditos se pensassem haver uma esperança de sua realização.

Como freqüentemente acontece quando as pessoas descrevem os castelos de seus sonhos, as realidades essenciais são muito facilmente negligenciadas — como as escadas pelas quais os castelos têm de ser alcançados e os temíveis dragões e o gigante à espreita que têm de ser evitados ao longo do caminho. Essas são algumas considerações que não devíamos deixar de levar em conta.

Apropriando a cultura

O modelo tribal de educação, no qual a criança é iniciada na cultura, na verdade fornece a assimilação da criança pela cultura. Ao contrário, o modelo reflexivo de educação fornece a apropriação da cultura pela criança. Um bom ponto de referência seria o livro didático. Na situação atual, o livro didático é um dispositivo que se levanta contra a criança como um estranho e rígido *outro*. Ele tem essa natureza obstruída porque nele o conteúdo aparece como o produto final de um ponto de vista aceito ou adulto. Como Dewey apontaria, o livro didático (um século após *The Child and the Curriculum*) ainda é organizado logicamente, como um índice de matéria ou uma seqüência de teorias e, não, psicologicamente, em termos dos interesses e motivações em desenvolvimento da criança. Não é alguma coisa que a criança queira apreciar e possuir do modo como aprecia e assimila uma história ou uma pintura; é, ao contrário, um sumário de conteúdos formal, triste, opressivo e de muitas maneiras ininteligível, e que a criança tem de aprender.

Tudo isso é desnecessário, já que sabemos a partir dos trabalhos de Bruner e de outros que a criança considera o conteúdo que é contextualizado (isto é, apresentado na forma de uma história) como algo a ser apropriado, em vez de rejeitado. Se as crianças têm de aprender a pensar uma disciplina de modo a se apropriarem de sua herança humanística, têm de começar com o conteúdo ainda bruto das disciplinas e lapidá-lo por si mesmas. Mastigá-lo para as crianças de antemão, do jeito que os pássaros mastigam o alimento para os filhotes, dificilmente é um modo correto de educar. As crianças que são apresentadas à lógica como uma disciplina acabada acham-na repugnante, mas podem achar delicioso descobri-la pouco a pouco e ver como se entrelaça e se aplica à linguagem e — por que não? — ao mundo. Provavelmente, assim é que a lógica foi descoberta e podemos supor que os primeiros gregos sentiram o mesmo excitamento e senso de poder e mestria em descobrir a lógica. Na verdade, aprender bem alguma coisa é aprender com o mesmo espírito de descoberta que prevaleceu quando foi descoberta ou no mesmo espírito de invenção de quando foi inventada. Quando esse espírito, que é verdadeiramente o espírito da investigação, predominar na sala de aula, as crianças trabalharão avidamente os conteúdos das artes, das ciências e das humanidades por elas mesmas e se apropriarão deles por elas mesmas.

Adquirindo ferramentas conceituais

Apresentar a um artista iniciante as grandes obras do passado pode ser estimulante, se for na hora certa, mas intimidador se for cedo demais. Por essa razão, é de fundamental importância que os jovens artistas aprendam as ferramentas de seu ofício ao mesmo tempo que aprendem a explorar sua própria experiência e a descobrir suas próprias intenções. Tudo isso é igualmente aplicável ao aluno iniciante. As crianças podem ser inspiradas por histórias de heróis e heroínas, mas para elas pensarem por si próprias sobre éticas, elas têm de engajar-se em investigação ética. Isso impõe aprender as ferramentas do ofício; adquirir prática em ponderar as relações entre os meios e os fins e entre as partes e o todo; acostumar-se a investigar sobre regras e conseqüências; e ter experiência em exemplificar, ilustrar, universalizar, descobrir pressuposições éticas subjacentes e deduzir ou induzir conclusões implícitas. A hora de usar essas ferramentas virá segundo a natureza dos estudantes (e será produtora de instituições morais presumivelmente defensáveis). Mas até que isso aconteça, o estudo da ética acarreta a construção e apropriação do jogo de ferramentas éticas e o mesmo pode ser dito em relação ao estudo de qualquer outra disciplina.

Um exemplo de como a educação abastece os estudantes essencialmente com ferramentas é o uso de critérios. Hoje em dia, é comumente aceito que uma sociedade democrática consiste em cidadãos que estão aparelhados para avaliar até que ponto as instituições dessa sociedade estão funcionando bem. Tal avaliação necessariamente requer cidadãos que tenham facilidade em empregar critérios. No entanto, se entendermos, como nossas autoridades educacionais, que essa avaliação é uma habilidade de ordem superior que só se pode usar quando se atinge a atmosfera rarefeita do 2º grau ou de educação superior, então podemos desistir de equipar os estudantes com tal habilidade. A verdade é que, quase ao mesmo tempo em que começam a falar, as crianças citam razões, dentre as quais estão as intenções e critérios que elas empregam para propósitos avaliativos. É, portanto, possível dar às crianças uma prática sistemática no emprego de critérios no decorrer de sua escolaridade de modo que na época em que estiverem prontas para a cidadania ativa elas estarão muito bem preparadas para realizar o gênero de avaliação das instituições que cidadãos democráticos têm de saber fazer.

A racionalização do currículo

O advento da filosofia para crianças exige que o conjunto massivo das obras de filosofia, o acúmulo de milhares de anos de erudição filosófica, seja revisto em linhas gerais para determinar como pode ser seqüenciado ao longo do 1º e 2º graus. Isso deve ser feito sem prejuízo da intensa curiosidade e prontidão para a discussão que as crianças pequenas têm em relação a temas cosmológicos, éticos, epistemológicos e a outros temas filosóficos. Isso tem de ser feito de modo a fortalecer em vez de enfraquecer os laços familiares e os entendimentos entre gerações. E tem de ser feito de tal modo que demande o maior profissionalismo possível por parte do professor, que não deve ficar em desacordo com o seu papel educacional (como, por exemplo, brincando de terapeuta).

Para que os professores de outras disciplinas sigam esse exemplo, eles têm igualmente de rever todo o conteúdo programático, repensar a ordem seqüencial em que as matérias por eles selecionadas poderia ser melhor apresentada, e coordenar suas seqüências com aquelas oferecidas pelas demais disciplinas. Isso pode significar que muito do que é oferecido atualmente (por ex., em matemática) pode ser trocado ou reformulado para as primeiras ou últimas séries, dependendo de o que uma reavaliação racional considerasse necessário. Por outro lado, a seqüência racional do currículo revelaria muitas lacunas e hiatos que teriam de ser preenchidos para produzir transições suaves de um ponto do currículo para o seguinte. Um currículo racional é organizado de tal modo que cada passo prepara o caminho para os passos que o seguem e pressupõe, para o seu domínio, os passos que o precedem. É muito diferente do currículo vigente que parece uma escada em que faltam numerosos degraus, de modo que os estudantes que pretendem subi-la, na maioria das vezes, falham e desistem.

A transição para o texto

O texto secundário, com o qual tanto contamos em educação, é uma barreira entre a criança e sua herança humanística, assim como cursos de "metodologias" são uma barreira entre os professores e as disciplinas acadêmicas. Substituir o texto secundário pelos textos originais seria fazer rolar a pedra da boca da caverna e permitir a entrada da luz do sol. Infelizmente, o processo de educação de massa, exigido pelas jovens democracias como a nossa, deve operar sem o alto grau de preparação cognitiva fornecido a crianças nascidas nas famílias de elite de sociedades anteriores. Por conseqüência, tem de ser criada uma literatura de transição a fim de preparar o caminho para o encontro, em escolaridade posterior, com os textos originais. Essa literatura de transição (um exemplo da qual seria o currículo de Filosofia para Crianças) teria valores consumatórios e instrumentais, pelos quais seria por si mesma aprazível, assim como pavimentaria o caminho para os textos originais serem encarados no futuro. Muitos estudantes que nunca lerão um trabalho original em filosofia podem, contudo, gostar de ler, discutir e escrever sobre *Pimpa* e *A Descoberta de Ari dos Telles*; mas muitos outros que tenham lido essas novelas filosóficas para crianças ficarão tentados a investigar Platão e Aristóteles por si próprios. Se tiverem de defrontar-se com os Platões e Aristóteles das outras disciplinas, os estudantes terão que ser levados a eles por versões afins de *Ari* e *Pimpa* ou por outros tipos de currículo de transição, cujo intuito é fornecer experiências estimulantes que originarão crianças reflexivas e argumentativas. Exatamente como as histórias infantis baseadas nos trabalhos de Homero, que nós lemos há muito tempo atrás, prepararamnos para a emoção quase *déjà vu* do encontro efetivo com a *Ilíada* e a *Odisséia*, assim também uma vasta literatura de textos preparatórios terá de ser produzida como degraus para alcançar as fronteiras menos acessíveis de nossa herança humanística e com as quais os estudantes do 2º grau e da universidade deverão familiarizar-se.

A primazia da discussão

Assim como um gato pode ser mais prontamente encorajado a buscar a saída de uma caixa se o mecanismo de tranca for operado por um cordão em vez de uma chave, assim uma criança é mais rapidamente encorajada a participar da educação se esta enfatizar a discussão em vez de exercícios monótonos com papel e caneta. A discussão, por sua vez, aguça o raciocínio e as habilidades de investigação das crianças como nenhuma outra coisa pode fazer. Mas, em muitas salas de aula, falar é um nome feio e as tentativas feitas pelos estudantes neste sentido, às escondidas, são tratadas como evidência de desobediência e não como impulsos saudáveis que apenas precisam ser efetivamente organizados a fim de que sejam aproveitados a serviço da educação. Na verdade, embora devêssemos estar prontos a reconhecer que, virtualmente, toda experiência educacional da escola primária deve envolver ou apontar na direção dos cinco fatores — ler, escrever, ouvir, falar e raciocinar —, temos de estar preparados para ver que eles existem em níveis diferentes, que raciocinar é comum a todos eles e que falar e ouvir formam os fundamentos sobre os quais ler e escrever podem ser sobrepostos.

Eliminando a fragmentação do currículo

Temos de manter a exigência de que as disciplinas acadêmicas façam algo para reduzir o isolamento entre elas porque vemos a confusão que um currículo fragmentado produz nos estudantes. Infelizmente, as disciplinas permanecerão inteiramente impotentes para resolver esse problema enquanto continuarem a se autodefinirem como áreas de conteúdo a ser aprendido, ao invés de linguagens nas quais os estudantes devem aprender a pensar. As disciplinas também parecem estar distantes umas das outras porque recuaram dos contornos formais que uma vez foram vitais para sua integridade, à medida que as disciplinas técnicas suprimiram seus aspectos filosóficos. Quando uma disciplina tenta se despir de seus pressupostos éticos, lógicos, estéticos e epistemológicos e suas ramificações porque estes são "contestáveis" ou "controversos", elimina as verdadeiras características que capacitavam os estudantes a vê-la formando um todo com as outras disciplinas acadêmicas. É por isso que a introdução da filosofia no currículo escolar tende a reduzir, em vez de intensificar, o senso de fragmentação do estudante. A filosofia está, por assim dizer, em ângulos retos com as outras disciplinas, de modo que juntas, como urdidura e trama, se interpenetram e se entrelaçam até produzirem um tecido sem costuras. A educação não pode recuperar-se a si mesma sem eliminar a supressão das preocupações filosóficas inerentes a cada uma das disciplinas.

Superando a dicotomia conceitos *versus* habilidades

Alguns educadores, críticos do modo pelo qual algumas escolas parecem ter certeza de que estão preparando seus estudantes para a educação superior, enquanto outras supõem estar preparando seus estudantes para vocações de níveis inferiores, acusam as primeiras de enfatizar o desenvolvimento conceitual enquanto as últimas estão dominadas por uma mentalidade de memorização, acentuando a correção do erro em vez da originalidade. Embora haja mérito nessa visão, o desenvolvimento conceitual não é irreconciliável com o desenvolvimento de habilidades, nem a aquisição de habilidades depende da execução de exercícios. Além do mais, não há nada de incompatível em encorajar os estudantes ao pensamento original e, ao mesmo tempo, encorajá-los a descobrirem os erros em seus pensamentos. Existem professores que adotam com prazer a filosofia das séries iniciais do 1º grau porque acham que finalmente escaparam da "tirania das respostas certas e erradas" e ficam um tanto desanimados quando aprendem que não é exatamente isso. A introdução da filosofia nas outras disciplinas acadêmicas não se limita a eliminar a confiança das "respostas certas e erradas"; ela também introduz uma compreensão crítica para quando tais respostas são ou não apropriadas e um maior discernimento quando se trata de decidir o que é errado e o que é certo. Se o currículo de Filosofia para Crianças fosse autorizado a servir como um paradigma educacional, seguramente o modo pelo qual poderia ser mais útil é precisamente o de demonstrar que a aquisição de habilidades e o desenvolvimento de conceitos (nesse caso, as habilidades são as habilidades de raciocínio e de investigação e os conceitos são as idéias predominantes na história da filosofia) podem acompanhar e reforçar um ao outro.

Reconhecendo a importância do metacognitivo

A psicologia educacional descobriu repentinamente a importância do pensar sobre o pensar: de estudar, monitorar e rever o próprio processo de pensamento. Isso, por sua vez, chamou a atenção para o papel educacional dos atos mentais (por exemplo, admitir, supor, concordar, estimar, conjecturar, relembrar), dos atos metacognitivos (por exemplo, saber que se lembra, admitir que se sabe), dos atos meta-afetivos (por exemplo, querer desejar, ou esperar amar), e dos atos mentais correspondentes (por exemplo, meu inferir que você infere). Se esses atos mentais são considerados como desempenhos a serem desenvolvidos pelos exercícios de classe, os resultados serão quase que certamente contraproducentes. No entanto, através de certos procedimentos, os estudantes podem ser levados a se tornar mais atentos ao próprio uso de tais condutas.

Uma das histórias do currículo de filosofia das séries iniciais do 1º grau tem uma menina cega contando sobre um acidente em que ela estava presente. Para os leitores de 2ª e 3ª séries* do 1º grau de *Issao e Guga* é perfeitamente possível distinguir o que ela percebe do que ela infere, o que ela aceita como verdade baseada no testemunho dos outros e o que ela infere desse testemunho. O que é especialmente significativo, no entanto, é que os leitores têm de inferir o que a menina infere, conjecturar o que ela conjectura, estimar o que ela estima. Eles não só aprendem esses atos mentais como, principalmente, são compelidos a desempenhá-los — e de forma competente!

No geral, é assim que as habilidades de raciocínio deviam ser desenvolvidas, pelo desempenho voluntário e não pelos exercícios compulsórios, possa-se ou não citar a definição taxionômica das habilidades envolvidas. O ato metacognitivo é o que torna possível a autocorreção. Uma coisa é os atos mentais e as habilidades de raciocínio e de investigação estarem dirigidos ao mundo e outra coisa é estarem dirigidos a si mesmos. Quando começamos a fazer inferências sobre o modo como fazemos inferências, a desenvolver conceitos sobre os modos como desenvolvemos conceitos e a definir os modos pelos quais construímos definições, nosso pensamento torna-se cibernético. Mas cada ato mental, ou habilidade de raciocínio, pode ser transformado em qualquer um ou em todos os outros, como em duas colunas onde cada componente combina com todos os outros (ver Figura 1).

O fermento da atividade mental que aqui vemos é o aspecto de automonitoramento da mente. Temos de aprender como cultivá-lo, pois as crianças provavelmente não raciocinarão melhor se não puderem raciocinar sobre como elas raciocinam.

---
* No Brasil, *Issao e Guga* é trabalhado nas 1ªs e 2ªs séries do 1º grau seguido de *Pimpa*, para as 3ªs e 4ªs séries. Nos EUA, os dois programas são alternativos às 2ªs e 3ªs séries do 1º grau. (N.T.)

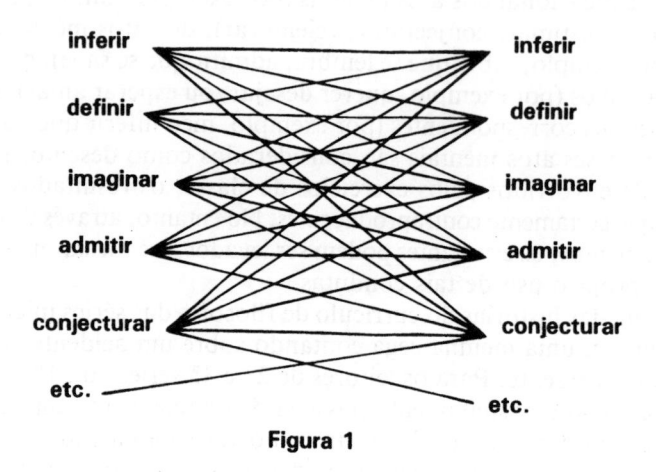

```
inferir                    inferir
definir                    definir
imaginar                   imaginar
admitir                    admitir
conjecturar                conjecturar
etc.                       etc.
```
Figura 1

Educando os educadores

As escolas de educação parecem estar continuamente em luta com crises de identidade. Como adolescentes, parecem estar constantemente experimentando novas personalidades, dependendo do que lhes parece estar momentaneamente na moda. Num momento é dinâmica de grupo, em outro é manejo de sala de aula, ou lado direito ou lado esquerdo do cérebro, ou alguma outra panacéia temerária e de vida curta. Se a educação do futuro tiver de ter substância, a educação dos professores irá requerer mais integridade do que tem atualmente. Terá de descobrir sua própria identidade, seu próprio senso de direção, e isso deve lhe dar um sentido de proporção em termos de como distribuir suas energias em relação à hierarquia de seus interesses.

Não se pode admitir (como as disciplinas acadêmicas costumam fazer) que o mero conhecimento de uma determinada matéria assegura competência no seu ensino. Como existem muitos professores e doutores que conhecem bem suas áreas e são incompetentes para ensiná-las, não podemos acreditar nisso. Mas, por outro lado, não se pode admitir (como as escolas de educação têm admitido mais recentemente) que os professores podem prescindir de conhecer as áreas que ensinam se tiverem cursos sobre os métodos de ensino dessas áreas. Isso é um pouco como tentar desenvolver futuros romancistas oferecendo-lhes cursos sobre como escrever um livro. Não é que essas abordagens estejam inteiramente erradas; é que elas são desesperadamente unilaterais.

Os professores do futuro deveriam estar familiarizados com os principais aspectos das disciplinas que lecionam, em qualquer que seja a série escolar, do mesmo modo que com os elementos da metodologia instrucional que são apropriados a suas disciplinas. De modo geral, os professores devem ser ensinados exatamente pelos mesmos procedimentos que eles usarão em sala de aula. Se nelas são desejáveis as discussões e as aulas expositivas são detestáveis, então deveria haver nas escolas de educação o máximo de discussão e o mínimo de exposição. Se os professores das crianças devem encorajá-las a pensar por si próprias, então os professores de educação devem encorajar os professores graduandos a pensarem por si próprios. No entanto, assim como os professores não podem ser eficientes se antipatizarem ou se forem indiferentes às crianças, também não podem ser indiferentes à disciplina que ensinam. Têm de amá-la, pois somente assim amarão redescobri-la a cada vez que a ensinarem. E agora com esse prazer em redescobrir é que surgirá aquele entusiasmo contagiante que faz vibrar as crianças e que as motiva como poucas outras coisas podem fazer, pois elas reconhecem aí o convite para participar de uma experiência de entendimento ou de um encontro com o significado. As crianças só acharão a educação uma aventura irresistível se os professores também a acharem; se as escolas de educação não são aptas a formar professores com esse amor pelas disciplinas que lecionam, temos que achar outros modos de preparar professores.

Distinguindo o Filosófico do Pseudo-filosófico

À luz dessas justificativas para a reforma educacional, as apreensões de Platão sobre a abordagem educacional dos sofistas devem ser reavaliadas. Não há dúvida de que Platão, especialmente em sua juventude, foi atraído por muito do que os sofistas disseram sobre educação, mas estabeleceu limites quando suspeitou que a ênfase na gramática, retórica e dialética não era equilibrada com a imersão e apropriação pelo estudante da riqueza humanística da cultura. Tendo tido um professor como Sócrates e um aluno como Aristóteles, Platão teria realmente sido peculiar se não tivesse se sentido aflito pela mascateagem das panacéias educacionais que baixaram aos bandos em Atenas. A situação não foi sem paralelos em períodos posteriores. Mesmo agora, a palavra "pensar" está na boca de todo mundo e os educacionistas têm de vestir até o mais desagradável de seus produtos, como algum gênero de processamento cognitivo ou de solução de problemas. No passado, essa espécie de ardil era, muito freqüentemente, bem sucedida e muitos dos coordenadores educacionais continuam a aceitá-la. Mas hoje existem alternativas que faltavam em anos anteriores e a diferença que essas alternativas podem fazer é enormemente significativa. Devemos estar preparados para ouvir de todas as direções da comunidade educacional que o objetivo da educação é produzir estudantes reflexivos e racionais e que isso pode acontecer através do ensino das "habilidades de pensamento". Temos, também, de estar preparados para o fator de que abordagens pseudofilosóficas de toda espécie irão disputar a entrada nas escolas. Depende de nós nos devotarmos energicamente a distinguir o filosófico do pseudofilosófico, bem como o filosófico do não filosófico.

3. O PAPEL DA FILOSOFIA NA EDUCAÇÃO PARA O PENSAR

Uma vez suposto que as habilidades de pensamento são o ingrediente que falta na educação, não é surpresa que muitos coordenadores escolares estejam cada vez mais impacientes com os professores que ensinam matérias mas não ensinam as habilidades de pensamento necessárias para o seu domínio. Os professores, por seu lado, sentem-se cada vez mais pressionados: as escolas de educação que freqüentaram não os prepararam para ensinar habilidades de pensamento, e a maioria deles sente que embora competente, só pode ensinar o que aprendeu a ensinar. Eles sentem-se responsáveis, culpados, ressentidos — e ainda não está claro como poderiam ser treinados para ensinar tais habilidades; o que fariam com esse treinamento se de fato o recebessem; e se isso faria alguma diferença, já que é bastante possível que toda essa conversa sobre deficiência em habilidades de pensamento aponte os sintomas do problema e não o problema em si.

Professores de qualquer disciplina preocupam-se quando seus alunos apenas memorizam os conteúdos pelos quais serão testados e não aprendem a pensar uma disciplina. Essa noção sobre o pensar uma disciplina é bastante ardilosa. Pressupõe que apenas o pensar uma disciplina seja realmente pensar, ou talvez que a educação ocorra somente junto às disciplinas, de modo que apenas o pensar uma disciplina seja verdadeiramente educacional? Está pressuposto que as habilidades de pensamento sejam específicas às disciplinas e, por conseqüência, não possa existir algo como habilidades genéricas de pensamento? Talvez a última seja a melhor questão para tratar em primeiro lugar.

O Uso Genérico das Habilidades de Pensamento

Sempre que investigamos, empregamos uma variedade de habilidades cognitivas. Elas podem ser extremamente elementares, como fazer distinções e conexões, ou extremamente complexas, como na descrição e na explicação — que são composições intrincadas de habilidades mais simples usadas de uma maneira coordenada. Para propósitos educacionais, consideramos as habilidades genéricas como sendo as habilidades de raciocínio, de investigação, de formação de conceitos e de interpretação.

Pode ser útil diferenciar os papéis desempenhados por essas habilidades. Raciocínio é pensamento em movimento exercendo pressão progressiva para frente. Formação de conceitos ocorre em momentos de concentração e organização. Os raciocínios conhecidos como inferências podem ser contrastados de interpretação, no sentido de que inferências válidas preservam a verdade sem consideração do significado, enquanto que interpretações exatas preservam o significado sem consideração da verdade. Interpretação e inferência são cruciais para a compreensão da leitura, já que precisamos inferir o que uma determinada passagem implica e interpretar o que a passagem tanto afirma quanto implica, se quisermos parafraseá-la — embora a habilidade de parafrasear seja um modo de testar a compreensão da leitura. É possível as pessoas pensarem bem na linguagem de uma disciplina, mesmo sendo inábeis em parafrasear o que lêem naquela linguagem.

Tais referências ao significado e à verdade nos trazem à mente um outro contraste. As regras que governam o raciocínio e a interpretação dentro de determinada linguagem, ou de uma linguagem para outra, oferecem um contraste marcante com as convenções que, por outro lado, governam uma linguagem particular e os modos pelos quais ela pode ser usada. Exemplo disso são as convenções referentes à pontuação e ortografia. Tradicionalmente enfatizadas pelos professores de português, são de mínima importância no que diz respeito ao significado e à verdade, ao passo que as regras de raciocínio e interpretação, comumente não enfatizadas por tais professores, são de máxima importância quando questões de significado e verdade estão envolvidas.

Quem Deve Ensinar quais Habilidades?

É comum os professores de álgebra se sentirem aborrecidos quando descobrem, a cada ano, que seus alunos não possuem as habilidades necessárias para resolver problemas algébricos elementares, para não falar de sua incapacidade de "pensar algebricamente". Mas eles se perguntam: qual é a solução? Esses alunos necessitam de um conjunto específico de habilidades para que suas mentes letárgicas e inaptas, súbita e magicamente, se acendam e sejam animadas com o espírito das matemáticas? E, sendo assim, o professor de álgebra é que deve ensinar tais habilidades, ou os estudantes devem adquiri-las antes, de modo a poder usá-las já no primeiro dia do curso de álgebra? Possivelmente, os professores das outras disciplinas repitam essas mesmas perguntas e discutam se as habilidades específicas necessárias ao domínio de uma dada disciplina não deviam ser sempre adquiridas antes. Esperar até que a matéria tenha de ser estudada é esperar muito.

Quando chamam a atenção para o fato de que aos estudantes que iniciam uma nova disciplina devem ser fornecidas anteriormente as habilidades necessárias para o seu domínio, os professores não estão negligenciando suas obrigações, mas estão mostrando sua sagacidade pedagógica: é realmente pedir demais que os estudantes adquiram, ao mesmo tempo, as habilidades que uma matéria exige — aquelas que devem trazer com eles — e as habilidades que precisam ser aprendidas para o pensar *na* matéria. Em apoio à sua opinião, os professores podem citar as descobertas dos psicólogos de que o começo da adolescência geralmente retarda a velocidade com que adquirem novas habilidades de raciocínio. Além disso, se todos fossem renunciar à responsabilidade, como as habilidades necessárias seriam ensinadas? Certamente, seria absurdo afirmar que nenhum professor ensina as habilidades necessárias ao domínio da matéria, ou não seria?

A esta altura, é difícil resistir à lembrança de uma discussão mais ou menos similar descrita por Platão na *República*. No diálogo com Trasímaco, Sócrates afirma que nenhuma disciplina ou forma de investigação busca seu próprio desenvolvimento: ou ela já é perfeita (caso em que não necessita nenhum desenvolvimento) ou é imperfeita (caso em que é de responsabilidade de alguma outra disciplina desenvolvê-la). Assim, quando a medicina (a arte de curar) se acha inadequada, ela pede ajuda à pesquisa médica, e se a pesquisa médica se acha inadequada, ela pede ajuda para a tecnologia médica ou bioquímica e assim por diante. Colocando o assunto em termos de indivíduo, um dentista, na qualidade de dentista, nunca trata dele mesmo. O dentista trata dos problemas dentais de outras pessoas, ou, quando necessita, pede assistência a outro dentista.

A analogia entre o argumento desenvolvido por Sócrates e o problema em relação ao ensino das habilidades de pensamento poderia ser assim expressa: os professores de qualquer série escolar ensinam aos seus estudantes as habilidades necessárias às séries subseqüentes e não as habilidades necessárias à sua própria disciplina, pois estas foram trabalhadas anteriormente. Quando colocada desta forma, a analogia apresenta uma certa plausibilidade. Mas um professor de quarta série pode ficar pensando: muito bem, agora tenho de preparar meus alunos para enfrentar o currículo da 5.ª série e devo fornecer a eles habilidades pressupostas por esse currículo, mas como vou fazer isso? Não estou preparado para ensinar as habilidades cognitivas e um currículo mais avançado...

Aqueles que passaram por esse processo de dúvidas e que ficaram realmente desesperados, poderiam se sentir compelidos a um reexame da conclusão do raciocínio de Sócrates: *nenhuma disciplina busca seu próprio desenvolvimento*. Desencorajados e prontos a agarrar qualquer coisa, eles poderiam dedicar-se ao exame daquele quantificador negativo, aquele formidável, monolítico, "nenhuma". Nenhuma disciplina, nem mesmo uma? E se Sócrates estivesse certo sobre todas, exceto uma? E se houvesse uma disciplina que buscasse tanto o seu próprio desenvolvimento quanto o de todas as outras disciplinas? E se houvesse uma disciplina que se ocupasse com os aspectos problemáticos e contestáveis de todas as disciplinas, prendendo-se nos mais desconcertantes, naqueles que se haviam tornado um problema para elas?

Existe uma Disciplina que nos Prepara para Pensar nas Outras Disciplinas?

Não seria inoportuno recorrer a Aristóteles, que define ou identifica algo examinando como isso está subordinado aos princípios de inclusão e exclusão. Assim, todos os humanos são animais (princípio de inclusão), mas somente os humanos são animais racionais (princípio de exclusão). Todos os bens particulares têm o bem maior em comum (princípio de inclusão), mas apenas o bem maior é sempre um fim e nunca um meio (princípio de exclusão). Analogicamente, pode-se dizer algo como: todas as disciplinas, para serem desempenhadas devidamente, requerem o pensar na linguagem da disciplina (princípio de inclusão). Poderíamos então acrescentar que apenas prepara para pensar nas outras disciplinas (princípio de exclusão). Alternativamente, outro princípio de exclusão pode ser suposto: apenas concentra-se nas condições lógicas que se destinam, genericamente, ao pensar nas linguagens das disciplinas. Ainda outras formulações podem referir-se a algumas disciplinas que procuram provocar o pensar em si, ou promover um melhor pensar.

Não é preciso ser muito perspicaz para perceber que a disciplina em discussão é a filosofia. Na verdade, alguns protestarão. Collingwood, por exemplo, defende que o papel da filosofia não é o de nos fazer pensar, mas o de nos fazer pensar melhor. Presumivelmente, ele quer dizer que a filosofia não nos motiva a pensar, mas nos faz pensar melhor porque fortalece nossas habilidades de raciocínio, de investigação e de formação de conceitos, habilidades que já temos. Dado o alarde com que pessoas não reflexivas podem ser estimuladas pela filosofia a questionar e refletir, esse comentário de Collingwood é um tanto surpreendente. Porém, vamos dar uma olhada em outra passagem desse mesmo livro de Collingwood, *Essay on Philosophical Method,* na qual ele discute sobre a diferença entre filosofia e as outras disciplinas, particularmente as diferenças em suas respectivas abordagens à classificação[1]. Collingwood diz que a abordagem que a filosofia faz da classificação é radicalmente diferente da que é feita pelas outras disciplinas. Nelas, o objetivo da investigação classificatória é o estabelecimento de uma taxonomia de classes não coincidentes, que juntas compreendem inteiramente o domínio sob investigação; ou seja, as classes são mutuamente excludentes e exaustivas. A abordagem filosófica, por sua vez, busca manter a possibilidade de as classes serem coincidentes em parte. Dessa maneira, a disposição racionalística das disciplinas não filosóficas insiste na distinção exata entre diferença de grau e diferenças de gênero, por exemplo. Os filósofos, por outro lado, podem achar a distinção aceitável em algumas situações e inaceitável em outras. Dirão que há zonas imprecisas onde os sistemas de classificação apresentam uma coincidência parcial, ou uma falha, como no caso de não podermos decidir se está ou não chovendo quando uma simples gota de chuva está caindo.

O contraste entre a abordagem da filosofia e a das outras disciplinas em relação à classificação é apenas uma ilustração de uma diferença fundamental: a filosofia se ocupa com "conceitos essencialmente contestáveis". A filosofia é atraída pelo problemático, pelo controverso, pelas dificuldades conceituais que se escondem nas frestas e interstícios de nossos esquemas conceituais. Não é que os filósofos estejam inclinados a celebrar apenas essas dificuldades e não fazer qualquer esforço para removê-las, propondo esclarecimentos e elucidações. É que simplesmente eles reconhecem tais esforços como inerentes ao sisifismo: o problemático é inesgotável e se reafirma desumanamente, quaisquer que sejam nossos esforços.

A filosofia investe contra o problemático, como a mariposa é atraída pela chama, ou como o combatente lança-se à jugular de seu oponente. Não é incomum observar filósofos procurando suas próprias jugulares. O significado dessa procura pelo problemático é que *gera* pensamento. Desse modo, quando encontramos aqueles prefixos "*filosofia* da ciência", "*filosofia* da história" e assim por diante, estamos lutando com os aspectos problemáticos daquelas disciplinas. Quando as disciplinas acadêmicas procuram ser elas mesmas não-problemáticas, a abordagem instrucional que favorecem é a de que seus estudantes têm de aprender o que está sendo ensinado, ao passo que, quanto mais problemática é a imagem que essas disciplinas têm de si mesmas, mais favorecerão uma abordagem instrucional de investigação conjunta e compartilhada por professores e alunos. Para uma disciplina manter-se viva, ela precisa reanimar o pensamento que lhe deu início e subseqüente formação.

Sem dúvida, a crise atual entre as disciplinas origina-se do fato de pertencerem a um universo em explosão, cujos membros estão se movendo cada vez mais para longe, como um tipo de desvio para o vermelho*. O problema não está em sua expansão, construtiva e elogiável, mas em desistirem de seu invólucro filosófico que as manteria juntas. Quando uma disciplina imagina que sua integridade repousa em livrar-se de suas considerações epistemológicas, metafísicas, estéticas, éticas e lógicas, é que se torna meramente um corpo de conhecimento e procedimentos alienados. No entanto, não se pode esquecer que as subdisciplinas da filosofia a que acabamos de nos referir — epistemologia, metafísica, estética, ética, lógica, etc. — são igualmente vulneráveis à alienação, se forem ensinadas independentes da disciplina paterna — somente dentro do contexto humanístico da filosofia é que os estudantes podem experenciar a relevância cultural e o rigor metodológico que podem estar faltando quando, por exemplo, cursos de "pensamento crítico" são oferecidos por não-filósofos, ou quando "habilidades de pensamento" são ensinadas isoladamente.

O que está surgindo agora é que o pensamento está se tornando o verdadeiro fundamento do processo educacional e que a educação construída sobre qualquer outra fundação (tal como o tipo de educação que temos atualmente) será superficial e estéril. Uma vez que as habilidades necessárias para o pensar nas outras disciplinas têm de ser aperfeiçoadas anteriormente, vemos por que a filosofia precisa deixar de ser um assunto de universidade e tornar-se uma matéria da escola primária — uma disciplina cuja tarefa é preparar os estudantes a pensar nas outras disciplinas.

Há um século e meio atrás, Eduard Hanslick formulou sua fa-

---

* Redshift, no original. Expressão de uso corrente na moderna Astronomia, designando o recurso de que se valem os astrônomos para medirem a velocidade das galáxias. (N.E.)

mosa tese de que a música é única entre as artes, porque na música forma e conteúdo são uma só coisa[2]. Seja como for, pode-se efetivamente argumentar que a filosofia é a disciplina cuja forma e pedagogia são uma só coisa. Até onde isto for assim — que a forma dialética da filosofia é idêntica à sua pedagogia —, a filosofia fornece um modelo formidável para o processo educacional como um todo.

4. FILOSOFIA, PENSAMENTO CRÍTICO E O NÚCLEO COMUM DE CULTURA

Os filósofos têm sido compreensivelmente relutantes em concordar com a proposta para um auto-de-fé com que Hume finaliza a *Investigação acerca do Entendimento Humano*:

> Se tomarmos em nossas mãos, por exemplo, um volume de teologia ou de metafísica escolástica e perguntarmos: Contém algum raciocínio abstrato a respeito da quantidade ou do número? Não. Contém algum raciocínio experimental relativo às questões de fato e de existência? Não. Lançai-o, portanto, ao fogo, pois não pode conter mais que sofismas e ilusões.[1]

Na verdade, os seguidores de Hume devem ter questionado se a própria *Investigação* não poderia algum dia ser classificada como metafísica escolástica e queimada junto com o resto. A resposta filosófica à proposta inflamatória de Hume foi a de confinar nossas atividades filosóficas a investigações analíticas ou positivistas. A multidão de filósofos que seguiu esse caminho pareceu — a seus colegas — estar fazendo concessões desnecessárias à intimidação de Hume.

Nos últimos anos a atmosfera começou a sofrer mudanças. O vigor da filosofia não diminuiu; ao contrário, ela agora está ativa sob diversas maneiras e não sob poucas. Com essa demonstração de força os filósofos estão desenvolvendo um respeito renovado por sua própria disciplina, e os não-filósofos começam a admitir que, afinal de contas, a filosofia pode ser uma disciplina acadêmica legítima e meritória. Além do mais, cresce o reconhecimento de que o grande empreendimento dos filósofos analíticos e positivistas tornou-se possível não por eliminar outras formas de filosofia, mas por reelaborar o que elas tinham explorado de maneira insuficiente. Essa mudança de atmosfera criou uma oportunidade para investigar as maneiras pelas quais a filosofia poderá fazer coisas de uma forma melhor que outras disciplinas, assim como investigar as maneiras pelas quais a filosofia poderá fazer coisas — coisas vantajosas — que nenhuma outra disciplina poderia fazer.

Estas duas considerações trazem à tona a questão de ensinar racionalidade. Mas bem antes disso expõem o problema da própria educação. Confrontando as disciplinas a serem ensinadas, especialistas em educação adotaram o seguinte procedimento: "Mostrem-nos o que vocês querem ensinar e indicaremos como ensiná-lo com um êxito maior do que qualquer modo que vocês possam imaginar por si mesmos." É o mesmo que um escritor técnico dirigindo-se a seu cliente: "Diga-me o que você quer dizer e eu inventarei o melhor jeito de dizê-lo." Não é que esses tratamentos sejam censuráveis; a questão é que eles não vão ao âmago do problema.

Os melhores físicos, historiadores e professores de inglês não estão preocupados, apenas, em injetar seu conhecimento nos estudantes. O melhor historiador não está preocupado, unicamente, em gerar estudantes que saibam história, mas em produzir, como parte dessa educação, estudantes que pensam historicamente; nem o historiador enquanto historiador nem o educador enquanto educador estão equipados para superar sua especialidade e decifrar os objetivos da educação. Por outro lado, é da própria natureza da filosofia transcender os pontos de vista das disciplinas específicas, ser interdisciplinar e, ainda, ter um senso global de proporção que a coloca numa posição melhor para formular aqueles objetivos. Não é que os filósofos ao reivindicarem essa prerrogativa estejam se apropriando de um privilégio para o qual não tenham pretensão legítima; pelo contrário, quando os especialistas em educação e os representantes das disciplinas tentam formular os objetivos da educação, só podem fazê-lo tornando-se filósofos.

De acordo com o saber tradicional, o objetivo da educação é tomar crianças ignorantes e torná-las cultas através da transmissão do conhecimento possuído pelos adultos. Isso envolve a aquisição de uma quantidade considerável de informação — de "saber que" — assim como uma iniciação nos ritos tribais da sociedade — de "saber como". Embora esse seja um modelo perfeito para uma tribo relativamente fixa — isto é, bem adaptada a um ambiente imutável — é virtualmente suicida para uma sociedade em que a mudança cultural ocorre numa velocidade tal que o conhecimento que nos capacita para trabalhar com sucesso hoje será obsoleto daqui a uma década.

Confrontando-se com a improbabilidade de desaceleração da mudança cultural, alguns especialistas pleitearam que identificássemos ao menos um núcleo comum de tradição e o imprimíssemos na juventude, não importando o que mais fizéssemos.[2] O saber perene contido nesse inestimável núcleo de valores humanísticos nos manteria a salvo e nos garantiria um mínimo de continuidade de geração em geração. A alternativa é uma fragmentação social sem fim — sob a máscara de autonomia e pluralismo — que é um anátema para esses especialistas.

Na outra ponta do espectro estão aqueles que aceitam a inevitabilidade da rápida e até acelerada mudança social e estão horrorizados com o desamparo e a vulnerabilidade de eleitores, consumidores, estudantes, trabalhadores e outros grupos sociais frente àqueles que engendram acordos manipulando seus pensamentos e emoções. Aqui, também, encontram-se aqueles que receiam que as instituições democráticas, já de estabilidade precária em muitas partes do mundo, irão cambalear e desmoronar se a educação não preparar as crianças para serem cidadãos autônomos, reflexivos e críticos. Do mesmo modo, aqui se encontram os que percebem a burocratização e a racionalização brotando por todos os lados, seja nas sociedades capitalistas, seja nas coletivistas e que, conseqüentemente, temem que as crianças despreparadas para as exigências de tal racionalidade estarão condenadas. Para os indivíduos com tais ansiedades, o objetivo da educação tem de ser transferido da aquisição de conhecimento para o pensamento, e este pensamento tem que ser crítico ou lógico ou ambos.

Sob a bandeira do "pensamento crítico", um frenesi de esforços bem intencionados começou a se fazer sentir nos círculos educacionais. Em meio à proliferação de artigos sobre esse assunto, encontramos alguns estudos de maior alcance que buscam avaliar quanto o pensamento crítico pode servir como um meio para atingir metas educacionais desejáveis, ainda que mais gerais. Muito mais em moda está a discussão sobre se a versão separada do pensamento crítico deve ser desenvolvida dentro de cada disciplina ou se o pensamento crítico envolve o aprendizado de habilidades genéricas, de modo a tornar-se uma disciplina autônoma, *sui generis*. Poucos parecem crer que os adeptos de qualquer um dos lados estejam certos, e alguém pode ser levado a perguntar se a batalha talvez seja tão acalorada porque é um vestígio da controvérsia ainda mais antiga sobre se os cursos de educação deveriam ser dados dentro de cada disciplina ou como parte de uma escola de educação separada e autônoma.

Os defensores de um núcleo comum de cultura esperam resistir à tempestade pois acreditam que a construção de caráter ocorre a partir dele. Por outro lado, os defensores da educação de habilidades de pensamento esperam desenvolver alunos com um tal nível de flexibilidade intelectual e desenvoltura que sobreviverão à tempestade, por mais forte que ela seja. Não é por acaso que aqueles que levam a sério o problema de o que deve ser feito — isto é, aqueles com fortes preocupações morais — estão divididos em defensores do desenvolvimento do caráter e defensores do fortalecimento da inteligência. Temos de ter em mente que essas preocupações podem ser inteiramente autênticas e legítimas, mesmo se achamos inadequadas as soluções defendidas por cada um desses grupos.

Com essas considerações em mente, voltemos à questão do objetivo principal da educação. Imediatamente somos cercados por palavras como "civilizado", "culto", "instruído", "informado" e "racional" como caracterizações de uma pessoa com educação plena, e cada um desses termos disputa ser nomeado o fim para o qual devemos dirigir todos os nossos esforços educacionais. Ora, a seleção do "fim mais desejável" a partir de uma coleção de fins é sem sentido se desconsiderar os meios em potencial, como seria a seleção de meios mais desejáveis sem considerar os fins possíveis. A ordem de fins e de meios tem de ser considerada conjuntamente, de modo que a aprendizagem do que está disponível possa iluminar o entendimento de o que é ideal, e vice-versa. Assim, ao invés de associar fins e meios nos acharemos associando "fins em vista" a "meios em vista". A palavra "associar" pode, também, ser problemática. Ela pode lembrar os exercícios de associação que as crianças costumam fazer, mas será que é esse realmente o caminho que queremos seguir? A relação entre fins em vista e meios em vista é assim tão arbitrária? Não é possível que cada procedimento idealize um resultado? Existe um sentido em que a máxima de Kant é convertível: não é só o fato de que desejar os meios é desejar o fim. A objeção de que isto confunde fim enquanto objetivo e fim enquanto conseqüência esquece um detalhe: para que serve o ideal se ele não pode ser realizado na conseqüência?

Um outro modo de se colocar isto, emprestado de um texto clássico, é dizer que cada empreendimento, programa ou projeto educacional visa algum fim educacional. Qual é, então, o fim que almejam todas essas tentativas? E qual abordagem promete ser a mais ampla em seus propósitos e a melhor sucedida em seus resultados?

Estamos fazendo um exame incompleto e superficial para tentar verificar seu perfil mais geral. Mencionamos anteriormente a proposta de um núcleo comum de cultura, que visava solidificar e fortalecer a continuidade entre gerações e ao mesmo tempo inculcar padrões e valores humanísticos. Vimos, também, o movimento das habilidades de pensamento, cujo propósito é fortalecer a virtuosidade intelectual, de modo a capacitar os estudantes a lidarem efetivamente com as situações imprevisíveis de seus estudos, seu trabalho e suas vidas. Explicar os ideais projetados por cada uma dessas abordagens é tão extravagante ou arbitrário quanto descobrir o ângulo que subtende um determinado arco. Os defensores da abordagem de um núcleo comum de cultura concebem a educação como produtora de seres humanos civilizados e cultos; os defensores do fortalecimento das habilidades de pensamento buscam desenvolver seres humanos que sejam racionais.

Ora, nenhum desses meios em vista e fins em vista é repreensível. De fato, todos podem ser desejáveis. Contudo, havíamos decidido, anteriormente, buscar a solução mais abrangente e é questionável que cada uma dessas abordagens — ou os ideais que elas pretendem requerer — ofereça um nível satisfatório de abrangência. Ao investigar outras abordagens e perceber que trazem ideais diferentes e talvez até preferíveis, vemos que ainda não podemos parar nesta etapa da investigação.

A abordagem educacional que estamos procurando é aquela que alcance tudo o que há de desejável nas outras, e mais o que as demais abordagens não trazem. Com isto em mente, consideremos a filosofia, com atenção particular à filosofia do ensino de 1º e 2º graus.

Para começar, como podemos comparar a Filosofia para Crianças com a abordagem do "núcleo comum de cultura"? Esta última, é claro, representa a adaptação para as séries iniciais do 1º grau da visão de Hutchins-Adler segundo a qual o indivíduo educado é conhecedor das descobertas fundamentais das principais disciplinas — do principal em história, física, matemática, artes, etc.[3] O simples conhecimento desses fundamentos é que qualifica alguém como um ser humano civilizado e culto. Os que possuem esses conhecimentos formam uma pequena e seleta elite; eles sustentam a carga do entendimento humano de geração em geração, de modo que a comunidade que formam é ampliada por aqueles que têm conhecimentos semelhantes nas gerações passadas e futuras. Isso sugere que ao mergulhar nossos alunos em tudo o que é mais nobre e melhor, fazendo com que aprendam versões sumárias de cada uma das principais disciplinas, podemos preservar nossa herança cultural comum e estabelecer um padrão de excelência que o restante da sociedade pode ser encorajada a imitar.

Os proponentes da filosofia nas séries iniciais do 1º grau não estão satisfeitos com a noção de que uma erudição desse tipo possa servir como um ideal educacional, numa era em que as grandes massas aspiram por ou tentam preservar a democracia. O estudante que aprende apenas os resultados da investigação não se torna um investigador, mas um estudante instruído. Esta alusão aponta para um dos propósitos educacionais da filosofia: todo estudante deve tornar-se (ou continuar a ser) um investigador. Para a realização desta meta não há melhor preparo que o que é dado pela filosofia. A filosofia é investigação conceitual, que é a investigação na sua forma mais pura e essencial. A educação nas outras disciplinas não envolve tanto conhecimento quanto aprender a pensar uma disciplina — pensar historicamente, fisicamente, antropologicamente, matematicamente, etc. A filosofia implica aprender a pensar sobre uma disciplina e, ao mesmo tempo, aprender a pensar autocorretivamente sobre o nosso próprio pensar. Deste modo, espera-se que o estudante graduado em filosofia tenha uma variedade de cursos sobre disciplinas específicas como filosofia da ciência, da literatura e da religião e, ao mesmo tempo, tenha cursos genéricos como lógica, epistemologia e ética.

Além disso, quando falamos sobre pensamento filosófico, não estamos falando no sentido taxionômico que classificaria qualquer pensamento como pensamento. Estamos falando de raciocínio guiado pelo ideal de racionalidade, e isto, para o filósofo, não é meramente pensamento, mas pensamento melhor. Sob o ponto de vista educacional, esse detalhe significa que colocar a filosofia nas séries iniciais do 1º grau é um meio de causar um melhor pensamento — mais lógico, mais coerente, mais produtivo, mais bem-sucedido — do que os tipos de pensamento que predominam nesse nível ou tentam prevalecer, se outras abordagens educacionais são empregadas.

Como, então, comparar a filosofia com a abordagem do núcleo comum de cultura como alternativas educacionais nos níveis iniciais do 1º grau? Em primeiro lugar, os filósofos sabem que sua disciplina, como qualquer outra, é representativa da herança do pensamento humano. A filosofia não desmantela o seu passado, mas toma o pensamento de qualquer filósofo para reinspeção e reinterpretação. É na filosofia que os valores e ideais do passado podem ser reconsiderados por sua relevância para o presente e para o futuro. Em segundo lugar, a filosofia introduz na educação um espírito de racionalidade e juízo crítico que nenhuma outra disciplina pode fornecer. Em terceiro lugar, como já foi mostrado, a filosofia é a disciplina que nos prepara para o pensar nas disciplinas. Podemos concluir, portanto, que a incorporação da filosofia no currículo das séries iniciais do 1º grau realizaria o mesmo que a abordagem do núcleo comum de cultura, além de outros objetivos desejáveis.

Se nos voltarmos agora para a abordagem das habilidades de pensamento, podemos ver facilmente que ela apresenta várias dificuldades. A concentração no aprimoramento de habilidades isoladas não fornece nenhum método que conduza à convergência e orquestração dessas habilidades. Pouco pode ser feito para motivar os estudantes a melhorarem suas habilidades cognitivas ou a envolverem-se na investigação, seja porque nada do que lhes foi apresentado prende sua atenção e curiosidade, seja porque os problemas apresentados não são descobertos por eles mesmos, mas são colocados pelo professor. Esses problemas não são desafiadores porque os estudantes sabem que há respostas e que estas já são conhecidas pelo professor.

A segunda objeção à abordagem das habilidades de pensamento é que seus defensores (como Benjamin Bloom) muito raramente incluem habilidades de raciocínio em seu campo de ação.[4] As habilidades que eles têm em mente tendem a abarcar apenas aquelas que são familiares à prática de ensino da ciência social, ao passo que os programas baseados na filosofia estão interessados nas habilidades de raciocínio junto com as habilidades de investigação. A ausência de habilidades lógicas na abordagem usual das habilidades de pensamento assegura que pouco será feito para superar a incoerência do estudante em formular explicações e argumentos, em descobrir suposições e implicações subjacentes ou na unificação de significados.

A terceira objeção é quanto à ênfase freqüente nas habilidades não-lingüísticas, tais como identificação e discussão de sistemas de sinais. Habilidades aperfeiçoadas para enfrentar sistemas de símbolos não-lingüísticos apenas apresentam novos problemas aos estudantes; eles terão de ser transferidos aos sistemas lingüísticos que são a linguagem-padrão das escolas. Uma abordagem baseada na linguagem, tal como a filosofia, desenvolve diretamente as habilidades de ler, escrever, ouvir e discutir; abordagens alternativas têm de ser indiretas e, por conseqüência, menos eficientes.

Isso nos leva à quarta objeção. As abordagens psicológicas do pensamento são essencialmente descritivas, ao passo que as abordagens filosóficas são normativas. Isto é, querendo produzir melhores pensadores, os psicólogos têm de pedir emprestado os padrões de logicidade e racionalidade da filosofia, uma vez que esta sempre estudou esses critérios e devotou-se a explicar os passos necessários para desenvolver o pensamento de acordo com esses ideais. A filosofia não precisa ir muito longe para abastecer-se com os padrões do bom pensar. Além disso, a relação da psicologia com o pensamento é externa e contingente, ao passo que a relação da filosofia com o pensamento é interna e recursiva. Filosofia é um pensar autocorretivo. É o pensar investigando a si mesmo com o propósito de se tornar um pensar melhor. Isto não quer dizer que a filosofia interessa-se apenas por si mesma, mas que quando ela se volta às outras disciplinas, interessa-lhe primeiramente o pensar que acontece nelas.

Há um quinto aspecto que pode parecer uma vantagem do que uma desvantagem, quanto à abordagem das habilidades de pensamento. O ensino direto das habilidades cognitivas pode ser feito na sala de aula convencional através de métodos de instrução convencionais. Nem os estudantes nem os professores precisam envolver-se na investigação. O professor pode manter a máscara de autoridade onisciente. Os alunos sentam-se em filas silenciosas, dando respostas quando solicitados e fazendo exercícios de memorização. A filosofia não pode ser trabalhada dessa maneira. O fazer filosofia exige conversação, diálogo e comunidade, que não são compatíveis com o que se requer na sala de aula tradicional. A filosofia impõe que a classe se converta numa comunidade de investigação, onde estudantes e professores possam conversar como pessoas e como membros da mesma comunidade; onde possam ler juntos, apossar-se de idéias conjuntamente, construir sobre as idéias dos outros; onde possam pensar independentemente, procurar razões para seus pontos de vista, explorar suas pressuposições; e possam trazer para suas vidas uma nova percepção de o que é descobrir, inventar, interpretar e criticar.

O vínculo integral entre filosofia e comunidade de investigação de sala de aula é mais que a conexão entre um tema de uma disciplina e uma metodologia de instrução. Nas últimas décadas, houve uma percepção crescente em algumas áreas, como ciência política, sociologia, psicologia social e filosofia, de que algumas mudanças significantes na ênfase cultural estão começando a ocorrer. Em vez dos gelados grupos sociais em posições antagônicas, onde pouco pode ser feito além de um bombardeio recíproco de argumentos, há uma percepção crescente dos méritos da conversação e do diálogo. Em vez de a prática democrática ser limitada ao exercício anual do voto, há uma ênfase progressiva na participação e na comunidade em vários níveis de ação popular, evitando, desse modo, os extremos perniciosos do individualismo e coletivismo desenfreados. Se esta mudança social deve progredir, então ela tem de ter um componente educacional. A comunidade de investigação não será apenas esse componente, mas um paradigma do processo e uma amostra de seus benefícios.

Finalmente, deve ser salientado que a filosofia enquanto disciplina é eminentemente adequada para o ensino de 1º e 2º graus. Possui uma vasta literatura clássica que pode ser traduzida em linguagem comum e seqüenciada de acordo com os níveis escolares. Seus conceitos são intrinsecamente interessantes para as crianças para lidarem mais efetivamente com os conceitos de outras áreas, como ciências. Oferece às crianças um modelo de vida mais racional como membros de uma comunidade de participação e colaboração. A internalização desse modelo pode reforçar os aspectos positivos do modelo familiar já internalizado pela criança, de modo que essas dinâmicas introjetadas podem servir como uma espécie de giroscópio interno, ajudando a manter o indivíduo equilibrado através das vicissitudes da vida.

A racionalização é provavelmente uma noção indispensável, mas sempre permanecerá problemática enquanto objetivo da educação. Parece mais apropriada aos exércitos, às fábricas e computadores. A racionalidade, por outro lado, parece mais condizente com uma vida equilibrada, mais próxima da pessoa como um todo e não apenas com o intelecto; mais representativa do espírito e dos efeitos da investigação compartilhada. Se o fazer da filosofia — a práxis filosófica — é a personificação da racionalidade, todas as fases da infância deveriam ter acesso a essa experiência, tanto por seu prazer imediato, quanto pela preparação que fornece para as experiências pessoais e sociais no futuro. Se tanto a filosofia como a educação estão dividindo a racionalidade como uma meta comum, não pareceria de todo ultrajante argumentar que, fundamentalmente, toda verdadeira filosofia é educacional e que toda verdadeira educação é filosófica.

III. INVESTIGAÇÃO ÉTICA NAS ESCOLAS

5. EDUCAÇÃO PARA OS VALORES CÍVICOS

É de consenso geral que numa sociedade democrática os pais esperam que seus filhos sejam capazes de identificar, querer e ter o melhor. As mesmas esperanças são características dessas sociedades com relação a seus futuros cidadãos. Mas que valores o mundo adulto concorda serem os melhores? Existe aqui um vasto campo de discordância.

A controvérsia em relação à educação de valores é inevitável numa sociedade democrática. Ela assume sua forma mais comum quando o problema é formulado como: Que valores devem ser ensinados — os deles ou os nossos? Em todos os lugares, de uma ponta a outra do país, ocorre um confronto típico entre antagonistas que acreditam estar envolvidos na luta mudança versus estabilidade. Vejamos como esses oponentes vêem-se uns aos outros e a si mesmos.

Aos olhos dos que a defendem, a primeira posição (educação como preparação para a mudança) é uma expressão dos valores liberais de diversidade e inovação cultural urbana. A vida da cidade exige uma considerável tolerância à variedade de estilos de vida e promove o ceticismo em relação à possibilidade de algum ponto de vista consensual. Grupos de interesse e pressão são abundantes. Facções competem contra facções. Uma vez que nenhuma delas pode ser vitoriosa, o objetivo é um equilíbrio de poder, para cuja realização exigem-se esforços constantes na persuasão e negociação. Habilidades na argumentação e na retórica tornam-se inestimáveis tanto à fabricação e ao desmascaramento de ideologias, quanto aos esforços em resolver disputas através de mediações. A primeira posição enfatiza as habilidades em detrimento do conteúdo educacional.

A segunda posição, ao contrário, concebe a si mesma como representando o repositório permanente dos valores tradicionais, civilizados. Os mesmos códigos morais têm de ser passados de geração em geração, garantindo a integridade e a continuidade do grupo social. Existe reverência pelo passado, pelas origens da nação e há respeito pelos ideais, que são uma herança do passado e um guia fiel para o futuro. Os proponentes desta posição conservadora tendem a achar que melhor que explicar valores, é exemplificá-los, assim como tendem a não se opor à doutrinação. A segunda posição enfatiza o conteúdo ao invés das habilidades.

Do ponto de vista da primeira posição, a segunda é provinciana, se não reacionária. Do ponto de vista da segunda posição, os membros do primeiro grupo são relativistas e céticos, se não niilistas.

Existem exatidões e distorções no modo como cada grupo vê o outro. Mas nenhum deles pode ter qualquer esperança de convencer o oponente. Os que defendem a segunda posição vêem muito bem a precariedade da argumentação enquanto base para a educação de valores; os que defendem a primeira posição vêem muito bem a precariedade da confiança exagerada no treinamento do caráter. O que nenhum deles vê é que, numa sociedade democrática, comprometida com o pluralismo e com a diversidade, nenhum conjunto de valores pode ser ensinado à custa de outros valores, sem violação dos direitos constitucionais de alguém. Por outro lado, a diversidade de fins, característica de uma sociedade pluralista, pode repousar numa uniformidade de meios, e é este consenso em relação a procedimentos que pode formar um contexto satisfatório para a educação de valores. Por exemplo, quaisquer que sejam nossos compromissos políticos ou religiosos, todos aceitamos o sistema legal e a soberania da Constituição, porque percebemos que sem isso haveria pouca saída para nossa sociedade.

A maioria das crianças, independente da formação que tenha, entra no sistema educacional atenta e ávida por aprender, curiosa e confiante. Mas muitas delas acham o processo sem sentido na medida em que percorrem o sistema e, quando isto acontece, tornam-se progressivamente mais apáticas e sem esperança. Por conseqüência, a cada ano, o sistema escolar despeja no mundo dos cidadãos adultos um vasto número de indivíduos que ignoram os mecanismos da sociedade em que têm de participar, que são céticos de suas tradições e cínicos em relação a seus ideais. Não podemos nos resignar com isso. Mas o que pode ser feito — ao menos como começo — para mudar as coisas?

Antes de tudo, o sistema educacional tem de dar razões para os alunos terem esperança; este é certamente o primeiro passo para qualquer população que se sente desesperançada com sua situação. Por conseguinte, a criança deve ter a possibilidade de experimentar o que é viver num contexto de respeito mútuo, de diálogo disciplinado, de investigação cooperativa, livre de arbitrariedade e manipulação. O observador casual pode repudiar o que acontece numa sala de aula como essa, alegando que vê "apenas conversa". Mas, com isso, ignora o fato de que nada aprimora mais as habilidades de raciocínio do que conversa disciplinada. Ignora o fato de que as crianças adoram falar e os educadores mais sábios sempre tentaram desenvolver o que as crianças já estão motivadas a fazer. E, finalmente, ignora o fato de que a conversação (como qualquer diplomata ou negociador sindical sabe) é condição mínima para a civilidade. É quando a conversação acaba que devemos nos preparar para o pior; é quando a conversação recomeça que podemos respirar aliviados e começar a ter esperanças novamente.

A educação de valores tem de ser conduzida num contexto cooperativo e comunitário, longe da competição e do individualismo dos seminários de ética das faculdades e igualmente longe do raciocínio sofístico do debate forense. O objetivo não é dar às crianças teorias éticas acabadas pelas quais devam se conduzir, mas sim, equipá-las com as ferramentas da reflexão dentro de um contexto de investigação — isto é, de um contexto cuja metodologia é de autocrítica e autocorreção contínuas. Desnecessário dizer que as capacidades de autocrítica e autocontrole são intimamente ligadas.

Não há uma habilidade única de pensamento cujo cultivo seja suficiente para a investigação de valores. A sensibilidade para as sutilezas dos assuntos sociais requer todas as habilidades de pensamento que a filosofia possa cultivar. Desenvolver conceitos, forjar definições, tirar inferências, fazer conexões e distinções e raciocinar analogicamente são apenas algumas das principais habilidades de raciocínio. Tais habilidades são indispensáveis para a cidadania. Contudo, numa sociedade onde se considera importante raciocinar em conjunto sobre os problemas, a razão sozinha é insuficiente. Há também uma questão de caráter.

Uma pessoa que tem o caráter de "bom cidadão" é aquela que internaliza — isto é, adota como seus — os mecanismos sociais de racionalidade na prática institucional. Assim, membros de um comitê de seleção, cujas crenças e atitudes pessoais são diversas, concordarão com a necessidade de imparcialidade de evidências, especificações de trabalho claras e precisas, metas, objetivos e critérios de avaliação para que os candidatos sejam escolhidos justamente. Os membros do comitê podem ver diferentemente cada candidato, mas eles não diferem com relação aos procedimentos de avaliação porque estes são aceitos e internalizados por todos. Do mesmo modo, indivíduos civilizados geralmente internalizam o sistema legal e o código de leis, os procedimentos parlamentares, os códigos de conduta honesta, as diretrizes prudentes da prática diplomática e até mesmo alguma metodologia de investigação científica. Essas não são meras questões de opinião ou de ideologias conflitantes: elas representam as bases racionais da civilização, e a socialização legítima envolve sua internalização por todos os indivíduos. Assim internalizadas, representam a prontidão do cidadão para tratar casos iguais de modo similar e casos diferentes de modo diferente — uma prontidão sem a qual não se pode ser justo.

Ligar a educação de valores a qualquer ideologia particular — seja liberal, conservadora, radical ou reacionária — é condenar suas chances de ser aceitável no cenário da escola pública. Além do mais, com a comunicação entre gerações sendo o que é, se uma geração tentar compelir uma outra, mais nova, a aceitar um grupo particular de valores, estará virtualmente garantindo sua rejeição. Nem podem os educadores que reconhecem que todo e cada critério é um modo de distinguir o melhor do pior, confirmar a prevenção de tantos jovens de que "tudo é relativo". Isto é relativismo insensato, e inculcá-lo como modo de resolver todos os conflitos de valores é particularmente repreensível.

Quando se presta atenção aos vários modos em que a educação de valores tem sido incorporada com sucesso às matérias existentes e às promessas de novas abordagens na área, torna-se evidente que os meios existem para formar um programa objetivo e viável em educação de valores — um programa sobre o qual possa haver um consenso comunitário, que cultive o desenvolvimento do caráter moral e que promova a educação de indivíduos racionais e reflexivos. O objetivo deste capítulo é sugerir direções promissoras para trabalhos futuros que, por sua vez, levariam a uma abordagem unificada para despertar nos estudantes uma consciência das vantagens e responsabilidades da cidadania.

Ao mencionar exemplos em que os valores são ensinados com êxito de maneira direta, explícita e manifesta, não podemos omitir as muitas abordagens tácitas e indiretas. Se, por exemplo, quiséssemos saber o que acontece nas escolas que procuram desenvolver a imparcialidade nos estudantes, e se, por "imparcialidade", queremos nos referir à prontidão para tratar casos iguais similarmente e casos diferentes diferentemente, veremos que todas as matérias contribuem de maneira significativa. A ciência contribui com sua ênfase no valor da objetividade, com a necessidade de buscar causas e efeitos e com as descrições e explanações cuidadosas. As humanidades também contribuem enormemente: de que outro modo tornamo-nos sensíveis às sutilezas do momento presente e às possibilidades do futuro, que não pelo fato de termos examinado convenientemente a história do passado e de termos mergulhado na literatura e nas artes? Onde aprendemos as nuanças dos papéis e das relações sociais, à parte a experiência pessoal direta, a não ser quando as vemos em Antígona e Davi, e Cordélia, na oração de Péricles, *Tosca* e *Fidelio*, *Queen of Sheba* de Piero della Francesca e no *Filho Pródigo* de Rembrandt, no *Fédon* e nos *Irmãos Karamazov*, nos *Contos de Canterbury* e nas *Memórias de W. B. Yeats*? Nós percebemos e entendemos os seres humanos através das janelas da ciência e da história e das artes e línguas; na verdade, toda frase é um prisma através do qual ocorrem as percepções, de modo que os valores que moldam nossas expressões lingüísticas também moldam a experiência do mundo a nossa volta, assim como de nós mesmos. Propositalmente ou não, quem quer que ensine, ensina valores. Assim, a educação para os valores já está sendo feita, e está sendo feita universalmente, de modo que o problema não está em fazê-la, mas em fazê-la melhor.

Isto tem de ser melhorado para que os estudantes estejam armados contra a crueldade e violência do mundo, para o qual muitos deles serão formados e no qual muitos deles já vivem. Nesse sentido, educação para a cidadania é muito mais do que preparar os jovens para saberem tomar decisões. Eles precisam aprender como viver de modo a diminuir as chances das crises sociais e poder melhor contorná-las caso ocorram. Tal educação é preventiva com relação ao crime e ao vício e dirige-se a uma nova geração de pais que pode ser mais efetiva em transmitir valores racionais e saudáveis para seus próprios filhos.

Embora os valores morais representem apenas uma categoria de valores entre muitas, seria difícil negar que a ética é a área mais crucial para a educação de valores. A ética, um dos principais ramos da filosofia, é considerada a teoria da conduta moral. Isto é, a conduta humana está sujeita a um tipo de apreciação, que chamamos moral, que resulta em determinados tipos de conduta, que denominamos melhores, piores, errados, bons, ruins, etc. A ética representa a tentativa filosófica de examinar as bases racionais de tais estimativas e de delinear teorias que, entre outras coisas, sugerissem modos em que princípios éticos pudessem vir a auxiliar as condições morais da vida humana.

Filósofos como Aristóteles, Kant e Mill desenvolveram teorias éticas de grande distinção e complexidade; são essas, entre muitas outras, as teorias estudadas e discutidas nos cursos universitários de ética. Infelizmente, a grande sofisticação e sutileza dessas teorias, expressas em terminologias bastante especializadas, é que têm limitado o ensino da ética aos estudantes das universidades ou do 2º grau. Os alunos das séries iniciais do 1º grau achariam Aristóteles, Kant e Mill ilegíveis, embora isto não queira dizer que eles não poderiam, começando com exemplos, compreender os princípios gerais adotados por esses filósofos. Isto também não significa que nós devemos ignorar as recomendações desses escritores clássicos quando procuramos maneiras de desenvolver a educação de valores nas escolas. Não podemos ignorar a ênfase de Aristóteles na conexão entre pensamento e moralidade: uma coisa é boa quando cumpre bem a sua função. A função que os humanos possuem com exclusividade é viver de acordo com a razão; portanto, os seres humanos que são mais racionais no modo em que vivem são mais merecedores de serem chamados de bons.[1]

Do mesmo modo, não podemos deixar de levar em conta a argumentação de Kant de que a lei moral é universal: moralidade não é uma questão de fazer o que quer que os outros façam, nem é uma questão de executar nossos impulsos e apetites naturais. Cada um de nós tem que agir como todos devem agir: reconhecemos nosso dever quando perguntamos a nós mesmos se o nosso modo de agir atual é o modo como todos devem agir. Em outras palavras, que tipo de mundo existiria se todos agissem assim? Ao forjar os planos de ação pelos quais nós escolhemos viver, tanto como indivíduos quanto como nação, seria uma exorbitância se negligenciássemos a máxima de Kant.[2]

O mesmo pode ser dito da abordagem utilitarista apoiada por Mill. Como Aristóteles, Mill vê os seres humanos motivados pelo desejo de felicidade e capazes de maximizar essa felicidade através da razão. Isso refere-se não apenas a nossa própria felicidade mas à felicidade que diz respeito a todos — uma meta a perseguir quando possuímos modos de ação que ofereçam possibilidades de, racionalmente, aumentar a felicidade, ou diminuir a infelicidade de todos os que por eles possam ser afetados. A abordagem de Mill lembra-nos que razão e moralidade não podem mais ser separadas no que se refere aos indivíduos nem no que se refere às nações: ambos interessam-se pela relação entre o bem de cada e o bem de todos.[3]

Este não é o lugar para citar uma torrente de teorias de corroboração ou de crítica; seria suficiente tomar os pontos de vista anteriores como típicos e prosseguir indagando o que acontece na história intelectual mais recente que, ao mesmo tempo em que se baseia nas teorias clássicas de ética, prepara o terreno para programas mais efetivos de educação de valores. Quanto a isso, deve ser feita men-

ção aos seguintes trabalhos, que sugerem que um novo começo em educação de valores pode ser altamente promissor:
1. os *insights* de Durkheim, Weber e Piaget quanto ao modo em que os indivíduos internalizam os controles sociais;
2. o reconhecimento de G. H. Mead de que os fortes impulsos sociais das crianças podem ser aproveitados a serviço da educação;
3. a demonstração de Vygotsky de que muitas crianças trabalham num nível diferente — e melhor — quando fazem trabalhos intelectuais cooperativos em vez de competitivos;
4. a crítica incisiva de Dewey às suposições autoritárias em educação, crítica cujas implicações plenas ainda têm de ser exploradas;
5. a argumentação de Bruner de que a educação, em todos os níveis, deve e pode fornecer uma versão intelectual respeitável dos bens culturais de um adulto civilizado;
6. o sopro de ar fresco na filosofia representado pela mudança em direção à linguagem ordinária e à lógica não-formal, especialmente no trabalho de Wittgenstein, e a conseqüente ênfase nas "razões" ao invés de nos "argumentos";
7. a apreciação mais perspicaz da analogia entre as regras de um jogo e as leis de uma sociedade — novamente, com referência especial ao trabalho de Piaget e de Wittgenstein;
8. uma preocupação maior com os direitos das minorias e, por extensão, com os direitos acadêmicos e intelectuais das crianças;
9. uma mudança na definição de educação, associada mais explicitamente com Dewey e Bruner, de educação para aprender para educação para pensar, com a conseqüente ênfase na aquisição daquelas habilidades que viabilizam a aquisição de outras, e com a asserção de que nada é melhor do que a conversação disciplinada em sala de aula para aprimorar as habilidades de raciocínio;
10. novas análises de linguagem, significado e pensamento (em particular, o esforço de Ryle em operacionalizar os significados em termos de habilidades de pensamento), que confirmam a relevância e sensatez da procura das crianças, muitas vezes frustrada, pelo que é significativo em educação;
11. o trabalho de filósofos como Dewey, C. I. Lewis, J. O. Urmson e Kurt Baier em teoria da avaliação;
12. a compreensão de que a lógica das relações desenvolvida por De Morgan, Peirce e outros é particularmente aplicável ao raciocínio das diferenças de grau (por exemplo, "melhor que", "pior que") tais como estão envolvidas no raciocínio sobre valores;
13. o reconhecimento recente do papel fundamental das habilidades de pensamento na aquisição de habilidades básicas por muitos psicólogos cognitivos e pelo National Institute of Education.

Os Componentes de uma Abordagem para a Educação de Valores

Há muito se tem apregoado que uma das virtudes de uma boa sociedade é que ela promova a virtude, ou virtudes, de seus cidadãos. Em alguns lugares, isto assume o significado de que as escolas têm de suplementar os esforços da família em comunicar valores à criança, e que os valores em que a escola está particularmente interessada — enquanto instituição pública — são chamados "valores cívicos". Isto não é visto como doutrinação, mas como cultivo dos recursos jovens da sociedade, como iniciação do jovem àquilo que nossa civilização considera mais significante e importante dentre suas próprias tradições e ideais.

Tal visão tem muito a recomendá-la; nela está implícito, porém, o perigo de transgressão dos direitos paternos quanto às crenças de seus filhos e dos direitos intelectuais das crianças que freqüentam instituições públicas numa sociedade democrática. Além do mais, a própria sociedade tem participação na questão: é de seu interesse exigir que se promova integridade e excelência intelectual junto com boa cidadania. Mas isso é exeqüível? Pode-se inculcar virtude cívica sem produzir servilismo intelectual? Pode a educação de valores escapar da acusação de que deve ser ou conformista ou subversiva?

Deveria estar claro para qualquer um que observa o processo educacional nas escolas de 1º e 2º graus que a transmissão de valores para as gerações mais novas é onipresente, embora informal, casual e não sistemática. Não há como evitar isto nem é desejável tentá-lo. Todo professor, seja da área de economia, história ou biologia, tem de selecionar o conteúdo programático e estabelecer prioridades para saber quando ensiná-lo. Essas escolhas serão baseadas em critérios, em padrões profissionais, em políticas educacionais, todos igualmente representantes dos resultados de muitos processos de avaliação. Tais escolhas também refletirão a perspectiva cultural difusa sobre o que é, e o que não é, recomendado às crianças. O problema que precisa ser enfrentado agora é se existem métodos profissionais para a melhoria dessa transmissão de valores.

Se tal melhoria deve ocorrer, ela tem que ser conduzida de um modo responsável, que não viole os direitos civis ou direitos de consciência das crianças e de suas famílias. Isso significa que não será realizada se, em nome de preconceitos conflitantes, um conjunto de preconceitos for substituído por outro. E ainda significa que o método de ensino terá de ser perfeitamente consistente com o que é ensinado.

É por isso que devemos ser cautelosos com panacéias aliciadoras que deixam apenas desencantamento em sua esteira: cursos-relâmpago que prometem mudar num fim de semana o que levou toda uma vida profissional para ser feito; planos de ação sem implementação; mudanças nos nomes de cursos que escondem os mesmos e velhos currículos; submissão dócil à competição da mídia disfarçada de sabedoria educacional — tantas curas piores que a doença. Não há nenhum aditivo mágico que transformará o sistema da noite para o dia. Mas existem maneiras melhores de fazer as coisas, ainda que menos glamurosas e ainda que levem anos e anos para obter resultados em larga escala, através de uma enorme quantidade de trabalho duro, boa vontade e boa sorte.

O que, exatamente, precisa ser feito e como isso será executado? As áreas a serem tratadas são:
1. a ambigüidade de "valores";
2. o fortalecimento do caráter, particularmente em relação à cidadania;
3. a aplicação de habilidades de raciocínio a valores e a eventual incorporação da investigação de valores em todas as matérias;
4. reconhecimento de que a avaliação é um aspecto de toda tentativa humana e que perícia em avaliação é uma das melhores realizações da civilização;
5. o esboço da pedagogia apropriada à investigação de valores em sala de aula;
6. sumário e conclusões.

Algumas dessas áreas são tão complexas que o tratamento a lhes ser dado será superficial e incompleto, ao passo que em outros casos optou-se por ilustrar através de exemplos concretos o que pode ser, ou está sendo feito, em lugar de oferecer recomendações abstratas. Em conjunto, porém, esses vários tratamentos são representativos de uma posição unificada em relação a educação para valores. Mas o que *são* valores?

A Ambigüidade de "Valores"

O termo "valores" é nocivamente ambíguo. No singular, "valor", sugere a qualidade ou importância de alguma coisa. Nesse sentido, qualquer coisa é um valor, seja petróleo ou liberdade, segurança ou educação, prata ou justiça, alimento ou beleza. Por outro lado, o plural, "valores", é geralmente usado para indicar a opinião de alguém sobre algo importante. Nossas opiniões sobre o que vale a nossa estima podem tornar-se opiniões estimadas, mas se elas são ou não, o fato de acharmos que uma coisa é de valor não é garantia de que agiremos para realizá-la ou para mantê-la, caso já exista. No máximo, podemos dizer que as pessoas geralmente estão dispostas a agir de acordo com suas opiniões; se não o fazem, se surge uma discrepância entre o que declaram e o que praticam, nós podemos questionar se realmente acreditam no que professam acreditar.

O último ponto é importante para a educação de valores. Um de seus objetivos é capacitar os estudantes a reconhecerem o que é digno de estima; o outro, é o desenvolvimento de julgamentos. Provavelmente, a pessoa sensata é consciente de que há valores alternativos e é competente em estabelecer prioridades ou em fazer seleções entre tais alternativas.

Isso sugere uma segunda ambigüidade do termo "valor". Assim como nem tudo em que se acredita é verdade, nem tudo o que é valorizado tem valor genuíno. Muitas coisas louváveis não resistem quando submetidas a um exame escrupuloso. Nossas apreciações geralmente refletem impulsos cegos, predileções e preferências irrefletidas, desejos brutos, enquanto o verdadeiramente valioso, o verdadeiramente desejável, é o que se revela através da reflexão e investigação. Valores genuínos são, portanto, produto da investigação de valores mais ou menos no mesmo sentido que pessoas educadas são produto da educação; não devemos confundir o material bruto que alimenta o início do processo com os produtos finais, refinados, que surgem dele. As coisas que são meramente assunto de interesse ou desejo irrefletido têm de ser consideradas como valores aparentes ou *prima facie*. Elas ainda não foram testadas experimentalmente. Não se sabe ainda se resistirão e servirão — se funcionarão, como coloca Dewey.[4] Ao examinar as bases e as conseqüências de valores particulares, a investigação de valores move-se da subjetividade à objetividade; determina o que é importante ou estimado, quer seja numa categoria estética, política, ambiental, ética, social ou em qualquer outra a que se apliquem valores. É evidente, a partir do que foi dito, que o maior trunfo da educação de valores é encorajar as crianças a se envolverem em investigação de valores e em ajudá-las a fazer isso bem feito.

Os valores estão presentes em todas as áreas da experiência humana. O que não era importante ontem pode tornar-se de extrema importância amanhã. Assim, a conservação de valores ambientais é exigida no século vinte com uma intensidade desconhecida nos séculos anteriores. Mesmo quando estamos discutindo as crenças sobre assuntos importantes, em vez dos próprios assuntos, é óbvio que não há nenhuma área da experiência humana onde as pessoas não façam algum esforço em distinguir o melhor do pior, ou onde gostos e preferências não prevaleçam num estado relativamente não examinado. Em todas as sociedades há poupança — esforço em ampliar os "bens". Em toda sociedade há discriminação do que é belo em contraste com o que é feio, do que é saboroso em contraste com o que é desagradável ao paladar, do que está dentro ou está abaixo da dignidade dos seres humanos, e tudo isso envolve julgamentos de valor. A educação para os valores não pode ser limitada à questão da conduta pessoal, por mais crucial que seja; tal educação tem de se estender a qualquer área em que haja julgamento do que é melhor e pior. Em última análise, isto significará que toda disciplina terá seu componente de investigação de valores e cada uma das séries escolares terá seu seminário de investigação de valores. Como veremos, esse seminário terá um papel especialmente importante, porque será nele que os estudantes concentrarão suas atenções para aprimorar suas habilidades de raciocínio e para a troca recíproca de idéias. Será nele também que o conceito de comunidade de investigação será concretizado em sua forma mais integrada, com conseqüente impacto no caráter dos participantes.

O Fortalecimento do Caráter

Uma vez que as crianças passam muito tempo de suas vidas na escola, é evidente que ela tem uma considerável responsabilidade por sua socialização. "Socialização", aqui, significa a aquisição de comportamento característico da boa cidadania. Uma das características mais marcantes de um bom cidadão é a prontidão em considerar o bem da sociedade juntamente com o seu próprio bem pessoal. Ele faz isso com um tipo de espontaneidade que sugere que sua prontidão em integrar seus objetivos pessoais com o bem comum é uma expressão direta de sua completa aceitação das responsabilidades da cidadania. O conjunto de hábitos que dispõe uma pessoa a comportar-se de modo recomendável — neste caso em relação às obrigações cívicas — é chamado de "caráter". Assim, os indivíduos de virtudes cívicas geralmente comparam as reivindicações da sociedade com aquelas de interesse próprio, e são inflexivelmente críticos das imperfeições daquelas reivindicações, enquanto sustentam firmemente o que é justo nelas.

A esta altura, a escola se encontra comprometida. É uma instituição dedicada ao ensino e aprendizagem, através da transmissão de conhecimento de uma geração para outra; tal é, de qualquer modo, seu autoconceito convencional. No entanto, não é de todo claro que é isso o que o desenvolvimento do caráter necessita. Na verdade, interpretar a função da escola dessa maneira, do ponto de vista do fortalecimento do caráter, pode ser contraproducente.

Quando se trata de desenvolver qualquer forma de prática, geralmente aprendemos muito do que é mostrado e pouco do que é ensinado; mais do fazer e menos do ouvir. Aqueles que nos treinam em tênis ou em cantar ou em andar de bicicleta são cuidadosos em modelar para nós o que querem que a gente faça. Consideremos, por exemplo, o treinamento de professores: o professor num instituto de educação pode gastar uma hora expondo aos professores graduandos a superioridade da discussão sobre a exposição. Mas quando os professores estão fazendo sua prática de ensino na sala de aula, eles procurarão imitar o que seu professor fez, e não o que ele defendeu: eles darão aulas expositivas. Assim, quando os adultos dizem às crianças "Faça o que eu digo mas não faça o que eu faço" eles conseguem ser apenas modelos de hipocrisia.

Logo, diretores e professores, bem como os pais, são modelos. Eles mostram, pelo exemplo, como alguém pode agir, e as crianças freqüentemente fazem do mesmo modo. Isto é, as crianças internalizam as formas do comportamento adulto. Elas as incorporam dentro delas mesmas; elas as tomam para si mesmas. Uma criança pode acreditar que tudo que um adulto faz é exemplar e digno de tal apropriação. Ser feito por um adulto, especialmente por um dos pais ou pelo professor, parece que justifica suficientemente. Por isso, a pesada carga de responsabilidade que os adultos têm de suportar, por quase tudo o que fazem e não pelo que dizem, contribui para esse conjunto de comportamentos internalizados, esse conjunto de hábitos, que é o caráter da criança.

Mas as pessoas não são os únicos modelos para uma criança. Instituições e práticas institucionais servem à mesma função socializante. A criança que aprende um jogo — digamos, futebol — começa a ver as coisas do ponto de vista de todos os outros jogadores em adição ao seu próprio, pois a não ser que entenda perfeitamente o que os outros estão fazendo no jogo e por que o fazem, não pode responder-lhes significativa ou efetivamente. Ainda mais: o jogador internaliza as regras do jogo, que se tornam uma segunda natureza. Ele não se pergunta se aceita e obedece ou não às regras do jogo (isto é, as leis da instituição social de que participam). Isso é o que os torna jogadores de futebol minimamente competentes, mesmo que não sejam muito habilidosos. Mais do que isso, cada jogador vem a ter o ponto de vista dos outros jogadores não apenas em relação aos demais jogadores como também em relação ao próprio jogo. O jogador novato começa a avaliar o jogo como um "valor em si" e a valorizar as regras do jogo porque elas o tornam possível.

Ora, isso é quase a mesma coisa que desenvolver "bons cidadãos". Eles têm de perceber que a civilização é algo valioso em si mesmo e infinitamente preferível ao barbarismo. Eles têm de reconhecer que as regras e práticas sociais que promovem civilização são estimáveis exatamente porque servem a esse propósito instrumental.

Bons cidadãos, como bons jogadores, são orgulhosos de sua integridade. Os jogadores que desprezam uma regra serão penalizados, mas é pela violação de sua própria integridade profissional que seu arrependimento mais profundo é reservado. De modo semelhante, as crianças tornam-se honestas porque prezam a honestidade e revoltam-se com sua violação e não pelo temor às punições que acompanham a desonestidade. Jovens cidadãos devem desenvolver uma consciência da necessidade de proteger a integridade de sua civilização, assim como o senso de necessidade de proteger a sua própria integridade. Eles ficarão horrorizados com barbarismos como o genocídio, ao invés de serem atraídos para isso como uma fonte fascinante de emoções mórbidas.

Se, então, as práticas institucionais internalizadas são uma das principais fontes de hábitos e atitudes a partir dos quais surge o caráter, o que pode ser feito para expor às crianças os tipos de prática que gostaríamos que elas internalizassem? Como um começo, devíamos tentar construir sobre os próprios esforços da criança de contribuir positivamente. Devemos, portanto, aceitar e trabalhar o desejo da criança de participar, cooperar e investigar. Isso significa a transformação da sala de aula tradicional em um seminário em que as crianças serão envolvidas em investigação de valores de uma maneira participatória e cooperativa. Elas acatarão as regras da discussão acadêmica (ou gradualmente aprenderão a fazer isso); elas ouvirão umas as outras, sempre preparadas para dar as razões de seus pontos de vista e a pedir pelas razões de seus colegas; elas virão a apreciar a diversidade de perspectivas entre seus colegas e a necessidade de ver as questões dentro de contexto. O seminário de investigação de valores servirá como um modelo de racionalidade social; elas irão internalizar suas regras e práticas, e isso virá a ser estabelecido em cada uma delas como reflexão, consideração e ponderação. E para crianças que vivem tão freqüentemente entre fragmentos e ruínas, entre desapontamentos e frustrações, a formação e a participação em tal comunidade pode ser uma fonte de esperança para a vida toda. Por isso tudo é que os seminários têm de ser consecutivos e em todas as séries da escola de 1º e 2º graus, pois somente esse reforço garantirá que seu impacto seja tanto cumulativo quanto duradouro.

As crianças desenvolvem-se como seres humanos racionais não apenas porque nascem com um cérebro dentro de seu crânio, mas também porque encontram-se em famílias e em sociedades que acolhem a racionalidade. Na medida em que nossas instituições são elas mesmas racionais, alimentamos racionalidade nas crianças que crescem nelas e internalizam suas características. Mas uma criança crescendo entre um pai e uma mãe cujas ordens são, com freqüência, contraditórias ou controladas por instituições de sistemas incompatíveis pode se comportar, assustadoramente, numa oscilação entre retraimento e agressão. Não devemos nunca subestimar o auxílio e a liberação que damos às crianças quando as introduzimos na literatura, nas matemáticas e em numerosas outras formas de racionalidade, por esse modo assegurando-lhes que o mundo não é totalmente incoerente e que, sob muitos aspectos, acolhe e valoriza seus pensamentos.

Temos falado do caráter como um conjunto de hábitos que, como um todo, guia nosso comportamento irrefletido, embora isso possa ocorrer em concordância com procedimentos racionais que internalizamos. Admite-se o que tal processo faz a indivíduos que são socialmente ajustados, mas serão eles reflexivos e racionais? Além disso, alguma dessas reflexões será capaz de afetar as instituições sociais circunvizinhas, modificando-as e melhorando-as? Eis aí o outro lado da moeda da educação de valores. Se — numa aula de estudos sociais, por exemplo — a sociedade é apresentada com uma natureza imutável, os alunos ficarão inclinados a levantar suas mãos e dizer "Nada pode ser feito!" Mas a sociedade e suas instituições podem ser apresentadas mais problematicamente. Assim, os ideais que guiam uma sociedade democrática, como justiça e liberdade, podem ser apresentados como metas em direção às quais a sociedade está comprometida em mover-se e aproximar-se progressivamente. Tais ideais precisam ser apresentados não como conceitos acabados mas sim como conceitos que estão abertos e são contestáveis, convidando à discussão e clarificação. Conseqüentemente, com a aquisição dos mecanismos e metodologia de avaliação, os estudantes achar-se-ão capazes de estimar se as instituições de sua sociedade de fato implementam e tornam possível a realização de seus ideais.

Cada ideal, então, torna-se um critério de avaliação em vez de um símbolo invocado retoricamente e subseqüentemente ignorado. Nesse sentido, bons cidadãos são cidadãos reflexivos, a insistirem que os ideais não sejam meramente professados, mas operacionalizados e implementados. O aspecto da educação de valores do processo educacional pode, aqui, dar uma importante contribuição.

Afinal, os perigos do totalitarismo são geralmente resultantes de misturas fantásticas entre racionalidade e irracionalidade. Um caso pode ser o de um sistema altamente organizado, metódico e eficiente, funcionando a serviço de objetivos insanos; noutro caso, objetivos nobres são perseguidos insanamente e com crueldade devastadora. Em ambos, ocorre um mal-entendido sobre a necessidade de ajuste racional de meios e fins e de harmonia entre objetivos e procedimentos. A não ser que seja dada às crianças a oportunidade de entender como isso pode acontecer, e de como pode ser desastroso quando acontece, haverá pouca esperança de que, quando adultas, irão compreender essas questões melhor do que nós ou se esforçarão para mudar o mundo um grau ou dois na direção oposta à catástrofe.

Em suma, as escolas devem preparar os estudantes para a cidadania fornecendo-lhes toda apresentação e participação possível nos diversos procedimentos racionais que caracterizam a sociedade adulta — na lei, na diplomacia, nas negociações trabalhistas, na vida empresarial; onde quer que as pessoas intervenham, pesquisem, critiquem, examinem precedentes e tradições, considerem alternativas e, em resumo, raciocinem juntas ao invés de apelar para a arbitrariedade e violência. Somente por essa participação ativa na práxis democrática e institucional é que os jovens estarão preparados para exercitar a cidadania quando se tornarem adultos.

Instituições sociais racionais são a nossa melhor garantia de que os cidadãos individuais serão racionais. Não há nada como saber que existe uma constituição, que existem leis e que existe um sistema legal — aos quais o indivíduo possa apelar em caso de injúria — para acalmar o impulso de retaliação violenta. Não podemos esperar que as pessoas se tornem racionais sem antes ambientá-las em instituições e procedimentos racionais, pois é somente a existência prévia desse ambiente que arma o palco e produz a racionalidade do indivíduo. Todos nós respondemos cordialmente aos pronunciamentos retóricos sobre justiça e liberdade, mas, como cidadãos, nossa confiança está depositada em provérbios como "não há direito sem remédio" porque sabemos que as pessoas que não têm remédios para as injustiças cometidas contra elas, dificilmente podem dizer que têm direitos legais. Em nenhuma instituição, a responsabilidade pelos procedimentos racionais recai mais pesadamente do que na escola, uma vez que é a instituição pela qual passam todos os membros da sociedade, como areia através do gargalo de uma ampulheta. Portanto, a sociedade que quiser que da escola saiam pessoas reflexivas e racionais deve cuidar para que o ambiente da própria escola seja reflexivo e racional. Tentar a educação de valores numa instituição pública que prefere não examinar seus próprios procedimentos é um exercício de futilidade.

Aplicações das Habilidades de Raciocínio e Valores

Como sabemos, o pensamento efetivo depende de uma bateria —

e por que não dizer, de um batalhão — de habilidades de raciocínio. Muitas dessas habilidades representam competência no uso da lógica. Somente a lógica contém os critérios em que o raciocínio sólido pode distinguir-se do raciocínio insólito; ela é, portanto, uma disciplina única entre as ciências, de incalculável valor para uma abordagem educacional que objetiva desenvolver o pensamento.

Estas habilidades de raciocínio não variam muito de um domínio a outro; assim, dedução é dedução, seja em ciência natural seja nas humanidades. Conseqüentemente, o raciocínio na área de valores não requer habilidades especiais: as mesmas habilidades — as habilidades gerais de raciocínio — devem ser aplicadas aos problemas de valores, tal como aos de ética, de uma maneira orquestrada. Esta questão não deve escapar; as habilidades de raciocínio cultivadas com o propósito de desenvolver o julgamento ético também podem ser aplicadas a questões acadêmicas, e as crianças que são competentes em raciocinar academicamente, mas que têm dificuldades em aplicar as mesmas habilidades aos problemas de valores, podem ser ensinadas a fazê-lo. A perspectiva de que o raciocínio sobre valores deve tanto ter benefícios acadêmicos como morais deve ser atraente para os coordenadores escolares bem como aos pais.

Falar sobre a "aplicação de habilidade de raciocínio a problemas de valores" pode ser muito enfadonho. Como isso deve ser feito? Como os conceitos são operacionalizados? É necessário, agora, fazer uma especificação, e o melhor é identificar algumas das habilidades mais importantes e dar ilustrações de como poderiam ser usadas na área de ética ou de questões gerais de valores. Segue-se um inventário de vinte e sete habilidades de raciocínio (ver o Apêndice para a ilustração de suas aplicações a valores cívicos e éticos como também a fatos).

1. fazer inferência a partir de premissas isoladas;
2. padronizar frases da linguagem comum;
3. fazer inferências de premissas duplas;
4. usar a lógica;
5. trabalhar com a coerência e a contradição;
6. saber como lidar com ambigüidades;
7. formular questões;
8. compreender conexões de parte-todo e todo-parte;
9. dar razões;
10. identificar suposições subjacentes;
11. trabalhar com analogias;
12. formular relações de causa e efeito;
13. desenvolver conceitos;
14. generalizar;

15. fazer inferências de silogismos hipotéticos;
16. habilidade em reconhecer e evitar — ou utilizar conscientemente — a imprecisão;
17. levar em conta todas as considerações;
18. reconhecer a interdependência de fins e meios;
19. saber como lidar com "falácias informais";
20. operacionalizar conceitos;
21. definir termos;
22. identificar e usar critérios;
23. apresentar exemplos concretos;
24. construir hipóteses;
25. contextualizar;
26. antecipar, prever e estimar conseqüências;
27. classificar e categorizar.

É óbvio que essas são apenas algumas dentre as principais habilidades de raciocínio e que muitas outras poderiam ser citadas. Deve-se entender, no entanto, que os problemas de valores são quase sempre muito complexos e não são assunto para uma habilidade isolada. Eles requerem que a coleção inteira de habilidades seja aplicada de modo convergente e reforçador. Desse modo, as habilidades de raciocínio têm um impacto cumulativo muito maior do que se poderia esperar examinando-as isoladamente.[5]

Tomemos um exemplo. Suponha-se uma classe de 2º grau em que os alunos estão tentando enfrentar o problema da guerra. A princípio, não há concordância quanto à desejabilidade da paz porque alguns alunos afirmam que a guerra é uma condição internacional necessária e saudável. É proposto, então, que isto seja posto de lado momentaneamente e que se *assuma* a desejabilidade da paz. Segue-se o seguinte diálogo:

Paulo: Se é a paz que você quer, prepare-se para a guerra.
Marcelo: Se é a paz que você quer, prepare-se para a paz.

A questão foi apresentada, agora, de uma maneira mais construtiva. Foram propostas hipóteses alternativas, sugerindo caminhos diametralmente opostos para chegar a um objetivo idêntico. Ao seguir as conseqüências prováveis do conjunto de meios alternativos, é possível mostrar que uma hipótese tem maior plausibilidade que a outra. Note quais habilidades têm de ser conduzidas e desenvolvidas adequadamente pelos participantes: os conceitos de *paz, guerra* e *preparação* têm de ser entendidos perfeitamente (13); a interdependência de meios e fins tem de ser reconhecida (18); todas as considerações têm de ser levadas em conta (17); tem de ser entendido que o assunto em questão é a operacionalização do conceito de paz (20); informações pertinentes de estudos sociais têm de ser empregadas para dar um sentido contextual e atualizado (25); exemplos históricos devem ser citados — com cuidado — por sua relevância (11); e outras habilidades também serão usadas em níveis diferentes.[6]

Como os alunos podem aprender essas habilidades de pensamento e aprender a coordená-las e orquestrá-las da maneira necessária? O que é preciso, além das próprias habilidades, é uma *prontidão cognitiva* para usá-las. Esta prontidão consiste em disposições como cooperatividade, confiança, atenção, prontidão para ouvir e respeito pelas pessoas. Tais tendências são cultivadas pela conversão da sala de aula em seminários de diálogo comprometido com a investigação de valores. Haverá confiança de que os procedimentos dos membros do grupo serão seguros porque autocorretivos; haverá interesse pelos procedimentos e pelos membros do grupo; haverá uma prontidão para avaliar e criticar tanto os próprios raciocínios quanto os dos colegas. À medida que essas disposições se tornam habituais, elas emprestam suporte à formação do caráter do indivíduo, visto que foram construídas pela internalização da racionalidade das instituições sociais.

As habilidades necessárias para raciocinar sobre valores são as mesmas que para qualquer outra coisa. Assim, não há um conjunto de habilidades de raciocínio para valores e outro para fatos. Segue-se daí que, ao melhorar a capacidade dos estudantes de pensar sobre questões de valores será, concomitantemente, melhorada sua capacidade de lidar com qualquer assunto acadêmico. Por exemplo, se nossa ênfase ao ensinar leitura estiver nos mecanismos do texto (gramática e fonética) e não nos significados a serem inferidos do que é lido (o que é, afinal, o incentivo para as primeiras leituras), não podemos esperar que as crianças leiam bem. Mas o raciocínio focaliza precisamente os significados a serem inferidos dos materiais escritos, de modo que o desenvolvimento das habilidades de raciocínio aumenta o benefício do significado, e do prazer, que as crianças podem obter do que lêem.

Os significados são descobertos nas relações das palavras umas com as outras e nas relações da linguagem com o mundo. Raciocinar é focalizar essas relações ao mesmo tempo em que se agarra com firmeza aos critérios da inferência válida. Por exemplo, consideremos a questão do significado de termos como "fato" e "valores". Alguns dizem que um fato é uma afirmação verdadeira. Outros dizem que um fato é um pedaço efetivo do mundo, e não meramente uma expressão lingüística. E alguns outros afirmam — parece que mais plausivelmente — que um fato é as duas coisas relacionando-se uma com a outra. Analogamente, os valores podem ser vistos como o que é realmente importante, ou como opiniões sobre o que é importante, mas seria mais plausível considerá-los como ambos, numa relação fechada. A relevância dessa ilustração é que fatos e valores são dimensões de significado que as crianças querem de sua educação. Valorizar suas habilidades de raciocínio lhes dá a melhor educação que elas mesmas querem e que nós queremos para elas. Uma última palavra sobre a relevância das habilidades de pensamento para os valores é que não é incomum encontrar atitudes negativas entre crianças que não conseguem desempenhar seu potencial escolar. Uma vez que se aceita que a atitude negativa da criança causa esse baixo desempenho devem ser feitos esforços para mudar sua atitude. Tais esforços geralmente não têm sucesso por causa de um erro no diagnóstico: não são as más atitudes que causam o fato de as crianças terem um baixo desempenho, mas é o baixo desempenho que causa nas crianças as atitudes negativas que, então, ajudam a produzir um comportamento irracional ou indisciplinado. As crianças que não podem enfrentar aqueles aspectos de suas vidas que exigem habilidades de raciocínio — e certamente os trabalhos da escola são um deles — dificilmente podem vir a pensar positivamente se não lhes forem dadas oportunidades de aguçar as habilidades que as capacitariam para tal enfrentamento. É claro que existem muitas exceções para as generalizações precedentes: alguns que se saem bem em seus trabalhos escolares são anti-sociais e alguns que não se saem bem, não são anti-sociais. Mas essas exceções não podem desculpar o fracasso da sociedade em dotar todas as crianças com as habilidades de raciocínio de que elas necessitam.

A Avaliação como o Foco da Investigação de Valores

Os alunos envolvidos em investigação de valores irão discutir e estudar muitas coisas, como a natureza e o uso de critérios, a relação dos meios com os fins e dos fins com fins ulteriores, o papel do raciocínio analógico com relação a valores e a influência do contexto na reflexão moral. Uma das mais importantes áreas de estudo seria a própria avaliação — isto é, o modo como as pessoas de diferentes posições sociais decidem, de fato, sobre questões de valores: o papel dos desejos e preferências, o papel da evidência, os modos em que são estabelecidas as prioridades, o emprego de casuísticas e de lógica, o apelo ao sistema legal, a confiança nos regulamentos burocráticos e o uso de critérios. Estes são apenas alguns dentre os inúmeros ingredientes que se somam à seleção de um executivo, à escolha de uma universidade, à promoção de um trabalhador, à sentença de um prisioneiro, à escolha de um livro na biblioteca, à decisão em seguir uma determinada carreira, à escolha de um carro ou de uma casa — a lista, obviamente, é infinita.

É lugar-comum dizer que as sociedades democráticas favorecem uma pluralidade de valores, sendo esta a conseqüência característica da liberdade de escolha. Seja como for, não se segue que haja uma falta de consenso no que se refere à prática da avaliação. Esse consenso está refletido nos procedimentos que são empregados normalmente — na verdade, que são virtualmente aceitos — sempre que uma decisão em que pese responsabilidade pública tenha de ser tomada. Esses procedimentos estão de tal forma estabelecidos que seria legítimo encarar a avaliação como uma arte. E, como qualquer arte, há modos melhores e piores de praticá-la.

Suponha que uma cidade tenha necessidade de um novo secretário ou supervisor escolar. Certamente, o procedimento de seleção obedecerá a um código municipal; especificações de emprego, critérios e entrevistas têm de ser noticiados anteriormente. Independente da crença política ou religiosa dos cidadãos da comunidade, os processso de seleção não serão recusados a menos que não sejam suficientemente justos. Em resumo, existe um corpo de práticas comuns — procedimentos legais, regras para a condução de reuniões, procedimentos aceitos para a contratação e promoção, igualdade de oportunidades, apelo à lógica para fazer inferências válidas, sujeitando-se aos procedimentos da investigação científica quando tratar-se de uma questão de evidência — com relação a tudo o que tenha um consenso tão forte que qualquer discordante seja obrigado a apelar a esses mesmos procedimentos ou a uma formulação melhorada deles. A educação para cidadania requer que os jovens percebam que é a esses procedimentos que se tem de recorrer, pois representam a racionalidade social que os estudantes têm que internalizar.

Não seria surpresa que a educação de valores envolvesse, necessariamente, o estudo de como ocorre de fato a avaliação. Afinal, admitimos que um jovem que queira entrar para os negócios faria bem se estudasse como as pessoas fazem negócios e os jovens que querem entrar para a música deveriam estudar como as pessoas fazem música. Se eles têm de aprender a fazer melhores juízos de valor, onde deveriam começar seus estudos se não nos modos em que as pessoas já fazem juízos de valor?

Os que apreciam ironia e paradoxo podem sentir que há algo de equívoco nesse anseio pelo desenvolvimento de uma matéria empírica de avaliação, para ser estudada por aqueles cujos processos de julgamento queremos desenvolver. Não se pode passar do *como se faz* para o *como se deve fazer:* do estudo das maneiras em que as pessoas fazem juízos de valor, não se pode inferir como se *deve fazer* juízo de valor. Considere-se um caso análogo: o do pensamento. Os psicólogos estudam as maneiras como as pessoas lembram, imaginam, aprendem, reconhecem, inferem, etc., mas esta informação descritiva não deve ser tomada como normativa. Dos modos como as crianças pensam, nenhuma inferência pode ser tirada sobre como elas pensariam se pensassem bem.

Mas os dois casos não são análogos ou, pelo menos, não o suficiente para que a comparação seja útil. Os modos como pensamos quando nos comportamos casualmente — associativamente, elipticamente, desconectadamente, polifonicamente — não são modos de bom pensamento, tais como os que encontramos em argumentos brilhantes, explanações poderosas e poesia intensa. O modo disperso com que geralmente pensamos não é o modo como podemos e devemos pensar.

Por outro lado, a prática avaliativa num campo dado — seja uma plantação de maçãs, a construção de uma casa ou a impressão de um livro — é baseada em tradições que envolvem critérios aperfeiçoados e conscientemente empregados. Existem padrões para casas e livros bem construídos e para obtenção de boas safras de maçãs. Eles podem não ser padrões definitivos: requerem reavaliação constante. Mas o estudo de o que é feito no que concerne à prática avaliativa em qualquer campo onde existam tradições de ofício pode não ser útil para se descobrir o que deve ser feito. Para ser exato, revoluções na avaliação são sempre possíveis, mas isto envolve um abalo das fundações que anunciam a presença da arte.

Infelizmente, não há nenhuma área concentrada, especializada de pesquisa em avaliação. É a área mais importante da atividade humana, merecedora de um estudo cuidadoso pelas ciências comportamentais, mas os fatos da avaliação humana devem ser colocados juntos à antropologia, sociologia, psicologia, ciência política, administração, economia e um grande número de disciplinas mais especializadas. E ainda, se as aulas de estudos sociais têm de informar os estudantes sobre as bases evidentes da avaliação, esses dados teriam de derivar de uma área das ciências do comportamento — o estudo da avaliação — que exige postura e integridade acadêmica própria. Esta recomendação não é feita para aumentar as disciplinas universitárias mas para prover os elaboradores de currículo e os professores de cursos de educação do tipo de pesquisa e análise necessária para a construção de abordagens de investigação de valores no nível de 1º e 2º graus.

Deve ser enfatizado que o desenvolvimento do currículo funciona com as disciplinas estabelecidas. Quase sem exceção, as tentativas de desenvolver currículos escolares que não sejam baseados em tais disciplinas têm fracassado. Podemos ensinar economia nas primeiras séries escolares, ou línguas estrangeiras, ou administração, ou química; mas, seja o que for, estaremos tomando uma área de estudo já existente no nível universitário, identificando os componentes mais importantes, pondo-os numa seqüência e traduzindo-os para a linguagem ordinária. O que não devemos fazer é tentar uma mistura heterogênea, com um pouco de cada coisa, sem qualquer tipo de integridade. Até que o estudo da avaliação seja uma disciplina bem desenvolvida, com bases universitárias, será difícil construir uma linha avaliativa no currículo de ciências sociais no nível de 1º e 2º graus.

A Pedagogia Apropriada para a Investigação de Valores

Os educadores de ciência já notaram que é menos importante para os estudantes conhecerem os fatos do que serem competentes em descobrir e avaliar as evidências relevantes do problema que têm em mãos; saberem onde buscar informações; serem versáteis em explorar as maneiras em que as hipóteses sob consideração possam ser verificadas ou rejeitadas. Em resumo, o que é importante não é tanto "saber ciência" quanto "pensar cientificamente". Um exemplo comparável seria o caso da história. No máximo, os estudantes irão adquirir uma fina lasca do conhecimento histórico, e esse fragmento, qualquer que seja, deve ser tomado com grande circunspecção e com um ótimo senso de proporção, qualidades essas que os estudantes das séries iniciais do 1º grau dificilmente possuem. Mas os alunos podem ser estimulados a "pensar historicamente" e a ter um senso histórico que possam aplicar tanto para suas próprias vidas quanto para a vida de sua civilização. Eles podem não descobrir uma "astúcia da história" mas podem tentar reencenar a relação entre Marco Antônio e César de modo a obter um senso de como as personagens históricas devem ter raciocinado, e este pensar sobre o pensar irá contribuir mais tarde para o início do seu pensar historicamente. Do mesmo modo, os estudantes que começam a raciocinar sobre valores, de repente virão a pensar avaliativamente. Eles irão pensar "na linguagem dos valores", como alguém que ao aprender uma língua diferente tem de, no início, traduzir para sua própria língua, mas de repente começa a pensar na nova língua. Este deve ser o objetivo pedagógico da educação de valores.

Os seminários de investigação de valores, seja no 2º grau seja no início do 1º grau, devem ser conduzidos pelo método da discussão. Existem razões muito boas para isto.

Primeiro, métodos didáticos como aulas expositivas, não surtem o efeito desejável e podem até atingir o efeito oposto ao que se pretende. As crianças que mais precisam da educação de valores são, geralmente, menos receptivas, principalmente quando percebem que isto é apresentado de modo proselitista ou doutrinador. Os esforços para arrancar-lhes suas crenças de valores conseguem apenas torná-las mais céticas e negativas. As descobertas de um grupo de discussão, ao contrário, são geradas pelo próprio grupo e não lhes parecem como tendo sido impostas por uma autoridade estranha. Se esperamos que as crianças raciocinem por si mesmas, temos de reconhecer que, a longo prazo, os valores que elas adotam são mais aceitáveis para nós do que os que adotam quando tentamos que aceitem nossa autoridade adulta.

Segundo, as crianças adoram discutir, e como educadores deveríamos saber que é muito melhor usar uma conduta para a qual as crianças já estão motivadas do que tentar encontrar incentivos para convencê-las ao que relutam em fazer. Aliás, não há melhor maneira de estimular as habilidades de pensamento do que através do diálogo disciplinado. Quão afortunados seríamos se as crianças quiserem fazer simplesmente o que queremos que façam!

É preciso um pouco de cautela aqui. As crianças realmente adoram falar sobre valores. Elas adoram comunicar suas opiniões e contar suas experiências pessoais. Na maioria das vezes não há nada de errado nisso, contanto que seja visto como *ponto de partida* e não como término da investigação e desde que o objetivo seja a perfeição das habilidades para raciocinar sobre valores e não um mero desabafo de memórias e sentimentos. Atribui-se a isto um efeito terapêutico; mas é bom lembrar que objetivos educacionais devem ser alcançados por meios educacionais e pelo fortalecimento do caráter e das habilidades de raciocínio do estudante — o que faz das sessões de terapia algo desnecessário. Não existem dados seguros sobre os impactos dessas sessões. Existem anedotas sobre seus efeitos liberalizantes, mas também existem anedotas sobre como elas deixam as crianças frágeis e vulneráveis, enquanto outras sentem-se justificadas em adotar a máxima do tudo é relativo. Seria duro ver os alunos de um seminário de investigação de valores, estudando a arte da avaliação, chegarem à conclusão de que o melhor e o pior são indistingüíveis.

Do mesmo modo, o uso de dilemas morais na sala de aula pode ser bastante problemático. Os dilemas são construídos arbitrariamente, excluindo as opções significativas e limitando as que restam àquelas que contradizem umas as outras ou a si mesmas. Em montagens de laboratório, essa técnica é usada para determinar como as coisas comportar-se-ão se as forças de seu raciocínio forem neutralizadas de modo a deixá-las por conta de seus padrões instintivos ou emocionais. Numa sala de aula, se tal técnica não for acompanhada pela exploração das alternativas racionais, será de pequeno valor educacional.

A educação para valores pode, ao contrário, assumir a forma de investigação dialógica numa atmosfera de cooperação intelectual e respeito mútuo. A conversação que se desenrola disciplinadamente em tais seminários é, então, internalizada pelas crianças. Elas se familiarizam com os pontos de vista e com as perspectivas dos outros; acostumam-se a desafiar por razões e a serem, pelos outros, desafiadas a darem razões; começam a refletir crítica e objetivamente sobre seus próprios pontos de vista; tornam-se mais confiantes à medida que percebem que podemos ser medíocres em ortografia ou matemática, mas brilhantes em articular a perspectiva que ganhamos em uma experiência pessoal. Isto é muito importante porque muitas crianças que abandonam a escola querem desesperadamente mostrar seus motivos com clareza, e ainda mais desesperadamente querem ser ouvidas e respeitadas pelos colegas. Ao ajudar as crianças a aprenderem como raciocinar juntas, nós lhes damos uma amostra do que pode ser comunidade. Se falharmos em reforçar isso, elas podem ficar marcadas para o resto de suas vidas, com essa fraqueza: uma compreensão empobrecida dos méritos e benefícios genuínos da democracia participativa.

Sumário e Conclusões

Um valor é uma questão de importância; neste sentido, o sistema legal é um valor, e em sendo assim, é regulado pelo desejo da maioria, com o devido respeito pelos direitos da minoria. Para entender e estimar com precisão o valor do sistema legal, das regras da maioria e direitos da minoria, é necessário ser capaz de compará-los com as características dos procedimentos de governo não democráticos. Tais comparações levam a reflexões sobre valores e essas reflexões levam a opiniões sobre o que tem valor ou importância cívica. Em geral, quando falamos "valores", no plural, estamos nos referindo a essas opiniões.

Justiça e bondade são objetos de valor, mas de um tipo temerário. Verdade, saúde e felicidade são objetos de valor, mas também o são *Antônio e Cleópatra* e *A Paixão segundo São Mateus*. Quando nos referimos à educação de valores, estamos fazendo mais que falar honrosamente sobre os ideais dos seres humanos civilizados, sobre o agir, dizer e fazer que julgamos excelentes? A educação de valores não é nada mais que a imposição de nossos valores à crianças, com respectivas injunções e exortações, ou realmente queremos que as gerações mais jovens sejam mais racionais com relação a valores do que nós somos? A escolha da última alternativa sugere confiança no processo educacional e na possibilidade de que certas políticas sociais possam ser adotadas e implementadas de modo a assegurar que cada geração seja mais sábia que a sua precedente.

Deixemos a educação de valores ser o preceito para os estudantes de 1º e 2º graus raciocinarem sobre valores. Isto significa, em parte, ensiná-los a pensar mais habilmente e mostrar-lhes como isso pode ser útil em questões de valores.

Mas o raciocínio é apenas parte da resposta, assim como as escolas são, também, outra parte da resposta. Muito importante é o estabelecimento de condições favoráveis ao desenvolvimento do caráter. Por certo, a instituição mais potente com relação a isto é a família, mas não é a única que influencia a formação do caráter. O conjunto de hábitos que formam o caráter de uma pessoa é moldado pelas formas de participação em que essa pessoa se envolve. Em síntese, internalizamos o caráter das instituições a que pertencemos, e na medida em que essas instituições são, elas mesmas, organizadas racionalmente, teremos o hábito de agir de modo racionalmente justificável, mesmo quando agimos irrefletidamente. O atleta não tem de resolver se obedece ou não às regras do jogo; aceitá-las é uma segunda natureza para o atleta.

Se queremos que as crianças sejam responsáveis quando forem adultas, devemos dar-lhes responsabilidades proporcionais quando crianças. Se queremos que respeitem o sistema legal e que o garantam para os outros, devemos conceder-lhes o mesmo sistema legal. Envolvendo-se com o regime de normas estudantis elas aprendem algumas das vantagens e dificuldades que acompanham o governo da maioria, ao mesmo tempo em que se habituam, em suas deliberações, a levar em conta direitos e pontos de vista dos outros. E se queremos cidadãos adultos que sejam racionais no que diz respeito a valores, devemos introduzir as crianças em investigação de valores, de modo que possam descobrir por si mesmas que o que é genuinamente valoroso não é objeto de qualquer desejo, frívolo ou imaturo, mas é aquilo cuja alegação para que seja um valor é apoiada na reflexão e investigação. Na verdade, investigação é aquela instituição cujos procedimentos, quando internalizados, contribuem mais fortemente para o desenvolvimento da racionalidade no indivíduo.

Temos, até agora, duas pernas de um tripé: o raciocínio sobre questões de valores e um caráter pessoal que predispõe a agir de acordo com a racionalidade. A terceira perna do tripé é a perícia que capacita o indivíduo a integrar hábitos e raciocínios, caráter e reflexão de modo a orientar tanto juízos de valor sólidos quanto ações recomendáveis. Para aprender esse ofício, temos de recorrer àqueles que o praticam. Para isto não há escassez de professores, pois todo mundo é praticante, embora com graus variáveis de excelência, como em qualquer ofício. Estudar carpinteiros construindo casas, professores qualificando alunos, comissões julgadoras classificando candidatos, executivos avaliando empregados; estudar como os critérios são usados para fazer juízos de valor, como os meios e fins são coordenados, como as conseqüências são pesadas, como são deliberados os custos sociais, como são estabelecidas as prioridades — e não apenas em nossa sociedade, mas também em outras. Gradativamente, o que surgirá é o esboço do ofício de avaliação, e é esse ofício que tem de ser dividido com as crianças, junto com as habilidades de raciocínio, disposições cognitivas e hábitos de boa cidadania.

Mas tudo isso será em vão se as habilidades forem ensinadas através de exercícios, os hábitos forem aprendidos de cor e o ofício for ensinado através de áridas aulas expositivas. O contexto, o cenário no qual ocorre a investigação de valores, é vital. Foi mostrado que o processo deveria ser o da discussão, com o objetivo de converter a sala de aula numa comunidade de investigação de valores. Em tal contexto, as crianças tornam-se proficientes em orquestrar a variedade de habilidades de raciocínio com as quais têm se familiarizado. Se alguém fosse identificar uma habilidade de raciocínio de valor específico, teria de ser essa proficiência em usar as outras habilidades de modo a convergirem e reforçarem umas às outras. Se os seminários em investigação de valores pudessem ser estabelecidos, para que as crianças adquirissem disposições e habilidades cognitivas como foi descrito, não seria necessário renunciar ao ideal de uma comunidade social e intelectual como sendo o tipo de contexto em que gostaríamos que nossas crianças crescessem, aprendessem e vivessem.

Contudo, duas áreas acadêmicas carregam uma responsabilidade especialmente séria. Uma é a de estudos sociais. O estudo da avaliação é uma abordagem empírica de um aspecto importante do comportamento social. Como tal, seu conteúdo pertence propriamente aos estudos sociais, e o currículo nessa área precisa tratar da avaliação e tomar providências para isso. É claro que se a avaliação não for ensinada de uma maneira aberta e participatória, os alunos não serão encorajados a procurar desenvolver as práticas existentes.

A outra área é comunicação e expressão. Como as habilidades de raciocínio estão muito intimamente entrelaçadas com a linguagem, os seminários em investigação de valores citados anteriormente podem ocorrer como uma continuação do ensino da língua. Os textos das crianças sobre investigação de valores podem ser tomados como "textos de leitura escolar" e as discussões resultantes de modo nenhum seriam fora de propósito para desenvolver a aquisição de significados e compreensão de linguagem, para não dizer nada da continuidade entre ler, falar e escrever. Mas uma alternativa ainda melhor é anexar a filosofia ao currículo como uma seqüência de cursos exigidos a todos os estudantes. Pensar racionalmente sobre valores exige habilidades para a formação de conceito que a filosofia é especialmente bem equipada em prover. É improvável que as crianças possam ser ensinadas a se envolver em investigação ética fora do contexto da filosofia, pois a ética é parte da filosofia e de nenhuma outra disciplina.

Uma das mais valiosas contribuições que a filosofia tem a dar à conversação da humanidade com relação à educação cívica é o modelo que os filósofos oferecem de uma comunidade de investigação: os participantes que discordam entre si são profundamente conscientes do quanto aprendem uns com os outros. Enquanto acharmos que não temos nada a aprender uns dos outros, a democracia permanece sendo meramente uma *détente* pluralística.

6. A INVESTIGAÇÃO ÉTICA E O OFÍCIO DA PRÁTICA MORAL

É de consenso geral que a taxa da mudança social está acelerando, fazendo com que as gerações mais velhas se sintam cada vez menos seguras a respeito da educação moral que lhes cabe dar às gerações mais novas.

Sentem-se menos seguras por causa das dúvidas sobre se as informações anteriormente consideradas de confiança — e, por isso, transmitidas com convicção de uma geração para a seguinte — ainda são relevantes como o foram sob circunstâncias mais estáveis; menos seguras porque percebem que nos dias atuais as gerações mais novas confiam mais nos pontos de vista de seus colegas; e menos seguras, também, por causa da sensação de que qualquer opinião emitida pelas pessoas mais velhas parece funcionar como um desafio para que os mais jovens adotem uma opinião exatamente oposta. O resultado é a ansiedade dentro da família quanto à adequação do processo de transmissão de valores de pais para filhos e a crescente solicitação para que a escola forneça a instrução moral que a família sente ter fracassado em fornecer.

As escolas, contudo, têm suas próprias razões para estarem apreensivas. Estão dispostas a ajustar-se às exigências de preparar seus protegidos para a cidadania. Mas não se sentem totalmente prontas para fornecer os valores pessoais que eram de responsabilidade dos pais. A situação parece não apontar soluções viáveis. Se os professores adotam quaisquer princípios éticos particulares e os impõem a seus alunos, ficam sujeitos à acusação de doutrinação. Por outro lado, se os professores se recusam a adotar esses princípios ou se os questionam abertamente, ficam sujeitos à acusação de que estão ensinando as crianças a acreditarem que os valores são meramente relativos ou subjetivos. Em suma, a escola não quer ser acusada de doutrinação, seja por algum sistema absoluto de valores, seja por uma abordagem relativista de valores.

O que as escolas gostariam de descobrir seria um canal — mesmo que estreito como um fio de navalha — que as capacitasse a passar entre a Cila do autoritarismo e a Caribde* do relativismo vazio. Elas querem que seus protegidos cresçam para ser indivíduos reflexivos e racionais, capazes de pensar por si mesmos. Mas a demanda da educação moral parece impor sobre os estudantes um comprometimento com um conjunto de valores que deve ser adotado não importa o que eles possam pensar a respeito. A escola acha difícil conciliar suas obrigações de educadora — e encorajar os estudantes a tornarem-se autônomos — com suas obrigações para com os pais e a sociedade em geral — e aceitar uma postura convencional com relação aos valores pessoais e sociais. A menos que se possa encontrar seu caminho entre o duplo perigo do autoritarismo e do relativismo vazio, não sairá vitoriosa.

Essas alternativas opostas são bem conhecidas: são apenas uma outra versão perene da oposição tradicional entre autoritarismo e anarquia. Há trezentos anos, Hobbes e seus seguidores anunciaram que o espectro da anarquia deveria ser muito mais temido que o do autoritarismo, se as pessoas realmente quisessem uma sociedade pacífica e ordeira. Em pouco menos de uma geração, começou a surgir na Inglaterra uma esperança de que os terrores poderiam se amenizar: se os seres humanos pudessem raciocinar juntos, o caminho democrático tornar-se-ia viável.

Assim, a capacidade de raciocinar sempre foi o ponto de partida. Duvidar que os adultos pudessem raciocinar juntos constitui a maior barreira para a democracia. Duvidar, atualmente, que as crianças podem raciocinar efetivamente constitui a maior barreira para a educação moral.

Nós nos orgulhamos de ser realistas, nos moldes de Hobbes e Freud. Não adotamos o retrato doce, idílico da infância que nos foi legado por Rousseau e o romantismo. Preferimos acreditar que sob sua meiguice exterior, as crianças acalentam forças poderosas — embora latentes — de agressão. Se, ocasionalmente, algumas delas maltratam os animais, elegemos o fato como um traço da crueldade infantil; com isso, ignoramos o profundo senso de afinidade que muitas crianças têm com os animais, o horror que elas têm por nossas caças, matanças e experiências negligentes e pelo extermínio de nu-

---

* Cila e Caribde: monstros lendários, guardiães do estreito de Messina. (N.T.)

merosas espécies que facilmente poderiam ter sido preservadas. Quando tentamos justificar a violência que transmitimos através da televisão, dizendo que isso as atrai e ajuda a satisfazer suas tendências agressivas inatas, é como o caso proverbial de manter alguém debaixo da água e então acusar a vítima de se afogar. Se as crianças mostram hostilidade à violência, torcemos o nariz com a suspeita de que há em seus comentários uma artimanha para escapar de punições; negligenciamos a correlação entre a violência cometida pelos adultos contra as crianças e o seu comportamento anti-social resultante. Até damos sinais de aprovação a caricaturas grotescas de crianças como as de William Golding em *Lord of the Flies*, em que a perversidade adulta é projetada sobre crianças com a mesma inverossimilhança de quando atores e atrizes pré-adolescentes imitam cenas de amor adulto no palco.

Em resumo, zombamos dos valores das crianças porque sabemos que elas são psiquicamente frágeis e não têm experiência, e achamos que essas são bases adequadas para depreciar sua capacidade de serem racionais — isto é, de serem sensíveis e racionais e de pensarem por si mesmas. Também descobrimos que quando advertimos as crianças para serem racionais, elas geralmente não concordam, e isto nos fornece novos subsídios para acreditar que a capacidade de ser racionais está além delas. Não nos ocorre que a advertência dificilmente é o melhor meio de ocasionar tal razoabilidade.

A divergência entre Hobbes e Rousseau diz respeito a se as crianças têm uma tendência inata ou para se protegerem a qualquer custo ou para serem justas, buscarem igualdade e amarem a paz. De um modo geral, Hobbes e Rousseau se preocupam com o que a criança é inatamente, instintivamente, impulsivamente. A razão dificilmente tem alguma participação. Mesmo em Piaget, discípulo de Rousseau, as crianças parecem naturalmente inclinadas a serem justas ou isso resulta de sua experiência com seus colegas; é dos adultos que elas aprendem a tolerar — e, por isso, a praticar — a injustiça. Mais uma vez, sua capacidade para a racionalidade, no que concerne a Piaget, é frágil e tênue; crescerá apenas com a maturidade, que trará uma compreensão realística do mundo, cientificamente orientada pelos adultos.

A abordagem de Dewey é radicalmente diferente. Hobbes e Rousseau estão ambos certos: a criança nasce com inúmeros pares de tendências opostas — para ser generosa e para ser egoísta, para ser competitiva e para ser cooperativa, para amar e para odiar, e assim por diante. Tudo isso junto forma o estoque difuso de energias impulsivas da criança. É a estrutura da sociedade em que a criança nasce que encobre uma das alternativas e filtra a outra, que recompensa e encoraja uma delas e pune e desencoraja a outra. Por conseqüência, a criança aprende a deixar suas energias fluírem para o padrão de conduta que a sociedade aprova. Esses padrões sociais variam muito, mas em qualquer lugar encontramos a mesma teimosia obstinada de que sua organização social não desempenha nenhum papel causal na formação das motivações pessoais, mas apenas acomoda aquele conjunto de instintos que se pensa compor a natureza humana. Para Dewey, então, a questão é enfraquecer a capacidade dos adultos em impor sua irracionalidade nas crianças e, ao mesmo tempo, fortalecer a capacidade das crianças de pensarem por si mesmas, num mundo em que a irracionalidade é desmedida.

Evidenciamos, mais atrás, que a maior barreira à democracia tem sido a crença de que as pessoas seriam incapazes de raciocinar juntas. Mas isso é uma supersimplificação. Que circunstâncias começaram a surgir e formaram as condições que tornaram possível o raciocínio conjunto? Podemos pensar no legado das constituições, das regras parlamentares de discussão, do sistema legal, dos mecanismos para um governo representativo. Em suma, pensamos nos métodos e procedimentos que tiveram de ser realizados e nas instituições que tiveram de ser criadas para que o processo político fosse aberto o suficiente de modo a permitir que a primeira infusão de racionalidade escoasse para o seu interior. Sem esses métodos, procedimentos e instituições, a razão é impotente.

Do mesmo modo, a razão da criança é impotente se faltarem as condições que alimentam a reflexão e que, por sua vez, respondem a ela. Se a escola, a família, o professor e o currículo não cultivarem o pensamento e não o tratarem devidamente, a probabilidade de a criança ser capaz de se envolver em raciocínio ético é bastante remota. Igualmente importante é que as crianças aprendam a raciocinar junto com seus colegas, pois a única maneira de lidar com a inibição frente aos colegas não é o esforço inútil de tentar eliminá-la, mas sim, o empenho em fazê-la racional, e isto pode ser alcançado transformando a sala de aula numa comunidade de raciocínio.

Assim sendo, pode-se dizer que os métodos e procedimentos que usamos para sermos racionais podem ser vistos como ferramentas ou instrumentos, e seria correto pensar nisto como pertencente a uma perspectiva instrumentalista. Quando se trata de raciocínio ético, a filosofia é um método indispensável, a subdisciplina da lógica é um aparato indispensável e, dentro dela, há numerosas ferramentas (o silogismo é um exemplo) que aprendemos a usar muito rapidamente. Afinal, o raciocínio ético não precisa ser tomado como mera brincadeira com abstrações inexpressivas, porque o que é chamado de conduta moral é a prática de tal raciocínio. É claro que quando

Jeremy Bentham observa "Se na procura do *bem-estar* cabe à ética tomar a direção da conduta humana, nessa mesma procura cabe à lógica tomar o comando e dar direção ao curso da própria ética"[1], não é preciso acrescentar que é obrigação da filosofia supervisionar o curso de tal lógica.

Precisamos examinar com mais detalhe essas condições instrumentais de raciocínio ético. Todavia, antes disso, deveríamos dar uma olhada em algumas das pressuposições de tal investigação. Deveríamos, pelo menos, devotar alguma atenção à questão do *status* lógico e ontológico da conduta moral, uma vez que ousamos considerar tal conduta como a prática ou o aspecto prático do raciocínio ético. A questão lógica que nos interessa é a similaridade ou a dessemelhança que reina entre os atos morais. A questão ontológica concerne à classificação dos atos morais — especialmente, se devem ser tomados puramente como um agir ou como um agir que é tão ligado a um fazer que representa uma área de transição onde as duas categorias se sobrepõem.

Vamos começar considerando a posição esboçada por Stuart Hampshire. Para Hampshire, a ética e a estética têm a ver com domínios marcadamente diferentes e acarretam procedimentos radicalmente diferentes. Uma obra de arte não é a solução para um problema: ela é gratuita — uma criação livre, original e singular. Não há necessidade de buscar suas razões ou tentar estabelecer sua justificação. Nem pode uma obra de arte ser repetível ou generalizável. Em contraste, os atos morais têm de ser justificáveis: suas razões e propósitos rogam por ser investigados, e ao longo dessa investigação podemos descobrir os princípios gerais de onde derivaram aqueles atos. Atos morais, afinal, são os produtos de planos de ação consistentes. Para resumir a posição de Hampshire podemos nos servir de sua própria formulação: "Virtude e boa conduta são essencialmente repetíveis e imitáveis, no sentido de que uma obra de arte não o é. Copiar uma ação correta é agir corretamente; mas uma cópia de uma obra de arte não é necessariamente ou geralmente uma obra de arte."[2]

Hampshire é claro como um cristal a respeito de ações corretas: na medida em que representam uma conduta que obedece a uma determinada regra, elas se replicam e são idênticas. As obras de arte, por outro lado, são tão dessemelhantes a ponto de serem virtualmente singulares.[3] A distinção de Hampshire entre o *agir* ético e o *fazer* estético dificilmente poderia ser mais categórica e decisiva: entre o agir e o fazer há um abismo ontológico que é intransponível.

Se o argumento de Hampshire é convincente, ele também é questionável. Em vez de assumir que o agir e o fazer são radicalmente diferentes, poderíamos assumir que todos os produtos humanos — incluindo o que dizemos, assim como o que fazemos e agimos — têm o mesmo *status* ontológico que os juízos humanos[4], e que o modelo a ser selecionado para sua explicação deveria exibir uma área de variação ou graduação em vez de uma tríade de compartimentos herméticos. Numa ponta do espectro estaria o extremo da singularidade total e na outra estaria o extremo da uniformidade total. Agir, fazer ou várias combinações disso poderiam ser encontradas em qualquer lugar ao longo do espectro. Sob este aspecto, podemos reconhecer prontamente que o fazer se estende de uma ponta a outra do *continuum*, e que o agir pode ser visto como análogo do fazer. O fazer *continuum* se estende do extremo da fabricação em larga escala ao extremo das obras de belas-artes, passando pelo artesanato. O grau de individualização entre os objetos provenientes da linha de montagem é nulo, mas a individualização aumenta gradativa e constantemente na medida que nos movemos em direção às belas-artes.

Se tivéssemos de olhar para a conduta moral ao longo do mesmo *continuum*, as "ações corretas" de Hampshire corresponderiam aos produtos da linha de montagem industrial: totalmente indiferenciados, porque insensíveis às diferenças de contexto e traindo o indício não menos importante do raciocínio moral. E temos uma analogia de tal distribuição em termos de conduta humana com o modo de ação militar correspondendo à produção industrial. Dificilmente é um modelo aceitável de ação correta, e o outro extremo, de obras de arte muito individualizadas, é também problemático.[5] E quanto ao centro do *continuum*? O que há ali, em termos de conduta, que se compare ao artesanato na produção? E se as ações corretas corresponderem aos produtos do artesanato e não à fabricação em larga escala ou à arte, que implicações este fato teria para a educação moral?

Consideremos as características do artesanato - artifício conforme especificadas por Collingwood:
1. uma separação rigorosa entre meios e fins, onde "meios" não são coisas mas ações pelas quais as coisas são utilizadas;
2. uma diferença precisa entre planejamento e execução, em que o resultado a ser obtido é pensado antes de se obtê-lo;
3. no planejar, o fim determina a escolha do meio, enquanto que no executar, a viabilidade dos meios determina o resultado ou fim;
4. A matéria-prima* é transformada pelo artesanato em produto final. A matéria-prima precede o trabalho artesanal e não é

---

* Em inglês, "raw material", literalmente material bruto. (N.T.)

descoberta ou inventada ao longo do caminho, como acontece na arte.[6]

Outras características apresentadas por Collingwood não são mencionadas aqui, mas é digno de nota que ele dá pouca, ou nenhuma atenção a características do artesanato convencionalmente citadas, tais como habilidade, tradição e utilidade. É comum pensar que as ações pelas quais os artesãos utilizam seus meios ou matérias-primas são ações dotadas de habilidade e pensar que essas habilidades são razoavelmente isoláveis. É comumente admitido, também, que o fazer como o do artesão segue e respeita uma tradição — mesmo quando pode divergir de modo a inovar tal tradição. Além disso, é geralmente tido como certo que as artes utilitárias (*versus* as consideradas belas-artes) envolvem o escopo e a substância do artesanato. Por outro lado, Collingwood reconhece o aspecto racional do artesanato (na sua maneira de coordenar meios e fins) e parece não descontar seu aspecto prático, de modo que no todo não seria impróprio descrever sua concepção de artesanato-artifício como um exemplo de prática racional. Se aceitássemos, como tentativa, este modo de ver o assunto, não seria nada difícil aceitarmos a prática moral racional como uma espécie de artifício.

Ora, entre as condições necessárias (mas não suficientes) para alguma coisa ser um artifício está a sua capacidade de ser ensinada por alguém a outro alguém. Na medida em que atuar num palco ou tocar violino ou moldar cerâmica ou fazer um móvel ou dançar balé ou pintar podem ser ensinados por uma pessoa a outra, o que é ensinado é o elemento de artifício. Podemos ser tentados a inferir disto que o componente de arte dessas atividades não deve ser ensinável, mas não é esse o caso. O aspecto artístico aprendemos de nós mesmos, quando ensinamos a nós mesmos. Um diretor de ator ou um professor de pintura não pode ensinar a arte a alguém diretamente, mas eles podem ser capazes de ensinar alguém a ensinar a si mesmo. À medida que o elemento de raciocínio na prática moral envolve um tipo de pensamento que uma pessoa pode ensinar uma outra a fazer — ou a fazer melhor — é uma questão de artifício. Mas na medida em que o elemento de raciocínio na prática moral envolve pensar por si mesmo, isso não é alguma coisa que uma pessoa possa diretamente ensinar a outra pessoa. É algo que terei de ensinar a mim mesmo, mas que talvez você possa me ajudar ensinando-me como devo ensinar a mim mesmo a pensar por mim mesmo.[7]

Se resolvo me tornar um jogador de futebol, um fazendeiro ou um operador de computador, presumo que meu professor ou treinador conhecerá as técnicas, procedimentos, métodos e outras formas de práticas que constituem a experiência tradicional e o saber reconhecido nessas áreas, e as transmitirá para mim ou de algum jeito me fará incorporá-las na prática. Não será o caso de se ter uma tabela de coisas a fazer e a não fazer, e nem será o caso de se cultivar aquele aspecto pelo qual a minha aproximação ao jogo de futebol, fazenda ou computador é artisticamente singular. Não que a aprendizagem de rotina seja excluída: um professor que ensina a escrever, pode insistir que eu estude página por página. Se esse trabalho mecânico, monótono, constitui um passo à frente na aprendizagem de um ofício não se pode saber isoladamente, pois depende de sua integração no processo de aprendizagem. De qualquer modo, a reprodução bruta, tão prontamente aceitável na fabricação em larga escala, seria quase intolerável para o artesão que gostaria que seus alunos e aprendizes demonstrassem algo mais que uma obediência condicionada à tradição, com sua uniformidade mortal de resultados.

Apresentar às crianças as ferramentas e procedimentos da investigação ética é, na verdade, prepará-las a se envolverem na prática moral racional. Que ferramentas e procedimentos são esses? Fazer um inventário deles não é muito difícil. O problema é que tal inventário não é mais representativo do ofício da prática moral que o depósito de ferramentas de um fazendeiro, com todas elas ordenadamente penduradas em pregos e ganchos, o é do ofício de ser fazendeiro. Mas sempre é um modo de começar, e talvez as ferramentas possam ser expostas de modo não cansativo.

Para começar, há vários repertórios de habilidades, como nos molhos de chaves, em que uma é apropriada para abrir uma única porta. É claro que os grupos de habilidades que precisam ser predominantes em nossas mentes nesse momento são "habilidades de pensamento", mas este termo é muito vago e cobre uma área que é muito vasta. Qualquer coisa feita habilmente pode-se dizer que envolve pensamento, seja num salto com vara ou na destreza com que um guaxinim consegue entrar numa lata de lixo fechada. Para nossos propósitos atuais, precisamos nos concentrar naqueles aspectos do pensamento que são capazes de serem formulados, capazes de serem distinguíveis por critérios apropriados em "melhores" e "piores", e capazes de serem ensinados. Concentremo-nos nas habilidades de raciocínio, investigação e formação de conceito.

Habilidades de raciocínio. Habilidades de raciocínio são competências em áreas como classificar, definir, formular questões, dar exemplos e contra-exemplos, identificar similaridades e diferenças, construir e criticar analogias, comparar, contrastar e tirar inferências válidas. Embora competências indutivas, informais e dedutivas sejam membros importantes da família das habilidades de raciocínio, deve ser reconhecido que a dedução é um processo razoavelmente mecâ-

nico e é qualificado como raciocínio somente se a conclusão não for tirada como término da investigação, mas, sim, como uma justificação para chamar ao reexame das premissas.[8]
Habilidades de investigação. Habilidades de investigação são competências em áreas como descrição, explanação, formulação de problemas, formação de hipóteses e medição. Também seria justificável incluir habilidades de raciocínio individuais (p. ex., classificação e definição) sempre que elas forem empregadas em disciplinas avançadas, bem como combinações complexas de habilidades de raciocínio. Tomadas juntas, essas variedades são às vezes referidas como habilidades de pensamento de nível superior. Não seria inexato conceber a leitura, a escrita e a tradução como casos especiais de habilidades de investigação, enquanto, ao mesmo tempo, reconhecer sua enorme importância ao processo de investigação como um todo.
Habilidades de formação de conceitos. A formação de conceitos envolve habilidade em mobilizar processos de raciocínio para que convirjam e identifiquem questões conceituais particulares. Além disso, os conceitos devem ser analisados e suas implicações exploradas. Quando William James comparou o movimento do pensamento a uma série de "vôos e pousos", ele estava se referindo a nossos raciocínios e nossos conceitos, pois raciocínios representam transições e conceitos representam consolidações. Talvez pudesse ser acrescentado que raciocínios são transições que preservam a verdade, independente de significado, enquanto as traduções são transições que preservam o significado, independente da verdade. Ambos os tipos de transição são indispensáveis à investigação ética.

Seria impróprio concluir que habilidades de raciocínio, investigação e formação de conceito juntas constituem o equipamento lógico necessário para o engajamento em investigação ética. Fazer isso seria omitir um enorme campo de estados e atos mentais que fornecem as condições cognitivas para a emergência das habilidades de pensamento. De fato, muitos atos mentais podem ser considerados habilidades incipientes, ou infra-habilidades. Algumas variedades são consideradas a seguir.

Atos/estados mentais. Não é fácil distinguir atos mentais relativamente simples daquelas combinações complexas de ato e estado que nós podemos chamar atos/estados mentais. Exemplos razoavelmente claros de atos mentais são escolher e decidir. Duvidar, acreditar, esperar, respeitar, querer saber e entender poderiam ser classificados como atos/estados. (Kant, como se sabe, pensou o respeito como um "sentimento autoformado por um conceito racional", ou em outras palavras, como um estado mental com um elemento ou germe cognitivo.) O significado de tais atos/estados para a prática moral é evidente.

Atos mentais. Atos mentais abrangem desempenhos mentais como supor, imaginar, reconhecer, lembrar, escolher, comparar e associar. Embora não seja claro em que medida os atos mentais representam desempenhos habilidosos, eles ao menos parecem representar infra ou proto-habilidades, uma vez que é possível que seu desenvolvimento seja alimentado e fortalecido pela educação. (P. ex., algumas crianças parecem relutantes em assumir ou em supor aquilo que é contrário ao fato. Talvez elas tenham sido estimuladas a acreditar que o mundo real é tão perigoso que elas não podem se dar ao luxo da fantasia ou da imaginação. Contudo, inibições como essas podem ser superadas se a sala de aula funcionar como uma comunidade de investigação, onde, como fato natural, as crianças conversam umas com as outras de maneira racional sobre coisas que lhes interessam.) O que é necessário é uma profusão de atos mentais, cada um dos quais possa ser desempenhado competentemente. Uma das melhores maneiras de fortalecer a capacidade de as crianças desempenharem atos mentais é envolvendo-as em leitura e literatura, pois os autores fazem suas personagens desempenhar tais atos, e para entender o que está se passando, o leitor tem de imitar imaginativamente esses atos e até reinterpretá-los às vezes. (Ler que uma personagem de uma história infere q de p, é ser encorajado a inferir q de p por si mesmo.) O ganho resultante em capacidade de desempenhar atos mentais traduz-se imediatamente num ganho em capacidade de escrever.

Atos metacognitivos. Sabemos que a investigação é recursiva, monitorando a si mesma, constantemente, para o propósito de autocorreção. Tendemos a esquecer que o mesmo é verdade, embora menos sistematicamente, com referência ao pensamento. Nós pensamos, em geral, sobre nosso próprio pensamento, refletimos sobre nossas próprias reflexões e fazemos inferências sobre nossas próprias inferências. Mas sempre que um ato mental é o sujeito de outro, este último é metacognitivo. Assim, fazemos inferências sobre as inferências de outras pessoas e das nossas próprias inferências. Quase que todo ato mental de qualquer pessoa pode ser o sujeito de quase todo ato mental de qualquer outra pessoa ou dela mesma. Esse ziguezague de metacognição é um aspecto importante da construção de diálogo de sala de aula, exatamente como o diálogo é essencial à investigação ética.

Ao discutir habilidades de raciocínio, habilidades de investigação, habilidades de formação de conceitos e o aspecto de habilidade dos atos mentais, não distinguimos até onde essas habilidades podem ser genéricas a todas as disciplinas e a toda investigação ou até onde elas podem ser específicas à investigação ética sozinha. Assim, as habilidades envolvidas no fazer lógica formal e informal seriam aplicáveis em qualquer disciplina em que essas lógicas sejam aplicáveis; é nesse sentido que elas são genéricas. Por outro lado, certos procedimentos ou ferramentas podem ser mais característicos de algumas disciplinas ou linhas de trabalho que outras. (Um exemplo seria a perfuração com brocas metálicas, que são em geral associadas à exploração de petróleo e à odontologia e não à ciência política e psiquiatria.) Assim, um procedimento tal como a universalização, em que perguntamos "O que seria se todos agissem assim?" parece mais especificamente ético em caráter. O mesmo se dá com conceitos: alguns, como direito, obrigação e privilégio, parecem particularmente éticos; outros, como problema, pressuposição e critério, parecem ser genéricos a qualquer aspecto da investigação. Não obstante, a diferença é vaga e flexível e talvez tenha valor apenas para os elaboradores de currículo, lembrando-lhes que precisam tomar grande cuidado tanto com o genérico quanto com o específico ao preparar o currículo para qualquer disciplina.

Assim, ao desenvolver os currículos de investigação ética para crianças, precisamos familiarizar esses alunos com ferramentas e procedimentos geralmente não considerados específicos da ética. Por exemplo, as crianças precisam ser introduzidas e familiarizadas com as relações parte-todo e todo-parte e ter prática em distinguir entre diferenças de grau e de gênero porque, à medida que se tornam mais versáteis em trabalhar com essas distinções, tornam-se mais sensíveis às nuanças problemáticas de relações estritamente éticas. Uma vez equipadas com os instrumentos de investigação as crianças são bastante competentes em ver sua aplicação a situações morais particulares.

Esta é, então, a passagem estreita entre Cila e Caribde, entre doutrinação autoritária e relativismo insensato: estimular crianças a pensar, desenvolver suas habilidades cognitivas para que raciocinem bem, envolvê-las em diálogo disciplinado para que raciocinem juntas, desafiá-las a pensar sobre conceitos significantes da tradição filosófica e ainda desenvolver sua capacidade de pensarem por si mesmas para que possam pensar racional e responsavelmente quando confrontadas com problemas morais. Treinadas a pensar criticamente, não permanecerão indefesas diante dos esforços em doutriná-las. E, além disso, treinadas a ouvirem cuidadosamente os outros e a levarem em conta os pontos de vista e perspectivas dos outros, não permanecerão uma presa fácil de alternativas insanas e cínicas porque terão conhecido as vantagens da objetividade.

A consideração precedente limitou-se à observação dos instrumentos com que as crianças devem estar equipadas para que estejam preparadas à práxis moral. Infelizmente, nada foi dito sobre a necessidade de que os alunos percebam que esses instrumentos devem ser amados e cuidados do mesmo modo que todo artesão ama e cuida das ferramentas que usa e dos procedimentos que emprega. O processo de diálogo, indispensável ao fortalecimento das habilidades de raciocínio, também não foi mencionado, assim como o processo de desenvolvimento de currículo pelo qual a tradição filosófica é reexaminada através daquelas idéias em que as crianças pudessem ter interesse. Essas idéias, então, enquadradas na linguagem mais simples possível, são generosamente espalhadas ao longo das páginas dos romances das crianças de modo que elas possam apanhá-las — como poderiam apanhar uma pedra estranha ou um brinquedo perdido — falar sobre elas e revirá-las em suas mentes. Mas esses são assuntos que exigem demonstração em vez de argumento árido. Eles estão entre aquelas coisas que Platão nos ensinou que são melhor conhecidas quando mostradas.

Também foi omitida no relato precedente uma observação adequada sobre o tema ético das discussões das crianças em sala de aula. É preciso, por conseguinte, dizer algo a favor de concentrar tais discussões nas questões em que as próprias crianças estejam perplexas e não nas que os adultos pensam deixar as crianças perplexas. Com freqüência as crianças são lançadas em discussões de problemas adultos como guerra, desemprego, controle do lixo nuclear e outros semelhantes, quando para elas as questões pertinentes são amizade, família ou vergonha. Ao nos concentrarmos nessas questões pessoais mais relevantes, pelas quais as crianças mostram um interesse verdadeiro, podemos promover sistematicamente o processo de raciocínio moral junto com o desenvolvimento de um caráter racional na criança. Tal caráter, preparado na infância, pode mais tarde ser desdobrado no confronto com problemas ainda mais profundos e intratáveis da vida adulta e da sociedade. Isso não significa que as crianças pequenas devam ser desencorajadas se manifestarem interesse em assuntos políticos, sociais ou econômicos, pois qualquer que seja o interesse, sustentará reflexão posterior. Não envolver as crianças em questões pelas quais, não obstante, elas demonstraram interesse é uma desculpa, num esforço de eliciar das crianças o que nós consideramos uma resposta apropriadamente emocional e moral. Devíamos tentar não esquecer que a falta de interesse dos adultos pela filosofia pode parecer esquisita a uma criança pequena assim como a falta de interesse da criança em assuntos adultos parece a nós.

IV. IMPACTO SOBRE O CURRÍCULO

7. FILOSOFIA E CIÊNCIA DA EDUCAÇÃO NO 1º GRAU

Filosofia e Ciência da Educação

Nada se compara à habilidade das ciências em introduzir os alunos a uma compreensão da natureza através da observação e experimentação. Infelizmente, a pedagogia que os educadores de ciências empregam para motivar os alunos a observarem e experimentarem tem deixado muito a desejar.

Muitos educadores de ciência consideram axiomático que as crianças são profundamente ignorantes quanto à natureza, mas que, felizmente, também são curiosas e inquisitivas. É natural, como os educadores concluíram, que as crianças fiquem indiscutivelmente gratas por conhecer as verdades sobre a natureza que os professores anseiam por apresentar. Mas as coisas não são tão simples. Por um lado, a curiosidade com a qual a maioria das crianças inicia a pré-escola deve ser reforçada constante e continuamente se quisermos mantê-la. No entanto, os fatos parecem mostrar que lá pela 3ª série a curiosidade sobre a natureza se encontra muito reduzida. Por outro lado, nessa idade escolar as crianças desenvolveram uma extensa rede de hipóteses e teorias, através da qual explicam a si próprias como o mundo funciona. Os cientistas podem considerar isso como mitos primitivos e supor que as crianças aproveitarão a oportunidade para trocar seus mitos pelas verdades que lhes são oferecidas pela ciência. Como tem sido mostrado, não é esse o caso. Nem mesmo os cientistas experientes concordam facilmente em substituir uma teoria não totalmente satisfatória, mas que lhes está servindo, por outra nova e superficialmente mais plausível. O período de negociações em geral é longo até que os defensores do velho e os defensores do novo entrem em acordo. Não é muito diferente com as crianças. Se quisermos que elas desistam de seus pontos de vista sobre a natureza, temos de estar preparados para discutir francamente com elas as razões pelas quais elas deveriam fazê-lo. Temos de discutir, com igual franqueza, os motivos que as fazem pensar que deveríamos aceitar seus pontos de vista. Sem tais discussões abertas, falharemos em nossa tentativa de fazê-las ver o mundo tal como o vemos e — o que é mais importante — falharemos em fazê-las pensar cientificamente e participar totalmente da investigação. Contudo, essas discussões devem ser racionais e logicamente disciplinadas. Não só temos de falar com as crianças sobre as diferenças entre as idéias nossas e as delas, como também temos de raciocinar com elas. Já que a ciência da educação não tem fornecido tal componente de raciocínio, este deve ser proposto como um suplemento derivado de outra disciplina. Visto que a filosofia tem tradicionalmente dado apoio ao estudo da discussão racional, não é surpresa que a filosofia seja essa disciplina.

Vale mencionar um outro ponto a esse respeito: há um consenso de que a ciência da educação não deveria meramente fornecer respostas. Tudo isso é muito bom; continua inadequado, porém. As crianças podem ser curiosas o suficiente para levantar questões e para resistir às nossas respostas prontas. Querem ter permissão para questionar esses assuntos e chegar a uma conclusão por si próprias. Não por rejeitarem nossas respostas, mas o método que propomos para que cheguem nelas. Não querem que pensemos por elas; querem pensar por si próprias. Não que estejam presas a suas próprias explicações: o que querem é participar da investigação e partilhar da experiência de descobrir como as coisas funcionam. Estamos todos familiarizados com a ansiedade das crianças em "ajudar": "Deixa eu!", insistem. E isso é tudo que pedem. Não precisamos temer que estejam tentando "assumir a direção". Elas simplesmente querem pertencer, conosco, a uma comunidade de investigação. Portanto, o simples fato de as crianças serem curiosas não garante que serão receptivas à informação que é produto suado de nossos esforços e não delas.

Nos últimos anos, ficou claro nos meios educacionais que a idéia de os alunos apenas aprenderem os resultados da investigação científica clássica não garante que sua educação científica tenha sido bem sucedida. O êxito ocorreria somente se os alunos tivessem sido ensinados a pensar cientificamente. Mas o que significa esse "pensar cientificamente"? No seu aspecto mais essencial, significa fazer a si próprio o tipo de pergunta que o cientista faz a si próprio; estar alerta aos aspectos problemáticos de nossa experiência do mesmo modo que o cientista; refletir autocriticamente sobre nossos procedimentos como o cientista o faz; e achar importante não apenas para nossas reflexões mas para nossa vida, que se uma distinção e uma ligação precisam ser feitas, torna-se urgente que as façamos. Por outro lado, não estamos pensando cientificamente quando encontramos um caso discrepante sem por isso ficarmos perplexos ou quando deixamos de perceber que nossas reflexões de cientista são, na verdade, internalizações de conversas que temos e podemos ter com nossos colegas na comunidade científica. São considerações como essas que nos devem guiar na elaboração de um currículo intitulado "Raciocinando sobre a Natureza". Assim como os caçadores mais bem-sucedidos são aqueles que podem prever os caminhos de sua presa, quando esta se esconde, têm um palpite de onde se esconde, do mesmo modo os cientistas mais bem-sucedidos são aqueles que conseguem extrair o máximo da natureza e ter bons pressentimentos, e têm um palpite de onde e quando ela se oculta. Aprendem a pensar como a natureza funciona: onde um câncer pode surgir, a maneira pela qual uma concha é formada — no sentido horário ou anti-horário — como a lua é constituída. Do mesmo modo, os alunos devem pensar como o cientista trabalha e devem pensar como o cientista pensa. Se a ciência da educação, tal como é atualmente constituída, não consegue fazer com que as crianças pensem dessa maneira, então essa tarefa deve ser assumida por outras partes do currículo. Contudo, se é isso que deve ser feito, que o seja de maneira tal que as habilidades de raciocínio que as crianças adquirem transfiram-se facilmente para outras disciplinas e contribuam para aquela "reflexão sobre o currículo" que é tão amplamente elogiada e tão raramente realizada.

A Ciência da Educação e as Habilidades do Pensamento

Por algum tempo, ouviu-se os cientistas da educação insistirem que os alunos não precisavam de um treinamento especial das habilidades cognitivas para executar experimentos científicos, uma vez que essas habilidades poderiam se desenvolver e estar disponíveis quando necessárias. Essa confiança complacente na convergência do currículo com os estágios de desenvolvimento da criança não se mostrou muitas vezes garantida. As habilidades cognitivas das crianças precisam ser cultivadas e estar disponíveis *antes* de serem solicitadas. E mais: não podem ser cultivadas isoladamente outras disciplinas às quais devem ser subseqüentemente aplicadas. No processo de aprendizagem das habilidades, os alunos também devem estar familiarizados com os procedimentos por meio dos quais as habilidades são transferidas e "conectadas" às várias partes do currículo. O exemplo de alunos aprendendo lógica formal e ciência natural com a expectativa ingênua de que seriam capazes de pensar logica e cientificamente, não é menos absurdo que um pós-graduando que, ao ser mandado fazer um trabalho sobre poesia chinesa, pesquise sobre poesia e China numa enciclopédia.

É claro que não por acaso a filosofia é eleita a disciplina com a qual a investigação estruturada deve iniciar (mesmo que se criasse um caso por isso ter estado tão historicamente em nossa cultura). O motivo tem a ver com a acessibilidade e atração dos tópicos e métodos filosóficos para crianças. Os conceitos filosóficos tendem a ser inerentemente vagos, e os procedimentos de decisão para defini-los e clarificá-los são notoriamente deficientes. Tais conceitos prestam-se prontamente ao diálogo, com os alunos encontrando-se rapidamente engajados num cabo-de-guerra sobre as várias interpretações dos conceitos sob observação. Essa capacidade de os conceitos filosóficos gerarem linhas competitivas de discussão e um senso de investigação cognitiva e cooperativa é o que faz com que pareçam tão significativos e dinâmicos às crianças.

Por outro lado, os conceitos científicos, embora geralmente definidos por meio de critérios específicos e procedimentos classificatórios, tendem a apresentar-se como inertes em vez de dinâmicos. Eles não se prestam tão prontamente a interpretações conflitantes (exceto naqueles casos nos quais o aluno é habilitado ou sofisticado o bastante para fazer as perguntas certas). Que o sangue é vermelho ou que a água é incolor são dados que provavelmente não provocam questionamento ou reflexão. Mas suponhamos que sejam fornecidas mais informações sobre as condições reais de observação: o sangue é dito vermelho "para o olho normal" ou a água é dita incolor "em pequenas quantidades". Suponhamos também que os alunos já exploraram em suas aulas de filosofia "as falácias" da divisão e composição: eles estão conscientes de que o que é verdadeiro para as partes não precisa ser verdadeiro para o todo, e vice-versa. Tais alunos podem muito bem ser induzidos a refletir e questionar se o sangue ainda é vermelho quando visto em um microscópio e se a água ainda é incolor em grandes quantidades. Em outras palavras, as crianças com treinamento filosófico nas habilidades de pensamento não estarão preparadas para concordar irrefletidamente com as afirmações corriqueiras dos fatos: elas vão querer saber em que circunstâncias essas afirmações são de fato verdadeiras e em quais circunstâncias elas não o são.

Consideremos um outro exemplo. O professor diz: "Nós sabemos que a água é incolor. Dado isto, podemos concluir também que a água é insípida e inodora?''. Sem dúvida alguns alunos responderão, baseados em sua própria experiência sensível, que sua água não é insípida. Mas outros, igualmente astutos em conseqüência de seu preparo filosófico, provavelmente responderão que o sabor e o odor não podem ser inferidos logicamente a partir da cor. Alguém pode ainda apresentar um contra-exemplo tal como: "O perfume de minha mãe é incolor, mas não é inodoro!" Outros podem ainda dizer, "Não é a água que possui gosto ruim: são as impurezas na água!" Treinados filosoficamente para fazer distinções cuidadosas, eles estão começando a pensar cientificamente.

Habilidades de Pensamento e a Filosofia

Poucas pessoas podem ainda pensar que o interesse nas habilidades de pensamento é uma coisa recente e ser incrédulas quando informadas que a filosofia tem alguma experiência nessa área. A filosofia, é claro, não é tão conhecida no mundo moderno quanto a ciência. Em geral, podemos dizer que o estágio inicial da investigação de um assunto recentemente descoberto é filosófico. É um estágio no qual as perplexidades são abundantes, assim como as especulações sobre como resolvê-las. Não que a filosofia desapareça, pois deixa-se ficar sob a forma de crítica. Cada disciplina tem a sua "filosofia de" — há a filosofia da literatura, a filosofia da educação, a filosofia da arte e a filosofia da ciência. As "filosofias de" representam o pensamento crítico sobre essas disciplinas, utilizando o repertório de habilidades conceituais e analíticas que formam uma parte da tradição filosófica.

A filosofia tenta clarear e iluminar assuntos controversos e desordenados que são tão genéricos que nenhuma disciplina científica está equipada para lidar com eles. Os exemplos poderiam ser conceitos como verdade, justiça, beleza, individualidade e virtude. Ao mesmo tempo, a filosofia tenta perturbar nossas mentes em relação àqueles assuntos que tendemos a tomar por certos, insistindo que prestemos atenção aos aspectos que até agora achamos conveniente relevar. Qualquer que seja o assunto, entretanto, o objetivo da filosofia é o de cultivar a excelência no pensamento, e os filósofos fazem isso examinando o que é pensar historicamente, musicalmente, matematicamente — em uma única palavra, pensar excelentemente nas disciplinas.

Todavia, há algo de mais significativo que a filosofia traz à procura da excelência no pensamento, e que é sua subdisciplina de lógica. A lógica é uma disciplina normativa em vez de descritiva. Isto é, ela não se esforça para descrever como as pessoas pensam, mas oferece, em vez disso, critérios por meio dos quais podemos distinguir um bom pensamento de um mau pensamento. Ainda que os lógicos possam divergir sobre uma ou outra questão, é em geral reconhecido que as considerações da lógica são de grande importância na determinação do que significa ser racional. Uma vez que a racionalidade é o objetivo primordial da educação refletiva, a lógica tem muito com que contribuir ao cultivo do pensamento. Um exemplo relevante é o fato de que aqueles que procuram uma taxinomia das habilidades de pensamento podem iniciar com as habilidades de raciocínio necessárias para efetuar as operações cognitivas das quais a lógica consiste.

(*A Taxionomia dos Objetivos Educacionais de Bloom* ignora virtualmente essas habilidades de raciocínio. À luz disso, devemos perguntar a nós mesmos como ela alcançou a posição canônica que manteve no último quarto de século.) Uma outra maneira de colocarmos isso é dizer que a psicologia cognitiva fornece descrições de como o pensamento realmente ocorre; a lógica fornece cânones normativos que nos dizem como o pensamento deve acontecer; um currículo de filosofia tenta levar em conta ambos os tipos de considerações e mostrar como elas estão inter-relacionadas.

Seria pensar a filosofia como só teoria e não prática. Pelo contrário, é muito freqüente algo feito com a teoria dissolvida em vez de separada da prática. Os filósofos profissionais podem fazer filosofia melhor do que os outros, mas a diferença pareceria ser de grau em vez de gênero. Se filosofia é o que fazemos quando nossas conversas tomam a forma de investigação disciplinada por considerações lógicas e metacognitivas, não temos o direito de negar o termo "filosofia" àquelas conversas entre crianças que empregam essa mesmíssima forma.

Antes de considerarmos em mais detalhes a contribuição que a filosofia pode dar ao fortalecimento das habilidades de pensamento, deveríamos levar em consideração os modos pelos quais as áreas distintas da filosofia podem contribuir para o fortalecimento da educação. As principais áreas a serem mencionadas aqui são epistemologia, lógica, metafísica, ética e estética. Muito da fragilidade da educação moderna pode ser observado a partir do momento em que são eliminados do currículo assuntos normalmente tratados por essas subdisciplinas.

Podemos começar com a epistemologia. Como é sabido, a educação do início da infância tem sido criticada por deter-se na necessidade de memorização e recordação de mera informação em vez de fazer com que as crianças pensem sobre aquilo que também se espera que saibam. Por exemplo, pode-se esperar dos alunos que eles saibam que o cometa Halley é composto de gases congelados. Ora, o pensamento que pode ocorrer a alguns alunos é: "Como saber isso?" Em outras palavras, eles querem saber por que meios essa informação foi obtida e por que pensamos ser verdadeira. Mas eles podem não ousar fazer perguntas, se em sua experiência tais perguntas são rejeitadas como irrelevantes. Contudo, a criança com pensamento crítico na sala de aula permanecerá curiosa sobre os fundamentos epistemológicos para aceitar a afirmação como verdadeira. Isto é, quando confrontados por uma série de afirmações tais como:

> Alega-se que o cometa é composto de gases congelados.
> Pensa-se que o cometa é composto de gases congelados.
> Acredita-se que o cometa é composto de gases congelados.
> Afirma-se que o cometa é composto de gases congelados.
> Sabe-se que o cometa é composto de gases congelados.
> (E assim por diante.)

os alunos estão tão interessados na primeira parte de cada sentença quanto estão na segunda. Como podemos pensar criticamente sobre o que nos é dito, a menos que possamos investigar os fundamentos para tais afirmações e os critérios empregados na decisão do que se considera certo? E a menos que os alunos tornem-se cientes dos atos mentais, como podem avaliar o valor epistemológico de "Sabe-se..." em contraste com "Acredita-se..."? Alguns alunos podem na verdade pensar que não há diferença nas reivindicações de verdade destas duas frases!

Ser introduzido nos fundamentos e condições do conhecimento e não meramente no conhecimento em si é o que qualquer criança epistemologicamente astuta pode solicitar. Poderíamos ampliar mais isso dizendo que os significados são contextuais e, quando suprimimos consciência do contexto, suprimimos, na verdade, consciência do significado. Pense na diferença de significado da sentença "Todos os homens são animais" quando dita por um professor de biologia e quando dita por uma garota indo para casa após um encontro!

A epistemologia preocupa-se com os fundamentos que podemos ter ou não para chamarmos algo de verdadeiro e, sempre que as crianças querem saber o motivo para chamar algo de verdadeiro, elas estão fazendo uma pergunta epistemológica. É neste momento que a lógica assume a direção. Dado que certas afirmações são sabidas (ou assumidas) como verdadeiras, que raciocínio podemos empregar legitimamente de modo a expandir esse conhecimento? Como já foi notado, é a lógica que fornece os critérios para avaliar o raciocínio por meio do qual tentamos expandir a verdade e preservá-la ao mesmo tempo. "Resulta que...?" é uma pergunta prototípica da lógica. Assim é, "Como você pode afirmar isso e sua contradição?" E assim é, "Você não está supondo que...?"

Deve-se salientar que os interesses filosóficos não são expressados somente pelas crianças na sala de aula: o professor pode achá-los igualmente inevitáveis. Se, por exemplo, as crianças insistem que vêem o sol mover-se diariamente através do céu, o professor pode julgar necessário perguntar se "se apenas parece desse jeito" e, ao ser pressionado, o professor pode ter de ampliar sua explicação da distinção entre "aparência e realidade." Mas isso é uma distinção metafísica. É uma distinção por demais vaga para cair dentro do campo de ação de alguma das ciências particulares e, ainda, pode ser pressuposta por todas as ciências. (É o mesmo caso com distinções como arte *versus* natureza, vida *versus* arte, verdade *versus* beleza, permanência *versus* mudança, unidade *versus* multiplicidade.) Professores e crianças devem perguntar-se como podem pensar e falar sem fazer referência às pressuposições que subjazem à informação que está sendo apresentada à classe.

A ética e a estética apresentam às crianças as razões que as pessoas têm para chamar as coisas de "certo" e "justo" e "bom" e "belo". É difícil ver como o estudo de tais razões e raciocínios deva ser eliminado das salas de aula, enquanto se continua a apresentar às crianças as razões pelas quais as pessoas perfuram terra em busca de petróleo ou vão para o trabalho todo dia ou casam-se. As maneiras pelas quais as pessoas tomam decisões de valor, e as decisões que elas tomam, estão entre os fatos mais difíceis que existem. Um programa de estudos sociais das séries iniciais do 1º grau que ignore os fatos que apresentamos, classificamos e graduamos usando critérios deve ser considerado irresponsável.

Aristóteles parece ter pensado que poderíamos adiar a aplicação do raciocínio prático às questões éticas até que tivéssemos aperfeiçoado o próprio processo de raciocínio — mais ou menos na meia-idade. Mas isso é absurdo. Devemos aprender como raciocinar e como aplicar o raciocínio simultaneamente: se começamos por adiar sua aplicação, provavelmente nunca encontraremos uma ocasião para aplicá-lo. É importante apresentar a criança ao fato de que as vidas humanas tomam formas diferentes que são freqüentemente resultantes dos ideais que as pessoas possuem e de disposições que adquirem. Se as crianças reconhecem que a pergunta "Como a vida deve ser vivida?" está endereçada a elas tanto quanto a qualquer outra pessoa, elas podem começar a trabalhar nela. Como resultado, podem transformar-se em adultos que levam as coisas a sério, uma vez que a pergunta não diz respeito simplesmente ao modo como cada um e todos nós devemos viver, mas como todos nós juntos devemos viver. É por isso que *Issao e Guga* difere mais radicalmente dos textos infantis comuns: ele apresenta pessoas discutindo o verdadeiro, o bom, o belo, expondo suas visões no que diz respeito ao que é precioso e excelente e perfeito, e tentando encontrar razões com as quais justifiquem suas opiniões. O programa tenta, desta maneira, fornecer um modelo do que é apresentar informação às crianças numa atmosfera de apreciação e julgamento reflexivo em vez de numa atmosfera de aceitação passiva e não crítica ou de indiscutível descrença.

Podemos agora voltar à questão das disposições específicas, estados mentais, atos mentais, atos verbais, habilidades de raciocínio e habilidades de investigação que é fomentada e reforçada pela filosofia do início do 1º grau. Embora tudo isso precise ser cultivado para melhorar as habilidades principais de ler, escrever, falar e ouvir, elas não derivam necessariamente das mesmas fontes ou têm funções comparáveis. Elas diferem, além disso, na medida em que podemos escolher se nos envolvemos ou não com elas: podemos decidir raciocinar ou investigar e começar a fazê-lo, mas não podemos decidir ter uma certa disposição ou estado afetivo e então continuar a tê-lo. Elas também diferem em relação à sua complexidade cognitiva: estados afetivos podem conter apenas um germe cognitivo, mas atos mentais, atos verbais, habilidades de raciocínio e habilidades de investigação parecem estar numa escala crescente de complexidade cognitiva.

1. As disposições que o programa *Issao e Guga* ajuda a cultivar incluem aquelas que dispõem as crianças a envolver-se nos atos mentais, atos verbais, raciocínio e investigação. Em particular, podemos mencionar as disposições para ser inquisitivo, desejar saber, investigar, especular, ser crítico, hipotetizar e inferir. (Deve-se entender que a disposição é uma prontidão e não está limitada aos seres humanos: o vidro, por exemplo, está disposto a esmigalhar-se quando batido.) A melhor maneira de fazer com que as crianças adquiram essas disposições é fazê-las participar de comunidades de investigação. Tais comunidades encorajam as práticas que, por sua vez, preparam as pessoas a desenvolverem tais disposições.
2. "Atos mentais" é freqüentemente empregado de uma maneira inteiramente proveitosa para abranger um vasto *continuum*, que varia dos estados afetivos às combinações dos estados afetivos e atos cognitivos, e, então, para os atos cognitivos propriamente. Exemplos de estados afetivos são desespero, pavor e paixão. A combinação de estado afetivo e ato cognitivo pode ser exemplificada por duvidar, querer saber, temer,

ter esperança, admirar, respeitar e crer. Mais especificamente, os atos cognitivos indicariam, por exemplo, supor, desejar, conjecturar, conceder, lembrar, escolher, julgar, decidir e comparar. Obviamente cada uma dessas listas poderia ser extremamente longa.
3. Os atos verbais são enunciações, sempre com uma dimensão mental. Isto é, muitos atos mentais não são verbalizados, mas não falta a nenhum ato verbal um componente mental. Exemplos seriam afirmar, dizer, alegar, argumentar, narrar, propor, aludir e declarar. Visto que o diálogo geralmente omite a menção explícita dos atos mentais e verbais, tendemos a aprender sobre eles através da leitura. Uma das grandes vantagens de um componente de literatura num programa de habilidades de pensamento é a sua contribuição em nos tornar cientes das inúmeras nuanças a serem encontradas no pensamento e na fala. Outra é que ele nos dá modelos de pessoas que pensam e falam. A capacidade das crianças de tornarem-se tais pessoas depende consideravelmente da disponibilidade dos modelos — até modelos fictícios — com os quais se identificam.
4. Exemplos de habilidades de raciocínio incluiriam competências em efetuar várias operações dedutivas e indutivas (tais como inferir e detectar as premissas subjacentes ou pressuposições), assim como formular perguntas, fornecer razões, elaborar definições, classificar, seriar, exemplificar e formar conceitos. (Esta última é tão prevalecente e importante que, sozinha, é quase uma mega-habilidade.) De modo geral a fonte de informação precisa sobre essas habilidades é o domínio da lógica (formal e informal). Deveria ser mencionado também que a habilidade de traduzir (que é de grande importância para o desenvolvimento da compreensão de textos, porque envolve a preservação do significado de uma língua ou idioma para outra) merece ser listada entre as habilidades de raciocínio mais importantes.
5. As habilidades de investigação são aquelas associadas com a execução de métodos científicos, tais como medir, observar, descrever, estimar, explicar, prever e verificar.

A Filosofia e a Sala de Aula de 1º Grau

O estágio inicial de uma sessão de ciência filosoficamente conduzida envolve as crianças naquela combinação de ler, falar e ouvir que fixa um período para o diálogo e, ao mesmo tempo, apresenta à criança um modelo de discussão reflexiva.

As crianças são solicitadas a indicar o que acharam interessante na passagem que leram. Isso permite aos alunos nomearem itens para discussão: na verdade, possibilita que eles estabeleçam o programa (embora não impeça o professor de introduzir outros tópicos que na opinião dele são dignos de discussão). Visto que o diálogo continua, o professor introduzirá no momento apropriado aqueles exercícios ou planos de discussão estipulados pelo manual de instruções para desenvolver os pontos em questão ou para fortalecer as habilidades de raciocínio necessárias para extrair os significados da passagem que está sendo discutida.

Onde o professor é considerado fonte de informação e o ponto em questão for um caso de conhecimento fatual, estabeleceu-se a prática de recorrer ao professor para tranqüilização ou verificação. Isso cria um modelo de troca professor-aluno que frustra o objetivo da filosofia para crianças, porque mina a noção de comunidade e, em vez disso, legitima a noção de professor como autoridade de informação e de alunos como aprendizes ignorantes. Em uma comunidade de investigação, por outro lado, professores e alunos encontram-se juntos como co-investigadores, e o professor tenta facilitar isso encorajando trocas de aluno-aluno, assim como de professor-aluno.

Deveria ser entendido que o professor, ao renunciar ao papel de autoridade de informação, não renuncia ao papel de autoridade de instrução. Isto é, o professor sempre deve assumir responsabilidade suprema por estabelecer aquelas condições que guiarão e estimularão a classe para uma investigação discursiva, mais e mais produtiva, mais e mais autocorretiva. O professor deve estar sempre alerta para uma conduta ilógica entre os alunos, exatamente como uma pessoa presidindo uma reunião deve estar alerta a qualquer possível transgressão das regras do procedimento parlamentar. Mas mesmo aqui o professor não precisa conduzir com estrito rigor. Ele pode perguntar aos alunos se, por exemplo, uma observação foi, em sua opinião, relevante; se uma inferência feita decorreu logicamente das premissas que tinham sido estabelecidas; se o método mais útil para esclarecer certos termos estava sendo utilizado; ou se eles concordaram com as suposições que, aparentemente, estavam subjacentes às afirmações do locutor.

Quando a discussão da sala de aula volta-se para termos ou conceitos particulares, o professor tem oportunidade de introduzir um exercício ou um plano de discussão apropriado. Em geral os planos de discussão são usados para explorar e clarificar conceitos, enquanto os exercícios são empregados para fortalecer as habilidades. Há, entretanto, uma justaposição considerável nesses casos, uma vez que as habilidades cognitivas que alimentamos por meio de exercícios também são úteis para a formação de conceitos, e que a clarificação conceitual obtida por observar os planos de discussão também pode ser inestimável para fornecer uma estrutura de compreensão em cujos termos a construção das habilidades cognitivas pode fazer algum sentido para as crianças e para os professores.

Essas são as considerações lógicas e pedagógicas que governam a condução de uma discussão filosófica. Mas há, também, considerações filosóficas; as crianças freqüentemente farejam isso antes mesmo que o professor esteja consciente delas. Isso porque as crianças são rápidas em detectar o que é problemático e, se forem inocentes o suficiente, não farão segredo de sua perplexidade. Uma vez que, freqüentemente, não sabem o bastante para aceitar como certo o que os adultos tomam por certo, levantam suas mãos e questionam pontos que podem parecer óbvios o bastante ao professor mas que, sob exame, mostram-se carregados de implicações filosóficas obscuras.

Ensinando para Proficiência Cognitiva

É de comum acordo que os fundamentos cognitivos do desenvolvimento da criança são estabelecidos na situação da família, onde proficiências lógicas e sintáticas são adquiridas com a aquisição da linguagem. Nos primeiros anos do 1º grau, os professores deveriam estar preocupados em tratar as deficiências que ocorreram no desenvolvimento lógico e sintático da criança, e isso pode ser feito através do estímulo às conversações em sala de aula. Ao favorecer desempenhos de habilidade cognitiva, os professores precisam desacentuar os rótulos pelos quais as operações lógicas são identificadas e acentuar os desempenhos bem sucedidos dessas operações. Não se pode negar, é claro, que chamar a atenção da criança para a operação é estar a caminho de identificá-la; mas a questão é que esse processo pode ser esticado ao longo do tempo, com a identificação sucedendo a prática, em vez de precedê-la. Por exemplo, se os alunos podem ler o seguinte:

Maria é mais alta que João.
João é mais alto que Tomás.

Logo, Maria é mais alta que Tomás.
Sr. A. é pai de Sr. B.
Sr. B. é pai de Sr. C.

Logo, Sr. A. é pai de Sr. C.

e podem reconhecer que o raciocínio no primeiro caso é perfeito e que no segundo é imperfeito, isso é consideravelmente mais importante do que serem capazes de dizer que "mais alto que" é uma relação transitiva e "pai de" é uma relação intransitiva. Haverá tempo suficiente para se aprender os rótulos.

Uma outra maneira de dizer isso é que no início do 1º grau as habilidades cognitivas são fortalecidas pela prática; na metade final do 1º grau, as crianças são introduzidas aos princípios que subjazem à prática; e no 2º grau os alunos são encorajados a aplicar aqueles princípios nas disciplinas escolares e na vida fora da escola. Tendo aprendido a raciocinar epistemológica, metafísica, ética, lógica e esteticamente, eles agora estão preparados para raciocinar algébrica, geométrica, histórica, científica e praticamente. Não obstante, não se pode querer aqui grande precisão. O pensamento da criança não se move numa progressão certa de habilidades primordiais a habilidades complexas. Seria mais exato que muitas, ou a maioria, das habilidades são adquiridas quando aprendemos uma língua, embora a aquisição das línguas mais complexas seja naturalmente mais vacilante, esquemática e imprecisa nesse estágio inicial do que a aquisição das línguas mais simples. Além do mais, não é fácil dizer exatamente quais habilidades são de categoria inferior e quais são de categoria superior. A taxonomia de Bloom, novamente, é extremamente iludida a esse respeito. Classificação, por exemplo, é empregada tanto por um bebê quanto pelo cientista mais sofisticado; no entanto, mesmo o desempenho classificatório da criança que está aprendendo a andar levanta questões teóricas de grande complexidade. Também não é uma solução completa dizer que as habilidades cognitivas de categoria inferior são habilidadesde "grau único" e as habilidades de categoria superior são habilidades de "grau múltiplo".

Aqui enfrentamos um problema sério de elaboração de currículo. O que os psicólogos do desenvolvimento nos dizem do crescimento mental da criança, não deve ser ignorado. Por outro lado, devemos distinguir o desenvolvimento mental observado, que ocorre sob condições de intervenção mínima, do desenvolvimento resultante de esforços deliberados para estimular e acelerar o crescimento mental da criança. Não queremos meramente saber o que as crianças podem entender sem esforço, mas sim o que está dentro de seu alcance, sob as circunstâncias mais felizes intelectualmente provocativas de que pudermos dispor. Sem experimentar com uma variedade de intervenções curriculares, não podemos, absolutamente, saber os limites do desenvolvimento cognitivo das crianças. Sem intervenção educacional, o comportamento cognitivo casual das crianças pode ser tristemente concreto, aridamente empírico. É lamentável que muitos elaboradores de currículo concluam que esse estado de coisas é um dado inalterável e, por conseguinte, elaborem seus currículos omitindo virtualmente todas as abstrações que, julga-se, a criança poderá achar "difíceis demais". Não é admirável que as crianças, atoladas em currículos que enfatizam percepções e ignoram relações, sejam "privadas de abstração"?

Assim, os elaboradores de currículo tanto podem tentar fazer seus currículos conforme o que os psicólogos dizem sobre o desenvolvimento da criança, quanto podem planejá-los como dispositivos heurísticos, destinados a impulsionar o desempenho cognitivo das crianças para além do nível de mediocridade manifestado por crianças não desafiadas. Um currículo adequado de ciência visa desafiar as crianças a pensarem e a pensarem por si próprias. Mas também busca encorajar as crianças a serem racionais, e isso exige que se forneça um modelo de coerência e racionalidade, por mais caótica e complexa que as mentes das crianças possam, na verdade, ser.

8. RACIOCÍNIO NA LINGUAGEM NO 1º GRAU

Um programa de raciocínio, de leitura e de comunicação e expressão deveria concentrar-se na estimulação das habilidades de pensamento e proporcionar às crianças a oportunidade de pensarem filosoficamente sobre idéias que lhes interessam, através de investigação dialógica cooperativa. Mas, por onde começar? Poderíamos começar tentando nos aproximar o mais possível do estado de admiração e perplexidade que é, em geral, característico do início da infância. Afinal de contas, se a educação deve começar onde está a criança e não onde está o professor, haveria melhor ponto de partida?

Dizemos que as crianças são complicadas porque as vemos lutando para *explicar* o mundo que as cerca. Mas isso pode ser muito mais uma projeção da perplexidade do adulto, influenciado pelo pensamento científico; as crianças não desejam apenas saber como as coisas são causadas mas também se surpreendem com o fato de que as coisas são como são. Assim, por exemplo, ficam intrigadas com os relacionamentos familiares, com suas regras intrincadas e origens misteriosas. Ou ficarão intrigadas com as palavras e, novamente, não é a sua origem que as interessa, mas a interação das palavras umas com as outras e a sua referência ao mundo. As crianças não estão, necessariamente, mais interessadas em finalidades e em causas: as criança que fita sua própria face no espelho, ou que fita com admiração a cara de seu cachorro, pode não estar tentando entender como essas coisas foram causadas ou qual será sua finalidade, mas simplesmente entender o que elas são e que elas existem. As crianças ficam admiradas diante do mundo. É uma veneração tão profunda que se ocorrer a um adulto, poderíamos chamá-la religiosa.

As crianças querem saber, elas são curiosas. Elas têm um desejo insaciável por razões. Quando fazem perguntas do tipo "Como pode isso?", é como se quisessem alguém para justificar o mundo para elas. Na verdade, há mais que uma conexão superficial entre a incapacidade das crianças de tolerar um mundo que não pode ser justificado e sua intensa aversão à injustiça.

Os adultos, por meio de instrumentos científicos poderosos, esforçam-se para entender o universo e, se possível, para controlá-lo. A função da inteligência nas crianças pode não ter um caráter tão instrumental e operacional. As crianças processam sua experiência refletindo sobre ela. O mundo que admiram pode não ser o que elas desejam capturar e controlar tanto quanto aquele cujos significados desejam apreender. Elas estão buscando um sentido para aquilo que as intriga, embora, provavelmente, não sejam felizes se o sentido for menos encantador que a surpresa. É por isso que gostam tanto de histórias. As histórias dão sentido ao mundo — e de uma maneira encantadora. O contador de histórias, a fim de nos orientar, não tem de destruir o mundo primeiro e então dissecá-lo.

Desse modo habilidades de raciocínio são correlatas à aquisição de significado. Quanto mais habilmente as crianças fazem inferências, identificam relações, distinguem, associam, avaliam, definem e questionam, mais ricas são as totalidades de significado que elas são capazes de extrair de sua experiência. Nesse sentido, a experiência é como minério bruto: quanto mais poderosas as técnicas de refinamento, mais efetivamente os metais puros são extraídos do cascalho. O cultivo das habilidades de raciocínio é o caminho mais promissor se o nosso objetivo for o de ajudar as crianças a descobrirem o que torna sua experiência significante.

A Leitura e a Escrita como Raciocínio

Estamos todos familiarizados com o fato de que todas as crianças, enquanto ainda muitos jovens, aprendem a falar a língua de seus pais. Isso não é uma coisa fácil. Elas devem aprender pronúncia, flexão, propriedades gramaticais (como o difícil uso dos pronomes pessoais) e como conversar significativa e inteligentemente com suas famílias. Contudo, para muitas crianças, ler a língua que falam tão prontamente é uma tarefa terrível e escrever é ainda pior. A criança que adora ouvir uma história repetidas vezes pode, contudo, recusar-se a lê-la, e a criança que lê com voracidade pode sofrer um bloqueio quando tem de escrever.

Quando tentamos fazer as crianças lerem, tendemos a não notar o quão mecânicas são nossas técnicas, tal como as que dão ênfase à gramática e à fonética e quão próximas essas técnicas estão do que, na verdade, bloqueia a criança de ler. Além do mais, raramente parecemos estar conscientes da íntima relação entre leitura, conversação e escrita, de modo que nossos esforços para fazer as crianças escreverem impõem-lhes um estilo formal um tanto estranho ao que elas falam. E, contudo, não sabemos por que elas não lêem e não escrevem.

Se, em vez disso, a leitura e a escrita fossem vistas como conseqüências naturais da conversação, e se a conversação fosse vista como o modo natural de comunicação da criança, uma prioridade pedagógica bem diferente daquela que existe normalmente poderia ser instituída, e seria extremamente valiosa para a elaboração de um currículo para crianças pequenas.

Em termos ideais, o que um programa de leitura, raciocínio e comunicação e expressão faria nas primeiras séries escolares?

Primeiro, deveria estabelecer continuidade entre leitura e conversação por um lado e conversação e escrita por outro.

Segundo, deveria apresentar os materiais a serem dominados na forma de uma experiência unificada, no próprio nível da criança.

Terceiro, deveria enfatizar o significado em vez da forma, dando prioridade às relações que a língua tem com o mundo em vez de com a gramática.

Quarto, deveria unir a experiência da criança com a experiência literária da humanidade, de modo que a admiração da criança diante da vida diária parecesse ser semelhante às maravilhas do folclore e dos contos de fada.

Quinto, deveria estimular o pensamento.

Sexto, deveria ajudar as crianças a fazerem melhor uso de palavras familiares, particularmente algumas das mais simples, porém problemáticas, que são decisivas ao nosso uso da língua — "se", "mas", "e", "tudo", "não" e "como" — em vez de apresentar-lhes uma lista de palavras novas que dificilmente encontrarão de novo.

Entretanto, não podemos supor que crianças de oito ou nove anos de idade estejam tão prontas para a discussão filosófica quanto estarão após um ou dois anos. Porém, enquanto crescem, movem-se em direção a uma competência cooperativa, astúcia lógica e domínio de língua e idéias cada vez maiores.

Se a curiosidade é a disposição que crianças e filósofos compartilham, então seu interesse intelectual comum está relacionado com a natureza da semelhança e diferença. Ou comparamos as coisas umas com as outras, ou nós as comparamos com um modelo ideal. O "nós" aqui pode representar indiferentemente os filósofos ou as crianças ou qualquer pessoa. Descobrimos semelhanças e diferenças fazendo comparações, e fazer comparações é revelar relações semelhantes e diferentes. Algumas crianças são inventivas em produzir associações fantasiosas ou até mesmo extravagantes; outras são tímidas ou inibidas. Contudo, todos os grupos devem ter por finalidade a competência profissional para perceber e expressar semelhanças e diferenças; as crianças que usam com exuberância expressões figurativas na linguagem se sentirão sempre livres para ir além de tal competência, enquanto aquelas que tiverem dificuldades de expressão perceberão que a prática na elaboração de comparações abre, repentinamente, novas perspectivas na descrição e explicação do mundo à sua volta.

A infância é um período no qual a linguagem está sendo adquirida num ritmo incrivelmente acelerado. Somos inclinados a ter uma visão indulgente para a expansão do vocabulário, mesmo quando representa a aquisição de termos cada vez mais exóticos por crianças cuja proficiência no uso de termos desencantadores como "tudo", "somente", "por que", "mesmo" e "diferente", é incerta e irregular. Essa indulgência com a inovação pode ser negligente e insensata: a menos que tenhamos comando firme das operações básicas de uma língua, é mais provável que o acréscimo de terminologia nova agrave o problema em vez de aliviá-lo. Contudo esse não é o tipo de problema que pode ser resolvido com uma breve revisão da gramática; os problemas que as crianças enfrentam ao aprender a usar a linguagem são substanciais assim como formais, filosóficos assim como sintáticos e práticos assim como lógicos. Quando as consciências sintática, semântica e pragmática da criança estiverem em consonância umas com as outras, o aumento de vocabulário não apresentará nenhum problema significativo.

Ambigüidade

Aprender uma palavra nova não é mais importante do que aprender que uma palavra já conhecida não tem somente um, mas uma variedade de significados e pode ter vários significados semelhantes num determinado contexto. Quando as crianças aprendem sobre a língua, as pessoas e o mundo em geral, há o perigo de elas adquirirem uma visão supersimplificada desses assuntos. Podem supor, por exemplo, que as pessoas sempre querem dizer o que dizem e que as coisas são sempre o que parecem ser. A confiança ingênua em uma natureza justa e benevolente, cedo ou tarde fracassa, quando a criança tenta impor uma rede de conhecimento metódico em um mundo que é muito uniformizado, turbulento em suas alterações e freqüentemente absurdo. Portanto, fornecer à criança uma disciplina preparatória para a compreensão da ambigüidade é prepará-la não somente para os trocadilhos, equívocos, e duplo sentido do discurso diário, mas também para as alusões ricas da literatura, para as ligações dúbias das relações humanas e para a transformação da própria natureza.

Além do mais, embora aprender sobre ambigüidade prepare a criança para lidar com a duplicidade que freqüentemente caracteriza o mundo à nossa volta, também a ajuda a descobrir as relações das palavras com as palavras, coisas com coisas, e palavras com coisas. Conforme nos deparamos com o mundo, os termos e as coisas são evidentes e explícitos, enquanto as relações parecem ser muito mais implícitas e latentes. Percebemos a montanha e o vale, assim como as palavras "montanha" e "vale", mas somos lentos em perceber a relação que a montanha e o vale têm um com o outro, as relações referenciais entre os termos e seus objetos, ou o fato de que as próprias palavras são relacionadas umas com as outras.

Relações

É quando comparamos e contrastamos que descobrimos as relações: mais rápido que, mais movimentado que, igual a, mais tarde que. Também descobrimos conexões familiares: mãe de, primo de, avô de. Do mesmo modo, percebemos que há relações lingüísticas importantes: a maneira que alguns verbos "pedem objetos" e outros não, a maneira como os substantivos podem ser modificados pelos adjetivos e os verbos pelos advérbios. Fora desse *pot-pourri* aparece o fato surpreendente e monumental da semelhança: das palavras umas com as outras, das pessoas umas com as outras, das coisas e acontecimentos uns com os outros, das palavras com as pessoas e com as coisas. Essas semelhanças expressamos por meio de comparações literais e por meios figurativos como, por exemplo, símiles, metáforas e analogias.

Nas considerações anteriores tomou-se liberdade no que se refere à ordem dos acontecimentos, pois certamente as crianças pequenas têm um sentido muito vivo das semelhanças. Elas percebem o mundo fisiognomicamente por analogia das características humanas com as não-humanas. A xícara deitada é percebida como uma "pobre xícara cansada", e o numeral 22 parece "dois patinhos na lagoa". Nós nos esforçamos para convencer as crianças de que esses são "erros de categoria" e que as coisas deveriam ser comparadas com coisas, números com números e pessoas com pessoas. Gradualmente, temos êxito em trazer um grau de ordem a suas expressões, fazendo-as ver que o mundo de todo dia requer literalidade prática e eficiente, enquanto somente o mundo da expressão literária pode conciliar suas experiências fisiognômicas e suas maneiras figurativas de expressar tais experiências. A resposta imaginativa da criança a um mundo animado é substituída por um arsenal de respostas reflexas convencionais a um mundo prosaico. As crianças não têm nenhum dos elementos de deliberação de artífice de que é investida a experiência do adulto. No entanto, o adulto deve lutar pela expressão de criatividade que lhe era natural quando criança.

Em outras palavras, o desenvolvimento cognitivo é, em um aspecto, uma classificação de contextos: aprendemos a não confundir o especial com o temporal, o auditivo com o visual, o físico com o pessoal. A criança bem jovem, tendo ainda de aprender os limites desses contextos, não encontra nenhuma dificuldade em transcendê-los e percebe as casas como tendo caras, os móveis como animados ou perigosos, as cores como alegres ou tristes e as formas como desajeitadas ou graciosas. Crianças de três ou quatro anos produzem metáforas num ritmo surpreendente, mas muitas dessas metáforas nos parecem ser de tal modo inapropriadas que tomamos medidas imediatas para fortalecer as habilidades críticas da criança. Como conseqüência, a criança pode ir para o outro extremo, onde os contextos e as categorias foram claramente classificados e onde transposições fortuitas são proibidas. Por conseguinte, o processo educacional deve assumir a responsabilidade pela disposição literal de muitas das crianças modeladas por esse processo.

Consciência de ambigüidade, então, é o ponto de partida da luta para estabelecer um equilíbrio dinâmico entre a capacidade para funcionar figurativamente e literalmente. Em certo sentido, símile é o inverso de ambigüidade. Uma palavra ambígua pode ter vários significados distintos em um contexto particular, enquanto um símile sugere que duas coisas diferentes têm uma semelhança definida. Assim, ambigüidade vê diferença na similaridade e símile vê similaridade na diferença.

Símile

No símile, a comparação é explícita (quer digamos "X é como Y", quer "X é tão _____ quanto Y"). Na metáfora, todavia, a comparação é oculta. Na metáfora, desejamos chamar atenção não para a semelhança entre duas coisas normalmente tomadas como diferentes, mas para a identidade daquelas duas coisas diferentes. Dizer "Jorge estava zangado" é clínico e remoto, pois meramente nos diz que Jorge era um membro da classe dos seres zangados. "A cara de Jorge era como uma nuvem preta" tem mais efeito emocional, embora ainda nos forneça uma comparação consciente. "A cara de Jorge era uma nuvem preta" é ainda mais dramático porque elimina a comparação e fala de duas coisas radicalmente diferentes como se fossem uma coisa só. Escritores acostumados a usar linguagem figurativa acham as afirmações como "Jorge estava zangado" pálidas e anêmicas. Escritores acostumados a usar linguagem literal vêem as metáforas como exemplos de genocídio lingüístico. No entanto, ambas as formas de expressão têm seus objetivos, e somente quando usadas para o propósito errado é que podem ser vistas como inapropriadas.

Um símile é uma reivindicação de que duas coisas assumidas como diferentes são, de alguma maneira, semelhantes, e a analogia é uma reivindicação de que duas relações são parecidas. Tal é, pelo menos, a analogia mínima: "A está para B, assim como C está para D." Note que as analogias, como os símiles, envolvem semelhança ou similaridade. Assim como os símiles tornam-se radicalmente dramatizados quando a reivindicação de similaridade é substituída por uma reivindicação de identidade e tornam-se metáforas, assim as analogias podem tomar a forma "A:B::C:D" onde as relações que estão sendo comparadas são proporções e a comparação alegada é, na verdade, uma afirmação de equivalência. Mas a relação de equivalência é algo um tanto dramática: "3:6::12:24" é simplesmente uma tautologia, uma outra maneira de dizer "$1/2 = 1/2$."

Não que as crianças pequenas — até mesmo aquelas que têm somente três ou quatro anos de idade — precisem de nossa ajuda na criação de símiles ou metáforas: sua fertilidade nesses assuntos é bem maior do que a dos adultos. O que elas não têm, porém, é o senso crítico que lhes possibilitaria julgar a apropriação ou inapropriação das figuras de linguagem que elas podem construir. O fortalecimento desse senso crítico pode, por sua vez, ajudá-las a tornarem-se conscientes sobre se seus próprios raciocínios analógicos estão sendo bem ou mal feitos.

Analogias

Muitos pensadores vêem a analogia como o modo de raciocínio que é compartilhado por pessoas criativas em todos os campos. Quando nos expressamos com um símile, é porque notamos uma semelhança entre duas coisas que, na maioria dos outros aspectos, são diferentes. Quando nos expressamos por meio de analogias, é porque percebemos uma semelhança entre duas relações (ou entre dois sistemas completos de relações). Se um senso de proporção resulta da capacidade de formular analogias ou se a capacidade de formular analogias resulta num senso de proporção é muito difícil dizer: talvez um atenda ao outro. Mas pareceria certo que o fortalecimento prematuro de uma habilidade tão fundamental como o raciocínio analógico seria uma estratégia sensata para ambos os desenvolvimentos, criativo e cognitivo.

As analogias são, freqüentemente, mais complicadas do que parecem em suas formulações mínimas (*e.g.*, "Gatos estão para gatinhos assim como cachorros estão para cachorrinhos"), pois elas podem envolver sistemas ou constelações inteiras de relações sendo comparadas umas com as outras. Alguém que observa que "os governantes da África do Sul de hoje governam seu país como os governantes da Esparta antiga governaram o seu" está traçando uma analogia complexa entre dois sistemas totais de governo. A ironia na observação do crítico de que "havia uma analogia considerável entre a maneira que as músicas de Schubert foram escritas e o modo como elas foram cantadas no concerto da noite passada" é uma inferência de que deveria ter havido uma unidade entre a partitura e a *performance* e não uma mera similaridade.

Numa figura de linguagem notável, o físico Murray Gell-Mann certa vez observou que nossas investigações sobre a natureza são bemsucedidas porque "a natureza se parece consigo mesma." Não obstante possa ser isso, parece que os cientistas procuram por semelhanças entre diferenças e por uniformidade dentro da diversidade. Se tal uniformidade é genuína e substancial ou simplesmente metodológica e conceitual é um assunto ainda em debate. Mas sempre que o raciocínio indutivo se realiza, algum grau de raciocínio analógico também é envolvido. Por outro lado, o uso de analogia na criação artística é de importância fundamental. Talvez o melhor exemplo seja a abordagem de tema e variações usada na música, pintura, arquitetura e, provavelmente, em graus diversos, em qualquer forma de arte. A satisfação do ouvinte ou do observador é freqüentemente proporcional à sua capacidade de explorar as analogias que foram produzidas variando os elementos e conservando as relações, ou variando tanto elementos quanto relações enquanto retém semelhanças pouco reconhecíveis entre estruturas diferentes. De fato, a apreciação é uma forma de investigação no sentido que compete ao querer saber e ao pensar, com raciocínio analógico prevalecendo entre as formas de pensamento envolvidas.

Regra e Razão

As razões são introduzidas para justificar o que fazemos. Se a razão apresentada justifica ou não a ação em questão, é o que a torna uma razão boa ou ruim, respectivamente. Seria bom mencionar que, ao ensinar habilidades de pensamento não iniciamos necessariamente por regras, axiomas e definições a partir do que tudo o mais deve ser inferido por dedução rigorosa. Especialmente quando lidando com crianças, uma abordagem holística é mais apropriada. Os alunos devem descobrir alguma generalização que lhes permitirá julgar qualquer caso específico de um dado problema. Este método é inegavelmente menos preciso e menos seguro do que um procedimento controlado por regras, mas tem suas vantagens: é rápido e não é mecânico. Treina o juízo e facilita a compreensão.

É mais vantajoso, ao trabalhar com crianças de oito ou nove anos de idade, perguntar se um diálogo específico representa um raciocínio bom ou ruim do que pedir para que aprendam e então identifiquem violações da lógica. Eventualmente, pode-se ensinar às crianças as regras que se aplicam a tais casos, e cujo uso dá uma proteção maior contra o erro do que a abordagem holística (mais "intuitiva") o faz. A abordagem holística, por outro lado, permite ao aluno reagir a palpites ou nuanças sutis que escapariam a uma aplicação mecânica das regras. As regras da lógica peneiram as violações graves, mas não excluem um vasto número de flexões lingüísticas que seriam considerados raciocínios impróprios num sentido informal. Nada melhor que a razão pois, para sensibilizar as crianças ao aspecto e impressão do ilógico e habituá-las a procurar técnicas que levantem questões de apropriação, proporção e aptidão analógica. Mais tarde elas poderão aprender técnicas mais formais para detectar raciocínio inválido. Ao mesmo tempo, para fazer a transição ao "estágio formal" mais gradualmente, não há nada de errado em introduzir alguns exercícios que requerem o uso de regras lógicas.

9. INVESTIGAÇÃO SOCIAL NO 2º GRAU

Preparando para Pensar em Estudos Sociais

Os cursos de estudos sociais representam, mais do que qualquer outra área do currículo do 1º e do 2º graus, os requisitos de interseção da escola com a educação. A estipulação da escola é dirigida à produção de cidadãos informados e responsáveis, sendo a socialização do aluno o objetivo. O requisito educacional tem sido entendido tradicionalmente como uma questão de fazer com que os alunos aprendam os fatos básicos da vida social e como tais fatos acontecem. Ao reunir estes dois requisitos, poderíamos elaborar um curso de estudos sociais que prepararia o estudante para a cidadania e, ao mesmo tempo, contribuiria significativamente à sua educação.

Tal abordagem contém sérias dificuldades quanto a várias coisas.

Primeiro, por assumir que o aluno precisa ser socializado, corre o risco de atrair insuficientemente aqueles impulsos sociais que os alunos trazem consigo a cada ambiente educacional, e que podem ser uma das contribuições mais liberalizantes e criativas à eficácia de tal educação. Em outras palavras, insistir que "precisam ser socializados" é subestimar a contribuição que estão preparados a dar ao processo social em que estão envolvidos, é assumir que a sociedade é uma estrutura dentro da qual eles devem ser ajustados, e não uma ordem de constituição flexível e aberta que respeita, elicia e dá espaço para as contribuições criativas do indivíduo. Segundo, a formulação da educação em termos de aprendizagem em vez de raciocínio, novamente trata o jovem como passivo em vez de ativo, como um receptor em vez de um emissor, como alguém para ser manejado, para ser processado em vez de como alguém capaz de fazer contribuições originais ao processo social. Terceiro, tal abordagem subestima a capacidade dos jovens de investigar as forças sociais com as quais eles interagem. Não é que não percebamos que os alunos possuem um senso rico de admiração e uma curiosidade ativa. Mas somos inclinados a tratar isso como instintos infantis a serem superados e não como respostas construtivas ao caráter intricado e enigmático do mundo que o jovem experiencia. Isto é, desde os seus primeiros momentos, as crianças estão conscientes do problemático, e em muitos casos misterioso, caráter do meio, particularmente do meio social de que todos nós compartilhamos.

Como adultos, fazemos nossos próprios ajustamentos à estranheza e precariedade da vida social, e não somos sempre pacientes com a perplexidade do jovem. Mas o ponto a ser enfatizado é que os jovens são perplexos porque o mundo na verdade é perplexo. Eles são freqüentemente mistificados porque as coisas tendem a acontecer de uma maneira desconcertante e desnorteada. Um curso de estudos sociais adequado deveria tentar corrigir tais deficiências. Atrairá os impulsos sociais do jovem ao criar comunidades de investigação na sala de aula. Cessará de tratá-lo como folha de mata-borrão cuja educação consiste meramente no aprendizado de dados inertes e, em vez disso, irá estimular sua capacidade de pensar. Finalmente, reconhecerá francamente o caráter problemático da existência humana e a hesitação de nossos esforços para entendê-lo. Atrairá, portanto, os impulsos sociais dos jovens, a sua prontidão para pensar e a sua capacidade para utilizar suas dúvidas num esforço construtivo de avaliar as instituições sociais dentro das quais eles existem e os papéis que se espera que desempenhem dentro daquelas instituições.

Uma das pressuposições da idéia de democracia, pelo menos desde o tempo de John Locke, é que os membros de tal sociedade não deveriam ser meramente informados mas reflexivos, que não deveriam ser meramentes cientes dos assuntos mas racionais em relação a eles. Acontece que duas incumbências são colocadas sobre aqueles que se aventuram a ensinar em sociedades democráticas. A primeira é tornar os alunos conscientes da natureza da sociedade à qual pertencem, fazendo-os aprender as linhas principais de sua história e os aspectos principais de sua estrutura atual. A segunda é encorajá-los a pensar sobre estas questões aguçando sua habilidade de pensamento e mostrando-lhes como aplicar tais habilidades a assuntos de importância. A primeira incumbência implica fazer os alunos aprenderem; a segunda, implica fazê-los pensar. Há motivos para crer que não podemos executar a primeira sem executar a segunda, e não o desejaríamos: um curso de história que não é ensinado no espírito da investigação crítica não é um curso de história.

A esta altura, pode ser antecipado um conjunto de perguntas. É correto defender que os professores deveriam ensinar habilidades de pensamento, mas quem irá ensiná-las aos professores? É correto insistir que as crianças adquirem racionalidade, mas quais são os critérios da racionalidade? Enquanto os alunos estão aperfeiçoando suas habilidades de pensamento, sobre o que devem pensar? E qual é a pedagogia apropriada para ensinar a pensar — não é a mesma pedagogia utilizada para ensinar a aprender?

Antes do advento da Filosofia para Crianças, estas perguntas não poderiam ser facilmente respondidas. As respostas que agora podem ser dadas são as seguintes: (1) os critérios de racionalidade são aqueles que nos possibilitam distinguir raciocínio eficaz e seguro de raciocínio ineficaz e inseguro e são, portanto, as regras da lógica e os princípios da investigação; (2) a literatura da filosofia contém inúmeros assuntos interessantes sobre os quais os alunos ficam ansiosos para aguçar suas crescentes habilidades intelectuais — assuntos como amizade, honestidade, verdade e o que é ser uma pessoa. O fato de que tais assuntos tendem a ser persistentemente controversos parece torná-los até mais atraentes aos jovens do que assuntos mais facilmente resolvidos cuja solução representa pouco no caminho da aventura intelectual; e finalmente (3) a pedagogia da filosofia implica converter a sala de aula em uma comunidade de investigação cooperativa, onde todos são democraticamente autorizados a serem ouvidos, onde cada um aprende com o outro e onde o diálogo entre os membros da classe, quando internalizado e representado num fórum interior na mente de cada participante, é a base do processo conhecido como pensamento.

Vamos supor que reunimos as condições necessárias citadas há pouco: professores foram treinados adequadamente, um currículo foi preparado apropriadamente e os critérios para o pensamento bem-sucedido tornaram-se explícitos, de modo que a sala de aula pode agora tornar-se uma comunidade de investigação. Como é que tudo isto tem relação com a educação reflexiva?

Como regra geral, podemos dizer que não deveríamos apresentar uma criança a nenhuma informação que não tenha sido preparada para processá-la cognitivamente. A não ser que os alunos tenham conceitos preliminares para trabalhar — por mais brutos que sejam — ficarão indecisos ao organizar e compreender os dados aos quais estão sendo expostos. Isso é uma coisa da qual os próprios alunos têm uma vaga consciência. Por exemplo, tome o caso da ciência da educação. Podemos fazer com que os alunos examinem os mecanismos para realizar experiências em laboratório, mas não podemos impedir sua admiração pelo que tais experiências pressupõem. O que é a verdade? Por que a procura pela objetividade? O que há de tão importante sobre medicação? De que utilidade é a descrição? Para que propósito precisamos de explanações? Se esses assuntos pudessem ser explorados nas discussões de sala de aula antes ou simultaneamente à própria experimentação, a resistência ou relutância de muitos alunos seria diminuída ou dissolvida, pois teríamos convertido seu trabalho, de um exercício sem sentido, a um exercício com sentido.

Abordagens às matérias das ciências sociais não exigem menos preparo intelectual. Um cidadão reflexivo deve estar preparado para avaliar os desempenhos de indivíduos que trabalham dentro de instituições sociais e os desempenhos dessas próprias instituições. Mas isso não pode ser feito a não ser que os cidadãos tenham um conhecimento do trabalho e sejam familiarizados com os ideais da sociedade que aquelas instituições devem executar. Não há razão de ensinar os alunos como as instituições funcionam se, ao mesmo tempo, não os ajudarmos a entender as metas e os objetivos que devem ser levantados para conduzir tais instituições. Sem uma compreensão clara de conceitos como liberdade, justiça, igualdade, individualidade e democracia, como os alunos serão capazes de dizer se os funcionários públicos selecionados ou as instituições estão desempenhando bem ou mal o seu papel? Podemos ensinar aos alunos as leis da sociedade, mas a não ser que tenham alguma compreensão dos assuntos filosóficos que estão sob os assuntos constitucionais, suas atitudes em relação às leis serão contaminadas por dúvidas inoportunas e concepções errôneas. Não é menos impraticável começar discutindo os assuntos filosóficos simultaneamente à investigação de dados reais. De fato, a não ser que os jovens possam ter oportunidade de considerar e discutir os ideais diretores e as pressuposições reguladoras da sociedade em que vivem e cujo funcionamento eles estão sendo levados a estudar, eles nem vão estudá-los, nem aprendê-los nem aceitá-los.

Vários anos atrás, num livro entitulado *Adolescent Prejudice*, a editora Harper & Row publicou os resultados de um estudo extenso conduzido na Califórnia por Charles Glock e seus companheiros do Departamento de Sociologia da Universidade da Califórnia em Berkeley. As descobertas de Glock são altamente sugestivas, mesmo que nem sempre ele retire delas as inferências que parecem claramente implícitas. Parece, a partir do estudo, que as gerações mais velhas, convencidas da retidão de seus valores, têm uma maneira de insistir junto a cada geração de adolescentes que surge, para que aceite as crenças, atitudes e visões tradicionais das coisas. Mas a geração mais jovem a seu modo rejeita essas crenças dos pais, quaisquer que sejam — evidentemente por nenhuma outra razão que a de serem de seus pais. Não há nada, então, que os pais possam fazer? Cada esforço para exprimir seus valores a seus filhos está destinado a falhar simplesmente porque vem deles? Glock diz que não. Se pudéssemos de alguma maneira tornar os adolescentes reflexivos e críticos — e Glock não tem idéia, aparentemente, de como isto pode ser feito — então poderiam descobrir, em tempo, os valores certos por si sós, e deveriam agarrar-se a tais valores porque foi descoberta sua, e não algo imposto a eles de cima.[1]

Isso sugere que se ensinamos jovens a raciocinar, e se os valores que nós próprios defendemos são valores racionais, então nossas crianças chegarão, eventualmente, apenas por pensarem por si próprias, a compartilhar nossos valores conosco.

Mas quanto à educação da cidadania — isso não é algo bastante diferente? Não há um conjunto de fatos e crenças que devem ser levados a todos os jovens e que eles devem, com ou sem discussão, ser convencidos a adotar? Não há obediências e compromissos indiscutíveis em que os jovens devem ser educados para serem cidadãos responsáveis em uma sociedade democrática?

Visto que uma sociedade democrática é aquela em que nenhum assunto jamais pode ser colocado além do âmbito da investigação, é difícil compreender como qualquer conjunto de crenças sociais possa ser considerado proibido para jovens que estão sendo preparados a entrar em tal sociedade de uma maneira responsável e plenamente participativa. O problema não é tanto o de fazer com que os jovens que estamos educando para a cidadania saibam isto ou aquilo ou acreditem nisto ou naquilo — embora isso de maneira alguma nos impeça de querer que fiquem cientes, cedo ou tarde, do que conhecemos e acreditamos. Não, o problema é simplesmente que o critério primordial da cidadania responsável é — e tem sido sempre — nenhum outro que a reflexão. Um sistema educacional que não encoraja os jovens a refletir — a pensar inteira e sistematicamente sobre questões de importância para eles — fracassa em prepará-los a satisfazer o único critério que deve ser satisfeito para que sejam não apenas cidadãos de uma sociedade, mas bons cidadãos de uma democracia. Em uma palavra, educação para a cidadania responsável é educação reflexiva.

Mas isso não é muito loquaz? Qual é a relação entre responsabilidade e reflexão? A não ser que isso possa ser demonstrado, todo o argumento se desmorona. A relação pode ser demonstrada, embora não possa ser realizada aqui de maneira elaborada. O que precisamos reconhecer é que o uso educacional desses dois termos exige que cada um deles seja tomado num sentido mais especializado. Por reflexão não queremos dizer simplesmente meditação ou atenção mas competência nas habilidades de pensamento — seja no fazer, no dizer ou no agir. Assim a reflexão tem uma dimensão comportamental — as pessoas podem agir reflexivamente, criar reflexivamente. E tem uma dimensão social — as pessoas envolvidas com o diálogo estão comprometidas com a reflexão social; na verdade, é a internalização daquele diálogo por cada particante que vem a ser reflexão individualizada.

Responsabilidade, igualmente, significa mais do que simples consideração. Uma pessoa responsável não é somente aquela com quem você pode contar. No seu sentido mais relevante neste contexto, responsabilidade implica capacidade para responder apropriada e inteligentemente quando confrontada com uma situação problemática. Só com esses termos assim definidos é que podemos ver com mais facilidade como uma educação que prepara indivíduos para fazer, dizer e agir reflexiva e inteligentemente é, precisamente, uma educação que prepara indivíduos para a responsabilidade social.

Mas aqui surge um outro risco. Há aqueles que irão interpretar o termo "educação reflexiva" como implicando algo que é só processo e nenhum conteúdo, só método e nenhuma substância, onde nada precisa ser aprendido exceto como verificar as coisas. Mas tal interpretação poderia ser falsa e seria particularmente nociva quando aplicada à educação para a cidadania responsável. Tal educação parece compreender quatro incumbências específicas:
1. os alunos devem tornar-se familiarizados — pelo menos, sumariamente — com princípios conceituais da civilização ocidental uma vez que isso tem influência sobre a relação entre sociedade e indivíduo;
2. os alunos devem ser encorajados a desenvolver a capacidade de compreender e identificar as situações sociais em que se encontram e ver aquelas situações como exemplos das considerações gerais que determinam a relação entre sociedade e indivíduo;
3. as habilidades de pensamento dos alunos devem ser exercitadas, estimuladas e reforçadas constantemente por ilustração e aplicação, de modo que tais alunos desenvolvam (*a*) uma forte disposição para procurar por conceitos e ideais reguladores que são aplicáveis a cada situação distinta, (*b*) um rigor lógico que lhes possibilitará tirar inferências que inevitavelmente resultam dos princípios por eles descobertos, e (*c*)

uma racionalidade que irá forçá-los a levar em conta todas as considerações relevantes — tais como conseqüências possíveis de modos alternativos de ação;
4. um currículo de estudos sociais adequado deveria (*a*) tratar os conceitos fundamentais das ciências comportamentais como essencialmente contestáveis e não como estando fora dos limites da discussão; (*b*) tentar combinar e unir habilidades cognitivas específicas com conceitos específicos, de modo que os alunos se sentirão cognitivamente preparados para compreender e analisar os conceitos que lhes cabem discutir; e (*c*) apresentar materiais factuais ou empíricos de uma maneira que demande reflexão dos alunos, exigindo que considerem as conseqüências ou implicações possíveis das generalizações empíricas, as razões que levaram as pessoas a agir de determinadas maneiras e a possibilidade de contra-exemplos.

Como foi notado anteriormente, para educar para a cidadania responsável, deveríamos nos dedicar à educação reflexiva, de modo a produzir jovens racionais. Atualmente o critério usado para determinar a racionalidade pode ser bastante restrito — tal como a capacidade para raciocinar logicamente — ou consideravelmente mais amplo — tal como a capacidade para compreender os significados do que lemos e ouvimos, assim como a capacidade de nos expressarmos significativamente. Outro critério que não é irrelevante é o impacto acadêmico do programa educacional: a sua introdução produz uma atuação aperfeiçoada nas outras áreas da vida acadêmica do aluno? Outro critério é a própria atitude dos alunos em relação ao programa: eles gostam dele a ponto de um observador poder perceber entusiasmo na maneira que se comportam na sala de aula e no modo como eles próprios falam sobre o programa? Um outro critério é o cultivo de pensamento crítico de modo a facilitar bom julgamento da parte do aluno.

Alguns Temas a Serem Considerados numa Abordagem Filosófica aos Estudos Sociais

Seria proveitoso considerar um grupo de temas que, juntos, formam a espinha dorsal de uma abordagem que os jovens podem tomar para entender a sociedade e para a compreensão do comportamento humano em seus aspectos sociais.

Critérios

Aqueles que estão descontentes com a prática educacional existente lamentam o que dizem ser uma incapacidade dos alunos em avaliar a informação que lhes é dada sobre a sociedade em que vivem. Alega-se que os alunos são incapazes de avaliar as coisas que apreciam; são acusados de não defender seus valores criticamente. Se isso é verdade, não deveria haver motivo para muita surpresa, uma vez que raramente auxiliamos os alunos a desenvolver comportamentos avaliatórios que irão capacitá-los a fazer julgamentos racionais e seguros. Em outras palavras, geralmente falhamos em inteirá-los do uso de critérios.

Quando uma disciplina exata, como a matemática, é usada como modelo do processo educacional, há sempre uma tendência para colocar uma ênfase maior que a necessária no emprego de regras e uma ênfase menor que a necessária no emprego de critérios. A matemática é uma disciplina dedutiva, na qual as regras funcionam com necessidade rigorosa. Quando o mesmo modelo é transportado para outros aspectos da educação, regras são usadas como premissas maiores e argumentos dedutíveis. Por exemplo, pode ser tomado como uma regra que casos de agressão social deveriam ser interpretados como indicações da necessidade de investigação das possíveis frustrações subjacentes. ("Este é o caso da agressão social; é, portanto, necessário investigar quanto às origens nas frustrações subjacentes.") Uma dedução desse tipo, dadas as regras incorporadas na premissa maior, é bastante mecânica e segura. Resulta numa conclusão de alcance muito mais restrito do que as conclusões que seguem do uso de critérios no fazer apreciações.

Vamos supor que dois alunos estão tendo uma controvérsia sobre um certo professor. Um aluno diz que o professor em questão é um "bom" professor e o outro diz que ele é um "mau" professor. Um terceiro aluno, notando a intensidade da discussão, anima os oponentes a determinarem seus critérios. O primeiro aluno diz, então, que o professor é bom, segundo o critério de dar atenção individual a cada membro da classe. O segundo aluno julga que o professor é ruim porque o seu conhecimento do assunto é inadequado. Eles reconhecem, agora, que a sua divergência estava relacionada ao fato de estarem usando critérios diferentes. O que o terceiro aluno pode agora mostrar-lhes é que o uso de um único critério possibilita que façamos apenas um juízo de valor bastante rudimentar. Nesse sentido, não difere grandemente da dedução mecânica referida acima. Todos os professores que dão atenção individual a cada membro da classe são bons; este professor dá atenção individual a cada membro da classe; portanto, este professor é bom. O terceiro aluno pode continuar a mostrar que o julgamento da eficácia do professor deve envolver necessariamente muitos outros critérios além daqueles dois.

São estas considerações metodológicas que precisam ser empregadas em toda sala de aula onde os assuntos sob discussão envolvam as estimativas de valor ou julgamento de fato. O objetivo não é produzir alunos que sejam "críticos" no sentido de serem negativos e pretensiosos. O objetivo é produzir alunos que abordem questões conceituais com prontidão para estimar e avaliar aqueles aspectos de tais questões que pedem por julgamento e não apenas por habilidades mecânicas.

O que tudo isso tem a ver com o estudo do comportamento social? O que ensinamos aos alunos sobre como a sociedade funciona nunca será totalmente inócuo, porque a maneira como eles pensam que ela funciona irá — em seu devido tempo — influenciar a maneira como ela funciona. Se há ideais pelos quais a sociedade guia a si mesma, e se há práticas, instituições e projetos que se supõe moverem-se em direção àqueles ideais, então a educação dada às crianças será um fator crítico "no âmbito da qual aqueles ideais serão realizados. A menos que os alunos possam entender a função reguladora dos ideais e a necessidade de apreciar projetos e instituições como meios, em vez de fins, cada geração aceitará, mecanicamente, como necessário e imutável exatamente aquilo que mais precisava ser avaliado por cada nova geração. É, portanto, indispensável que a experiência com a função lógica do critério torne-se uma linha contínua do processo educacional.

Governo

Cada sociedade tem uma maneira de operar que lhe permite que a vida de seus membros possa ser regulada com algum grau de coordenação. Formas de governo variam muito, desde abordagens bastante descentralizadas, como nas sociedades feudais, até as mais centralizadas, como monarquias absolutistas, tiranias e governos totalitários. Até mesmo aquelas porções do mundo, todavia raras, que têm sido anarquistas são capazes de funcionar porque supõem uma grande capacidade de autogoverno no campo de cada cidadão em particular.

Há muitas coisas diferentes a serem consideradas com respeito à natureza de governo. Alguns especialistas enfatizam seu papel compulsivo; isto é, o governo como um monopólio organizado dos meios de violência. Outros salientam o papel do governo em coordenar questões humanas, proporcionando proteção e proibindo formas indesejáveis de comportamento social. As características do governo em geral são numerosas e tão dignas de consideração pelos alunos de estudos sociais quanto às formas particulares de governo, tais como democracia, tirania, fascismo e ditadura. Novamente, porém, quando se chega à análise destas formas particulares de governo, será necessário pesar os critérios pelos quais cada uma deve ser definida e distinguida da outra. Há episódios em *Marcos* nos quais as discussões entre os alunos exemplificam o tipo de investigação dialógica que ocorre quando os alunos se esforçam para entender o que faz uma forma de governo, tal como a democracia, diferente das outras[2]. Ao mesmo tempo, através da repugnância que mostram por procedimentos autoritários, os alunos exemplificam como a investigação de questões públicas pode ocorrer em uma sociedade democrática.

Um dos problemas que o professor de estudos sociais enfrenta é a compreensão imprecisa que os alunos têm de muitos termos que se pensa que eles compreendem. Por exemplo, os alunos supostamente conhecem o significado de termos como "governo," "democracia," "associação" e "comunidade" mas, na verdade, são incapazes de defini-los adequadamente. Além disso, ao ajudar os alunos a chegarem a uma compreensão mais clara das características básicas do processo democrático, por exemplo, o professor achará necessário explorar até certo ponto as pressuposições que em geral são consideradas com respeito a esse processo. Assim, dizer que a democracia é caracterizada pela discussão pública das questões que afetam a sociedade como um todo e que supõe-se que os governos democráticos, conseqüentemente, dirigem-se a si próprios por tal consenso é pressupor que os cidadãos em uma democracia têm a capacidade de entender as questões complexas que tais sociedades enfrentam e a racionalidade para lidar com elas. Isto levanta outra questão, é claro: se as sociedades democráticas são capazes de comunicar a natureza destes problemas ao público assim como inúmeros problemas a respeito da natureza da racionalidade. Geralmente tomamos o caminho mais fácil, que é o de presumir que os alunos já estão familiarizados com as respostas a estas questões, e além disso presumimos que não haverá nenhum dano ao continuar o estudo da mecânica do processo democrático. Mas, a não ser que sejam ventiladas as questões subjacentes que formam o contexto, para os alunos compreenderem os assuntos factuais específicos, é muito provável que não compreendam ou interpretem mal a informação que lhes damos.

Lei

Uma maneira pela qual os seres humanos tentam governar seu próprio comportamento é impondo regras sobre ele. Cada sociedade tem regras de conduta que são, com mais ou menos força, induzidas aos indivíduos dessa sociedade. Assim as pessoas são induzidas a serem honestas e os jovens levam essa recomendação como uma regra moral. Mas a desonestidade pode tornar-se uma questão legal, e não apenas moral, se se tratar de violação a uma lei como, por exemplo, uma testemunha que dá um depoimento falso num tribunal. Em outras palavras, há regras sociais cuja violação evoca as pressões da opinião pública e há regras morais onde a sociedade dá poderes ao governo para tomar medidas específicas de punição ao transgressor da lei. Não é sempre fácil para os jovens distinguirem entre as proibições baseadas na superstição, no costume, na moralidade social, nas leis locais, nas questões constitucionais e nas proibições religiosas. Mas certamente seria desejável que os alunos tivessem a oportunidade de tornar-se sensibilizados a estas diferenças e de ser capazes de fazer discriminações cada vez mais apuradas.

Certamente seria desejável que os alunos obtivessem uma compreensão melhor da relação entre lei e moralidade, da relação entre constitucionalidade e lei e da relação entre os princípios fundamentais da filosofia política e constitucionalidade. Cidadãos esclarecidos geralmente conseguem evitar reações involuntárias diante de problemas de ordem emocional bem como de violações à "lei e à ordem." Entendem a necessidade dos procedimentos legais e os direitos tanto do acusador como do acusado. Uma coisa que distingue a sociedade democrática é o equilíbrio que é possível estabelecer entre a capacidade do cidadão em particular para julgamentos de consciência e a limitação do cidadão comum quanto a assuntos que são melhor controlados por procedimentos sociais claros e objetivos.

Instituições Sociais

Cada sociedade estabelece acordos que, geração após geração, governam as pessoas dentro de modelos de comportamento semelhantes. Consideramos estes acordos permanentes como instituições sociais. Por terem as instituições ampla aceitação dentro de cada sociedade, seus habitantes em geral não são muito conscientes do grau em que elas modelam suas vidas. A esse respeito, as instituições e as tradições são um tanto dissimilares. As tradições são também transmitidas de geração para geração e modelam a conduta humana. Mas as tradições são intensamente significativas e freqüentemente carregadas de conotações simbólicas às quais as pessoas nessa sociedade são muito ligadas, enquanto que as instituições são mais formais em caráter e simplesmente tendem a ser aceitas como verdadeiras.

Por exemplo, tendemos a tomar como certo que crianças devem ser levadas à escola, que criminosos devem ser mandados à cadeia, que fiéis devem ir à igreja, que eleitores devem ir às urnas, que pessoas devem tratar de seus negócios em bancos e que as compras devem ser feitas em lojas. Contudo, em outras sociedades uma série de instituições muito diferentes pode prevalecer. Ou pode ser que essas duas sociedades sejam diferentes com relação a certas instituições e semelhantes com relação a outras. Assim, por exemplo, duas sociedades podem ter sistemas econômicos muito diferentes mas sistemas de parentesco muito semelhantes.

Enquanto os alunos estão aprendendo a distinguir entre o governo de uma sociedade e suas instituições, eles não deveriam ser enganados com respeito às semelhanças e justaposições que podem acontecer entre estes dois aspectos da sociedade. Certamente, a pergunta de como as instituições individuais devem ser administradas surge com muita freqüência — quer sejam prisões, escolas, igrejas ou famílias. Do mesmo modo, há momentos em que certas instituições, como a parlamentar ou a militar, podem ser capazes de exercer influência sobre o governo dessa sociedade.

Comunidade

Em nossa discussão do conceito de comunidade, repetimos temas que têm sido salientados desde a metade do século dezenove num vasto número de tratados sociológicos: as comunidades são caracterizadas por relações frente a frente, onde cada membro da comunidade conhece pessoalmente todos os outros membros e pela aceitação geral das tradições e valores do grupo. Também salientamos a distinção convencional entre comunidades e associações.

No entanto, quando nos concentramos na conversão da sala de aula numa comunidade de investigação educacional, verificamos que os temas mais antigos são especializados e mecânicos demais para nossos propósitos. Assim, a interpretação de comunidade do século dezenove tendia a entendê-la como um repositório contínuo de valores humanos: os indivíduos recebem os valores das comunidades em que vivem, tão certo quanto recebem seus salários dos empregadores para quem trabalham. Mas uma comunidade de experiência compartilhada é entendida diferentemente. Em vez de considerar a comunidade como um estrutura institucional que distribui valores e significados aos indivíduos, podemos inverter a questão e dizer que, onde quer que a experiência seja compartilhada de forma a permitir que os participantes descubram o significado de sua participação, há uma comunidade.

Natureza Humana

Dificilmente podemos afirmar saber o que é a natureza humana. Só podemos tratá-la de uma forma aberta e encorajar os alunos a reconhecerem que a natureza humana, como liberdade, justiça e muitas outras noções filosóficas fundamentais, é um conceito essencialmente contestável.

Contudo, não há como escapar do fato de que muito foi articulado, historicamente, a partir do que as pessoas pensaram ser a natureza humana. Assim, numa sociedade em que ela é considerada brutal, violenta e imutável, a única instituição política apropriada para lidar com tal comportamento humano intratável passa a ser o Estado todo-poderoso. Por outro lado, para aqueles que concebem a natureza humana como inerentemente dócil e pacífica e educável, as instituições sociais permissivas parecem ser apropriadas.

Por fim, onde a natureza humana tem sido concebida nem como inerentemente boa nem como má, uma responsabilidade ainda maior é colocada nas instituições sociais para desenvolverem os potenciais humanos em direções construtivas. É óbvio, pois, que aquilo que as pessoas supõem ser a natureza humana tem tido um papel modelador nas sociedades em que vivem.

Informando os alunos da enorme complexidade e importância de conceitos como natureza humana, podemos prestar a esses alunos um serviço distinto. Podemos, no mínimo, preveni-los de tomarem por certas essas noções e de basearem-se nelas acriticamente.

Liberdade

Para um adolescente, poucos temas podem parecer mais dramáticos que o da liberdade. A adolescência é uma fase de desenvolvimento na qual a liberdade é comumente entendida como quebra de obstáculos e repressões, libertação dos hábitos da infância e descoberta de autonomia e independência. Mas para muitos de uma geração mais velha, o anseio do jovem por liberdade pode ser uma ameaça aos valores estabelecidos e uma expressão desorientada do romantismo juvenil.

Por tudo isso, o problema do adolescente que, como um ser humano livre, procura por modos de vida mesmo sendo ainda — tecnicamente — um menor, não considerado suficientemente maduro para a participação plena na sociedade, tem uma certa analogia com o problema do adulto contemporâneo buscando por um sentido de liberdade política que seria compatível, por um lado, com as necessidades de justiça e, por outro, com os riscos que a falta de regulação apresenta à existência da sociedade. Como adultos, lutamos com esta questão, esquecendo que ela nos envolve de uma maneira ou de outra desde a infância. A infância, na verdade, é uma versão laboratório do problema da liberdade na vida social.

Quando estas considerações são levadas em conta, nada mais natural ou apropriado que abordar a liberdade num curso de estudos sociais. Tal adequação é mais acentuada quando consideramos quão essencial a noção de liberdade é à retórica e à ideologia com as quais a política é discutida na sociedade contemporânea. Se a noção de liberdade deve tornar-se significativa, então temos de ser muito precisos quanto à maneira como apontamos as diferenças entre instituições livres e não livres. Temos de ser capazes de avaliar as instituições dentro da sociedade em que vivemos de modo a determinar se, de fato, operacionalizam e expressam o ideal de liberdade que reivindicamos para elas. Se os jovens podem ser acostumados a engajar-se séria e persistentemente na elaboração de tais avaliações, será menos provável que instituições não satisfatórias sejam aceitas acriticamente e sem exame, quando tais jovens chegarem à maioridade.

Justiça

Já falamos da importância de inteirar os alunos não apenas dos funcionamentos da lei na sociedade mas também das questões constitucionais subjacentes às leis e das questões filosóficas subjacentes às questões constitucionais. Quando estes níveis sucessivos do problema vêm à tona, os alunos tornam-se conscientes do fato de que a mera legalidade não deve, necessariamente, ser equiparada à justiça social. Esta discrepância não pode acabar sendo problemática, pois, como podemos respeitar a lei quando ela é tão evidentemente uma incorporação imperfeita da justiça no ideal? Porém, se abrirmos questões como estas para os alunos discutirem na sala de aula, verificaremos que eles podem usá-las no seu desenvolvimento. Podem discutir inteligentemente as conseqüências para a sociedade da imperfeição de suas instituições, como suas instituições legais, sem criar um risco sério de perderem o respeito por elas devido a suas imperfeições.

Se o objetivo do curso de estudos sociais é encorajar os alunos a desenvolverem uma compreensão madura dos modos como a sociedade funciona e das maneiras como podem viver dentro de tal sociedade, então é indispensável que os alunos sejam sensíveis ao papel fundamental de conceitos-chave como liberdade e justiça. Isto não quer dizer que devem aprender como resolver as tensões que existem entre tais conceitos. É bem provável que noções tão amplas quanto liberdade e justiça não possam se tornar conciliáveis sem o sacrifício de outros valores de que não gostaríamos de abrir mão. Mas são problemas como estes que os estudantes devem ser estimulados a enfrentar e são problemas como estes que vão ao âmago da investigação social.

10. PENSAMENTO E ESCRITA NO 2º GRAU

Como Podemos Estimular o Pensamento na Linguagem?

Raciocínio e Escrita

A escrita requer pensamento. Devemos decidir, planejar, inferir conseqüências possíveis, fazer suposições, testar alternativas e envolvermo-nos em outras atividades mentais que têm de ser cuidadosamente coordenadas. Até certo ponto, os critérios para a boa escrita são os mesmos que para o pensamento lógico. Um exemplo é o nível de consistência. A consistência permanece uma consideração importante para os escritores, mas não é a única. Como Ronald Berman observou:

> Escrever é tomar uma série de decisões conceituais. Até na ficção é preciso descrever, incluir, selecionar, comparar, definir e designar, entre muitas outras responsabilidades lógicas. Movemo-nos da evidência à conclusão, passando pelo raciocínio. Estas coisas podem ser feitas de milhares de formas diferentes, indireta como poesia, insípida como a lei. Mas, apesar de tudo, tem de traduzir sentimento e intuição em declaração, e esse procedimento subjaz a tudo na vida da mente.[1]

É insensato supor que a lógica possa fornecer direções para a escrita. Ela apenas provê os critérios para distinguir um raciocínio melhor de um pior. A escrita adequada, seja poesia ou prosa, envolve considerações como graça e surpresa, textura e ritmo, paixão e inteligência, sobre o que a lógica tem pouco ou nada a acrescentar.

A poesia pode ser examinada empiricamente para determinar sob que circunstâncias ela usa formas que são lógicas ou contrárias à lógica.

A relação do raciocínio com a escrita talvez seja menos óbvia no âmbito da lógica do que no da filosofia propriamente dita. O vínculo comum entre filosofia e a criação literária é que ambas são buscas de significado. Tanto o filósofo quanto o escritor são fascinados pela linguagem e preocupados com seu uso preciso. Ambos podem estar interessados nas mesmas questões. (Por exemplo, que possibilidades existem num universo imaginário e adverso aos fatos e que não existem no mundo como ele é?) As crianças que estudam filosofia podem estar melhor preparadas para escrever do que aquelas que não estudam.

A Relação da Estética com a Escrita

O campo da filosofia mais relevante para a escrita é a estética. A estética antigamente era uma disciplina dedicada a teorias do belo ou, numa versão mais especializada, teorias da boa arte. Esta disciplina propunha teorias tanto de criação artística quanto de apreciação estética. Gradualmente, a estética veio concentrar-se unicamente na apreciação, e em tempos mais recentes tem sido definida simplesmente como a teoria do criticismo.

Há pouco a recomendar esta redução gradual do domínio da estética. Não parece haver nenhuma razão persuasiva por que a compreensão estética do filósofo não possa ser aproveitada para a promoção e não apenas apreciação das atividades criativas dos indivíduos e de seus resultados. A praticabilidade deste empreendimento torna-se mais óbvia quando os filósofos elaboram currículos para crianças. O objetivo é estabelecer condições de sala de aula sob as quais as crianças são encorajadas a pensar independentemente e fomentar suas inclinações para atividades artísticas de todo tipo. Podemos não compreender completamente a conexão lógica até que estejamos prontos para perceber a pintura como pensar em pigmentos, a escultura como pensar em argila e pedra, a dança como pensar em movimento corporal e, de fato, todas as artes como formas de pensamento corporificado. Um currículo de habilidades de pensamento, para ser bom, deve unir a estética às disciplinas práticas.

Para nenhuma disciplina prática isso é mais verdadeiro do que para a escrita. O que há com a escrita que intimida as crianças? Por que resistem tão vigorosamente a ela? Se o seu medo ou aversão baseia-se em equívocos conceituais, então a filosofia tem a responsabilidade de incumbir-se do esclarecimento necessário.

A filosofia tem um jeito de chamar atenção para o que a maioria de nós toma por certo. Por exemplo, quando as crianças devem fazer uma série de exercícios como lição de casa, toma-se por certo que elas não terão nenhuma dificuldade em ler as instruções. Mas, em geral, não é isto o que acontece; os alunos ficam completamente confusos com os termos técnicos e explicações sucintas que os autores de livros escolares supõem ser perfeitamente claros para as crianças. O mesmo é verdadeiro com relação a tarefas escritas como a que se segue: "Descreva suas experiências das férias e diga-nos o que elas significaram para você." Experiências? Significado? Estes termos são extremamente amplos. A criança que tenta explicá-los a si própria, antes de escrever, pode nunca vir a escrever. Como educador, o esteta precisa estar interessado na remoção das barreiras conceituais à escrita e na procura por incentivos.

A Conversação como Mediadora entre Leitura e Escrita

É lugar-comum que as crianças têm pouca dificuldade com atividades expressivas como canto, pintura, música e dança. Parecem gostar tanto de se expressar, que os adultos costumam dizer que isso é natural para elas. Na expressão verbal, tendem a ser breves e concisas.

Mais ou menos por volta dos oito ou nove anos de idade muitas crianças começam a perder o interesse pelas atividades artísticas e, na realidade, pela maioria das atividades que envolvem pensamento independente. Sua conversa torna-se convencional e prosaica. Sua necessidade de educação formal começa a chocar-se com seu desejo de pensar por si próprias. As condições formais de expressão em que os professores tanto insistem costumam inibir as crianças. Em classes de terceira série notamos com menos freqüência os olhos brilhantes, as caras alegres e a conduta inconsciente que tinha sido manifesta nas mesmas crianças três anos antes.

Quando as crianças ingressam na quarta série, seus impulsos poéticos entram num conflito ainda maior com as pretensões sociais de consistência e coerência. Tais pretensões parecem estar em desacordo com os elementos mais imaginativos da composição poética e também com ainda outras pretensões de conformidade ou reconhecimento da criança como uma pessoa. Estas pressões conflitantes reprimem gradualmente o impulso poético enquanto as crianças crescem em direção ao 2º grau. Um programa nas séries finais do 1º grau poderia apanhá-las enquanto suas capacidades lógicas estão em ascendência e antes que suas capacidades poéticas tenham se perdido irreversivelmente.

Além do fato de a poesia atrair os interesses das crianças, ela tem a virtude da economia. Ao contrário do desenrolar tortuoso da prosa, com sua sintaxe complicada, ausência freqüente de imagens e tendência para manter locuções obsoletas, a poesia é clara, concisa e intensa. Não tem necessidade de depreciar o imaginário ou de empregar artifícios lógicos e retóricos. Fica mais próxima do nível da experiência viva.

Mas se bem que a poesia use a linguagem economicamente, ela desafia o escritor a empregar uma enorme variedade de habilidades de pensamento. É improvável que qualquer outra forma literária exija maior precisão, fidelidade à experiência ou graça na combinação dos elementos. A poesia impõe exigências profundas ao poder de julgamento do escritor, a suas capacidades conceituais e de inferência e a sua capacidade para formar ou interpretar analogias. O poeta deve realizar uma enorme variedade de atos mentais de uma forma combinada a fim de alcançar o efeito máximo com o emprego mínimo de recursos.

Há uma boa razão para suspeitar que o pensamento filosófico e poético são congêneres. Quando a filosofia surgiu pela primeira vez na Grécia, foi sob a forma poética. Os primeiros filósofos — os pré-socráticos — eram filósofos-poetas que escreveram em um estilo claro e aforístico. Lembramo-nos da precisão destes primeiros pensadores quando ouvimos as crianças discutindo questões filosóficas. Há a mesma condensação do pensamento, riqueza do imaginário, esplendor da linguagem e sugestividade de difícil alcance. Assim, quando escutamos uma observação de uma criança de sete anos. "Quando estamos mortos, sonhamos que estamos mortos", nos admiramos da cosmologia complexa que tal concepção insinua, enquanto ao mesmo tempo não podemos deixar de recordar Heráclito, em dizeres como: "Para os despertos o mundo é único e comum, mas os que dormem se voltam para o seu próprio". Ou: "Imortais mortais, mortais imortais, vivendo a morte daqueles, morrendo a vida destes."

A filosofia e a poesia são congêneres, mas e quanto à poesia e à lógica? O raciocínio formal não é a antítese perfeita da criação poética? Uma resposta a esta pergunta é que as construções poética e lógica não são antitéticas mas complementares; elas na verdade reforçam uma à outra. Assim, a lógica formal torna impossível inverter uma frase como "Todas as cebolas são vegetais." O resultado seria. "Todos os vegetais são cebolas," o que é reconhecidamente falso. Contudo, embora tal inferência fosse improdutiva de um ponto de vista lógico, poderia ser bastante frutífera do ponto de vista da construção poética. Imagine como seria um mundo no qual todos os vegetais fossem cebolas. Descascar batatas nos faria chorar? As cenouras teriam várias camadas de casca? Assim, inferências inválidas, cujos resultados são prontamente descartados no pensamento lógico, podem volver os pensamentos da criança para mundos inexistentes, nos quais a fantasia reina. Os raciocínios poético e formal são duas atividades complementares, cada qual exigindo rigor, disciplina e coerência, cada qual exigindo que os pensamentos sejam dispostos energicamente e não numa forma casual e desalinhada.

Alguns jovens, que poderiam ter feito a transição da poesia para a prosa de maneira suave, ficam incapacitados quando confrontam muito repentinamente a necessidade da escrita narrativa. As condições formais da prosa escrita, isto é, ortografia, gramática e pontuação, colocam fortes exigências, e de muitas maneiras arbitrárias, sobre o processo do pensamento. Este conflito moderado com exigências arbitrárias explica parte da resistência que os jovens manifestam quando se lhes manda que escrevam em prosa. No programa *Satie**, é dada prioridade aos modelos poéticos e à escrita poética na suposição de que se os alunos começarem com o que vem a eles mais facilmente, logo poderão fazer a transição para aquilo que acham mais difícil. Isto não quer dizer que neste programa os alunos devem ficar limitados a formas poéticas de expressão. Pelo contrário, eles devem ser encorajados a se expressar em qualquer forma que acharem conveniente. A forma literária não deve ser um leito de Procusto: deve ser adaptável ao impulso literário ou criativo. Visto que os jovens devem ser encorajados a experimentar todas as formas de escrita, podem ter fortes preferências por seqüências bem diferentes.

A prosa erudita tem um acabamento aperfeiçoado, enquanto a poesia parece ser estruturada rudemente, cheia de transposições repentinas, ausências embaraçosas de transição e uso surpreendente e não convencional das palavras. As pessoas que expressam idéias em prosa aceitam e executam usos lingüísticos convencionais. Não é de admirar, portanto, que as crianças, com sua jocosidade natural, achassem o meio experimental o mais apropriado às suas inclinações natas.

Não se pode colocar sobre a criança um peso maior na experiência narrativa do que na poética. Se a criança não for encorajada à experimentação com as palavras é inevitável que se iniba à experimentação intelectual. Se os professores querem que seus alunos pensem por si próprios, devem lhes dar oportunidade de experienciarem o prazer de encontrar arranjos verbais compondo-se diante de seus olhos — assim como estados incipientes de consciência transformam-se no imaginário e linguagem poética.

---

* *Suki,* em inglês, é trabalho no 1º ano do 2º grau. (N.T.)

Costuma-se dizer que "nada de importante acontece sem paixão". Se isso é verdadeiro ou não para feitos históricos, é certo que tem alguma relevância com respeito ao pensar. Ao contrário da opinião popular de que o bom pensar é frio e sem emoção, parece que as pessoas produzem seus melhores pensamentos sob excitação — particularmente quando estão excitadas por idéias.

A fala e a escrita são formas de pensamento. Ao mesmo tempo, são atividades por meio das quais as habilidades de pensamento podem ser aprimoradas. Que incentivos são necessários para fazer com que os jovens falem e escrevam?

No que diz respeito à fala, os alunos precisam de pouco incentivo — os professores gastam boa parte do tempo tentando fazê-los *não* falar. Parece que se os alunos não conseguem encontrar oportunidades para falar construtivamente, falarão sem propósito, sem encanto, e até destrutivamente de vez em quando. Portanto, o problema não é evitar sua conversa, mas estimulá-la e conduzi-la em direções positivas.

Se é para os jovens pensarem bem, ele precisam ser motivados a fazê-lo. É preciso colocá-los sob excitação. Como podemos propiciar-lhes experiências excitantes que, por sua vez, induzam sua fala e sua escrita? Qualquer que seja a forma que tais experiências possam tomar, devem parecer aos jovens dignas de ser pensadas, faladas e o sujeito é experiência, este não pensa escrever a respeito.

O diálogo filosófico representa uma experiência intelectual compartilhada na qual uma série de indivíduos isolados são transformados numa comunidade de investigação. Em tal comunidade, as conversações são estimuladas pelo espírito de investigação e guiadas por considerações lógicas e filosóficas. Os participantes descobrem em si mesmos a necessidade de serem racionais em vez de controversos. Neste processo tornam-se pensadores autocríticos e responsáveis.

As conversas dos jovens, quando organizadas e disciplinadas, produzem uma oportunidade superlativa para o aprimoramento das habilidades de pensamento, porque a comunicação verbal exige que cada participante ocupe-se simultânea e seqüencialmente com uma série considerável de atos mentais.

Um outro benefício da conversação é que os jovens querem falar e ser ouvidos. É melhor utilizar uma atividade de que eles gostam, e que também melhora seu poder de raciocínio e respeito mútuo, que tentar ensiná-los a pensar forçando-os a desempenhos que acham intrinsecamente insatisfatórios.

Para orientar as discussões em direções produtivas, os professores acharão valioso empregar planos de discussão. Esse planos de discussão se concentram, às vezes, nas idéias principais de cada capítulo, enquanto que em outros momentos explicam certos aspectos secundários que merecem consideração. Embora as perguntas em um plano de discussão possam variar grandemente entre si, raramente são de natureza aleatória. O objetivo é auxiliar os alunos a desenvolverem conceitos e a fazerem conexões e distinções necessárias. Um plano específico pode explorar uma questão problemática, tal como a pergunta "Você pode ter um amigo de quem você não gosta?" Tais questões levam diretamente à discussão de grupo. Ou as perguntas podem auxiliar os jovens a reconhecerem suposições subjacentes, ou a descobrirem classificações mais gerais, ou a fornecerem ilustrações ou exemplos bem definidos.

As boas discussões de sala de aula aumentam o interesse em questões subjacentes e motivam os alunos a quererem se expressar por si próprios mais adiante. Todos nós gostaríamos de ter a última palavra, e posto que raramente podemos ter tal oportunidade quando muitas pessoas estão falando juntas, não há nada que nos impeça, subseqüentemente, de pôr nossos pensamentos na forma escrita. É uma maneira tanto satisfatória quanto elegante de nos expressarmos enquanto, ao mesmo tempo, adquirimos prática na escrita.

A conversação é a grande mediadora aqui. Em discussões de sala de aula os jovens se expressam nítida e sucintamente, porque não têm de se preocupar com as formalidades estilísticas da prosa escrita. Para facilitar a transição da expressão oral para a escrita, transição que freqüentemente ameaça ser traumática, os alunos deveriam ser encorajados a manter seu estilo de conversação. Gradualmente, conforme desenvolvam confiança em sua capacidade de manobrar neste estranho e novo meio, eles podem ser apresentadas às formalidades exigidas ao escritor aperfeiçoado. Se houver uma transição natural e gradual dos estilos de conversação oral para o escrito, a crise de confiança que é tão catastrófica para muitos alunos terá bem menos chance de ocorrer.

Os primeiros passos são dados ao se estabelecer um ambiente intelectualmente provocativo no qual os jovens possam discutir, de uma forma livre e aberta, temas que lhes interessam. Também não é uma atmosfera unicamente intelectual: há muitas qualidades afetivas que são despertadas em tal discussão com nossos colegas. As diferentes opiniões que são expressas são carregadas de impressões pessoais e, quanto mais e mais opiniões são produzidas, essas diferenças de opinião são acentuadas. Começamos a perceber o quanto nos agarramos fortemente aos nossos valores e começamos a identificá-los mais claramente para nós mesmos. Contudo, o espírito de investigação prevalece na comunidade da sala de aula e vão sendo formadas relações mais estreitas com nossos companheiros de estudos. Assim, a discussão de sala de aula tem êxito ao produzir a partir de cada indivíduo uma interação harmoniosa de impressões pessoais e idéias individuais.

Um dos aspectos mais felizes de uma conversação de sala de aula animada é que ela combina o máximo de estimulação intelectual com apenas um número bem limitado de oportunidades para participar. Como conseqüência, a maioria dos participantes acha-se frustrada. Talvez cada aluno tenha tido uma única oportunidade para falar, e lembra dela como o ponto alto de toda a discussão. Mas quando, subseqüentemente, reflete sobre o assunto, começa a perceber quantas coisas se seguiram a partir do que disse e quão importante teria sido elaborar melhor o ponto de vista que tinha expressado tão mutiladamente. Em resumo, as muitas limitações e frustrações das trocas em sala de aula se traduzem em uma motivação reforçada para a escrita.

O professor visa criar um ambiente no qual o jovem começará a dizer para si mesmo, após as discussões diárias: "Eu preciso continuar — preciso me expressar mais." Uma ênfase especial deveria ser dada para encorajar os alunos a escreverem o que eles próprios disseram e ajudá-los a refletir sobre como sua posição original foi desenvolvida, mudada ou reforçada pela discussão.

Se alguém conseguiu dramatizar a maneira como os jovens são capazes de escrever poesia, esse alguém foi Kenneth Koch, conforme relatou em livros como *Rose, Where Did You Get That Red?* e *Wishes, Lies and Dreams.*[2] O método de Koch é começar com excelentes modelos, extraídos da poesia tradicional. O modelo é discutido pelos alunos e Koch se esforça para mostrar-lhes que é um exemplo de um tipo. Um, é um exemplo de exultação poética. Outro, é um exemplo de desejo. Outro exemplo, ainda, ilustra a mentira ou o sonho. Koch não encoraja os alunos a usarem métrica ou rima, mas os encoraja a usarem repetição nos inícios dos versos (*e.g.*, Eu sonhei que... Eu sonhei que... Eu sonhei que...). Ele gosta de novidade e espontaneidade. Os poemas que seu alunos escrevem geralmente não parecem ser produtos de muita reflexão.

Mas os poemas escritos pelos alunos de Koch têm para eles uma força e um brilho que os encoraja a escreverem na sua própria linguagem, em vez de imitarem modelos tradicionais. Os alunos tendem a se expressar concisamente, usando poucos advérbios e adjetivos. Isso tudo é muito bom, porque produz uma estrutura consistente, vigorosa, forte, com pouco da esponjosidade ou insipidez dos alunos que tentam "expressar sentimentos" à força.

Mas se Koch pode fazer com que os alunos inventem poesia a partir de algumas de suas atividades mentais, como desejar, mentir e sonhar, então por que não encorajá-los a explorar uma quantidade bem maior de suas atividades mentais como canais possíveis de expressão poética? Os jovens adoram os seus pensamentos e os consideram preciosos. São orgulhosos das idéias que lhes ocorrem, embora desprezem, obedientemente, tais pensamentos, quando os adultos observam "Ah, isso é só na sua cabeça!" Por que seus pensamentos originais não podem ser uma fonte de inspiração poética tanto quanto seus sentimentos e suas percepções do mundo a sua volta?

O momento em que os alunos estiverem envolvidos numa discussão animada, sobre alguns temas num capítulo de *Satie*, é propício para encorajá-los a expressarem seus pensamentos na forma escrita. Afinal de contas, muitos deles, provavelmente, estão repletos de coisas que gostariam de dizer mas não foram capazes de introduzir na conversação. Podem examinar o conteúdo de seus cadernos e considerar alguns exercícios sobre temas relevantes à sua discussão. O professor pode apontar questões chamando a atenção para exercícios que pareçam particularmente relevantes. Talvez alguns dos modelos poéticos contidos nos exercícios possam ser lidos em voz alta durante a discussão da variedade de exercícios.

Os modelos poéticos estão nos exercícios para dar aos jovens exemplos de como tais exercícios podem ser manejados. Os modelos são geralmente em tom de conversa, de modo que os alunos possam assegurar-se que um modo de expressão relaxado é, ao menos, tão aceitável quanto os modos mais formais e disciplinados.

A função destes modelos é indicar aos alunos o que é possível fazer. É preciso deixar claro que os modelos não devem ser imitados, embora isso possa ser feito ocasionalmente. Eles são exemplos de tipos de escrita, pelos quais espera-se que os alunos forneçam ainda outros exemplos, mas os exemplos de cada tipo não precisam ser rigorosamente parecidos entre si. Uma exultação literária pode tomar a forma, num exemplo, de um poema que faz um inventário de pedidos extravagantes e em outro pode tomar a forma de "mentiras". Tais exercícios são artifícios legítimos para flexibilizar a imaginação literária; pouco importa se eles tomam a forma de dramas, poemas, ensaios literários ou contos.

Embora os exercícios em um manual de instrução forneçam o estímulo inicial em fazer com que os jovens escrevam, os professores podem reforçar o processo fornecendo seus próprios exercícios escritos. Por exemplo, um professor recebe um poema de um jovem no qual há o seguinte verso: "A chuva sarampa a vidraça da janela." Ele fica surpreso e encantado pela palavra "sarampa"; ele a sublinha de vermelho e escreve ao lado. "Excelente!" Até aqui tudo bem. Mas o que foi aprendido? Como isso pode ser utilizado num ensino posterior?

Há uma máxima na filosofia da ciência de que, quando um fato surpreendente é encontrado, devemos procurar uma regra da qual o fato seguiria como uma coisa natural. É precisamente isso o que deveria ser feito no ensino da escrita. Aqui estão os passos:
1. Notamos um uso lingüístico surpreendente. Ele nos choca por não ser convencional. Mas o importante é que funciona. (Exemplo: "A chuva sarampa a vidraça da janela.")
2. Procuramos uma regra da qual resultasse aquele uso lingüístico e da qual ele fosse um exemplo. (Exemplo: "Use substantivos como verbos.")
3. Elaboramos exercícios para os alunos praticarem a aplicação da regra. (Exemplo: Proponha uma série de substantivos a serem usados como verbos. Alternativamente, proponha uma série de frases, com os verbos omitidos, que devem ser preenchidas com substantivos.)
4. Consideramos, ao menos hipoteticamente, a possibilidade de usar variantes da regra. (Exemplos: "Use verbos como substantivos". "Use adjetivos como advérbios".)

Descrevemos o movimento leitura-fala-escrita como obedecendo a uma seqüência mais ou menos definida. Mas não insistimos nesta seqüência. Não há nada de mais em um aluno começar a escrever durante a leitura. O que queremos salientar é que estes três componentes — leitura, fala e escrita — estão intimamente interligados e que um curso efetivo de escrita deveria prestar atenção a essa interligação.

Alguns Aspectos de Estética Relevantes a um Programa de Escrita

Quando a estética é usada para atividades escritas na sala de aula, uma série de considerações irá, com o tempo, se mostrar relevante. O que se segue são alguns comentários que podem ser úteis ao tratar estes temas conforme eles aparecem.

Experiência

Uma das razões que os jovens dão por não escreverem é que não tiveram nenhuma "experiência", e alegam que é indispensável experiência prévia. Isto levanta não apenas a questão da relação da experiência com a escrita, mas também da própria natureza da experiência.

A palavra "experiência" tem muitos significados, alguns dos quais os alunos têm em mente quando usam o termo. Alguns destes significados especializados são transmitidos em expressões como "experiência sensível", "trabalhadores experientes", "um homem experiente do mundo", "experiência de guerra", "experiência de vida" e "conhecido por experiência." Talvez a grande variedade de significados que a palavra "experiência" sugere pudesse ser mais facilmente compreendida por meio de uma distinção básica. Isto envolve a divisão da experiência em fazer e sofrer. Por "sofrer" é entendido o que acontece quando um indivíduo encontra ou suporta alguma coisa. "Fazer" descreve o que acontece quando planejamos, organizamos ou inauguramos. Em outras palavras, na experiência de vida de qualquer pessoa, somos às vezes agente, às vezes paciente e às vezes ambos. Não é sempre fácil distinguir aqueles aspectos da experiência que são ativamente iniciados daqueles que acontecem a uma pessoa sem nenhuma cumplicidade da parte dela. Por exemplo, dormir é algo que fazemos ou que sofremos? Quando uma pessoa tem idéias, é por que as inventa ou elas meramente lhe ocorrem?

Há mais uma distinção que pode ser de alguma ajuda para entender a noção de "experiência". É a distinção entre experienci*ando* e experienci*ado*. Neste exato momento, cada um de nós está experienciando; somos partes de situações e elas são partes de nós. Cada um de nós é um aspecto — em todos os momentos de nossas vidas — de uma transação com o mundo. Estas transações deixam suas marcas. A experiência, como o dinheiro em forma de capital, pode ser consolidada. Esta experiência consolidada, esta reserva acumulada do nosso passado, que trazemos para influenciar cada experiência presente, é esta que tem sido experienci*ada*. Assim, se você está ouvindo uma música agora, está experienci*ando*. Mas você também traz para o momento presente todo seu passado relevante: seu conhecimento de música, sua sensibilidade para ritmo e melodia, os critérios de que você tem disposto para distinguir as melhores obras musicais das piores e seu conhecimento da história da música. Tudo isso representa sua experiência musical consolidada, que você usa e concentra a cada audição musical.

Um terceiro conjunto de distinções que pode ser útil contrasta "mera experiência", "uma experiência" e a "qualidade estética da experiência". Quando as coisas acontecem de um modo fragmentário, parcial e descoordenado ou quando um indivíduo age de uma forma fortuita e desorganizada, a experiência que resulta é tão disforme e desconexa que parece sem sentido e é reportada como "mera experiência". Mas, às vezes, um acontecimento corriqueiro pode ter uma forma e uma organização própria. Há o memorável jantar que ocorre através de etapas cuidadosamente organizadas e tem um começo, um meio e um fim tal como uma história. Ou houve aquela tempestade memorável que começou, atingiu um clímax e então acalmou-se. Em ambos os casos, conforme o recordamos, tendemos a dizer "aquela foi uma experiência!" *Uma* experiência é meio caminho entre a experiência fragmentária, sem sentido, da vida diária e os casos totalmente desenvolvidos, conscientemente efetuados, que conhecemos como experiências estéticas. Lemos *Os Irmãos Karamazov* e reconhecemos que os acontecimentos no romance não são meramente fortuitos. O enredo do romance foi cuidadosamente planejado pelo autor de forma que as partes se ajustam perfeitamente. A leitura do romance, portanto, é uma maneira de apropriar-se da qualidade estética da experiência. Ao menos neste contexto, a experiência de vida torna-se arte.[3]

A Relação da Arte com a Experiência

O problema da relação entre arte e experiência repercute em outro problema tradicionalmente associado à teoria filosófica do conhecimento. As pessoas sempre quiseram saber se seu conhecimento do mundo exterior era seguro. O conhecimento é baseado na experiência, principalmente a experiência derivada dos sentidos. Um indivíduo pode confiar em seus próprios sentidos? O mundo é formado, colorido, perfumado de um modo que corresponde precisamente às formas, cores e cheiros da sua experiência? Ou os sentidos de fato deturpam a experiência de modo que seu conhecimento do mundo é incerto e inseguro?

Exatamente como a epistemologia (a teoria filosófica do conhecimento) questionou a relação entre o mundo e a experiência do mundo de um indivíduo, a estética também se preocupou com a relação entre a experiência de uma pessoa e a sua expressão artística dessa experiência. As produções artísticas representam exatamente a experiência humana? A arte tem algum compromisso — ou em representar a experiência ou em referir-se ao mundo livremente? Assim, de certo modo, o problema estético da relação entre arte e experiência recapitula o problema epistemológico da relação entre experiência e o mundo.

Atenção

O que caracteriza os artistas não é o fato de eles terem um tipo especial de experiência de vida mas de eles prestarem mais atenção à experiência que têm.

Há uma explicação para a desatenção das pessoas, e suas reclamações freqüentes de que o mundo é maçante, árido e vazio. A falta de atenção é em geral uma forma de autoproteção. Para as pessoas que são ansiosas, a maneira de enfrentar as coisas que as intimidam é excluir tais coisas da percepção.

Se os alunos notam que não estão sendo ouvidos, podem, como réplica, não ouvir os adultos. Se os pais e os professores não lhes dão atenção, os alunos inferem que eles não se importam com eles. Dirão que eles não se importam com nada porque "nada importa".

Também tem sido dito que, em certas circunstâncias, a atenção desperta a criatividade. Um garoto que se sente amado pode tornar-se mais atraente; uma garota que se sente amada pode parecer mais bonita. Assim, a atenção cuidadosa extrai uma resposta da pessoa atendida e essa resposta pode ser às vezes muito criativa.

Arte e Ofício

A questão de as artes poderem ou não ser ensinadas é, já faz muito tempo, o que se pode chamar uma questão filosófica, isto é, uma questão que permanece indeterminada e sujeita a discussão posterior. É sabido que alguns ambientes são mais hospitaleiros à criatividade artística do que outros, e é por essa razão que aqueles que dirigem estúdios e oficinas procuram criar um ambiente no qual a criatividade de seus alunos possa ser despertada mais prontamente. Mas não é claro se há técnicas de ensino específicas que assegurarão que os alunos produzam obras de arte.

Há, entretanto, uma dimensão de cada campo da arte que consiste no aspecto técnico ou tecnológico desse campo. Este é o domínio da perícia; ele compreende os aspectos conhecíveis e ensináveis da arte.

Com respeito à escrita, há muita coisa que é formal e ensinável, por exemplo, gramática, pontuação, métrica e outros elementos do ofício da escrita. Quando procuramos encorajar os alunos a serem letrados, estamos meramente interessados na sua mestria em ler e escrever como ofício, não como forma de arte. Sem dúvida, há momentos em que alguém munido de um conhecimento adequado da perícia cria uma obra de arte. Tais momentos felizes realmente ocorrem, mas não podem ser controlados. Todavia, se pudermos mais ou menos suavemente familiarizar as crianças com os elementos da escrita como um ofício, poderemos descobrir, ocasionalmente, trabalhos que poderão ser descritos como arte. Mas se a escrita não vem facilmente às crianças, ou se elas se sentem oprimidas pelos requisitos formais que lhes colocamos logo de início, elas não irão produzir nem escrita como ofício nem escrita como arte. Todo exercício escrito não é nada mais que um convite para o jogo verbal, com a especificação de algumas regras. As crianças adoram jogar e não se importam que os jogos tenham algumas regras. Cada regra torna-se então uma parte do seu repertório de perícia.

O que intimida as crianças é a exigência de que elas produzam "obras de arte", cuja característica diferenciada julga-se ser "a expressão do sentimento". Sem dúvida todas as crianças têm sentimentos e a arte sem dúvida é uma forma de expressar esses sentimentos. Mas também é verdadeiro que enquanto algumas crianças realmente respondem ao convite para usar a arte como um modo de expressão, muitas outras crianças não o fazem. A idéia de pôr seus sentimentos em palavras, pode, para muitas crianças, ser bastante desagradável. A pressão na perícia é mais neutra. Seu objetivo não é usar a arte como terapia ou forçar as crianças a expressarem o que elas não se importam de expressar. Seu objetivo é simplesmente o educacional, de capacitá-las a usar suas faculdades para seus próprios propósitos.

O outro extremo é uma ênfase exagerada nos requisitos formais nos primeiros estágios do ensino da escrita. Isto pode ter um efeito tão paralisante no aluno quanto a exigência de que ele expresse emoções.

Perfeição e Exatidão

Em linguagem comum, usamos a palavra "exato" para indicar que uma parte se adapta bem dentro de um conjunto maior. Esta noção de exatidão como sendo a adequação de uma relação parte-todo não é o único significado que a palavra "exato" pode ter. Mas funciona muito bem na arte, assim como tem relevância considerável em questões morais. Uma pessoa pode entrar numa sala e ter uma sensação que algo não está muito "certo", então descobre que um quadro está pendurado torto na parede. Ou pode ouvir uma música e sentir, novamente, que algo não está "certo", e mais tarde descobrir que a corda de um violino estava inadequadamente afinada. Todo mundo já teve a experiência de procurar a palavra "exata" para colocar numa frase. Nenhuma outra palavra serve, porque nenhuma outra palavra se ajusta da maneira como a palavra "exata" se ajusta.

Se uma pessoa escreveu alguma coisa que parece expressar o que ela pretendeu expressar e acha que não precisa mudar em nada, ela tem razão de chamar seu trabalho "perfeito". Funciona bem e corresponde aos seus propósitos. É apropriado chamar um trabalho "perfeito" quando todas as suas partes estão exatas.

Relações Estéticas

Há muitas maneiras em que as pessoas podem se ligar a outras pessoas ou coisas, e, claro, há muitas maneiras em que as coisas têm ligações com outras coisas. Há relações econômicas, relações políticas, relações pessoais e relações estéticas.

As relações estéticas ocorrem dentro de contextos ou situações ou todos. Cada todo é composto de uma série de partes. As relações das partes umas com as outras ou das partes com o todo são relações estéticas. Isto pode, é claro, ser uma simplificação exagerada. Pode ser perfeitamente questionável se, por exemplo, cada relação parte-todo é de fato estética. Mas parece que nenhuma relação parte-parte ou parte-todo cai necessariamente fora do alcance da estética. Podemos pensar que a relação de uma porta com uma casa é funcional, mas também é, certamente, assunto para apreciação estética, e podemos achar que a porta é "lindamente" relacionada com o resto da casa. O mesmo seria verdadeiro da relação de um nariz com um rosto ou de uma árvore com uma paisagem. Mas porque muito da experiência humana é fragmentária e não consiste de todos, relações estritamente estéticas estão necessitando de muita experiência e são encontradas somente em obras de arte.

Significado

Em filosofia, há um argumento corrente que diz respeito a se as palavras sozinhas têm significado ou se a vida ou a natureza podem ter significado também. A questão nunca é fechada. Mas mesmo que o problema do significado seja limitado ao significado lingüístico ele permanece enorme.

Uma teoria popular diz que significado lingüístico é uso. Em outras palavras, é possível dizer o que uma palavra significa examinando as diferentes maneiras nas quais ela é comumente usada. Alguns daqueles que consideraram este problema acham a fórmula "significado é igual a uso" ampla e eclética demais. Ela abarca usos muito divergentes e exóticos. Eles propõem, portanto, que o significado de um termo deve ser identificado com a regra que determina o uso desse termo. Mas qual é a regra? Parece não haver muita diferença do que tem sido chamado tradicionalmente de definição. Se significados devem ser identificados com significados estritamente definíveis, o problema seria nitidamente restrito e manejável, uma vez que a literatura sobre a lógica da definição é consideravelmente bem estabelecida. Mas o problema permanece, pois na linguagem comum a palavra "significado" tem um alcance bem mais amplo do que "definição".

Muitos filósofos procuram saber se os significados não poderiam ser relações. Há uma razão óbvia por isto ser atraente. Sempre que uma pessoa procura por significados nas coisas ou em sua percepção das coisas, e fracassa em encontrá-los, ela pensa que todo o empreendimento foi fútil, porque "não há significados". Mas se os significados fossem relações, a busca não seria de todo fútil. As relações não são percebidas da mesma maneira que as coisas são percebidas. Mas há poucas pessoas que questionariam se elas existem ou não. Quando uma coisa causa uma outra coisa, há uma relação causal, mesmo que o processo causal não tenha sido percebido. Por exemplo, quando tomamos uma aspirina, nossa dor de cabeça pode passar, e embora saibamos que há uma relação na verdade nós não a percebemos diretamente. Da mesma maneira, há relações entre garfos e facas, árvores e maçãs, pais e filhos, começos e fins de histórias e pessoas com seu governo. Mas nenhuma delas pode ser objeto da percepção direta. Contudo, não há dúvida de que estas relações são altamente significativas e pode-se dizer que elas estabelecem significado. Em outras palavras, o significado não é um efeito intangível das relações, mas consiste nessas próprias relações. Sejam quais forem as relações que uma coisa tenha com outras coisas e com um indivíduo em particular, elas constituem o seu significado.

Entender os significados num trabalho de literatura é explorar as relações entre as palavras e das palavras conosco mesmos. Por outro lado, para expressar significados devemos encontrar ligações ou relações que farão essa tarefa. É por isso que a criação de obras de arte, tais como poemas, tem um jeito de tornar a existência significativa.

V. REFLEXÕES SOBRE A PRÁTICA: IMPLICAÇÕES PARA A REFORMA EDUCACIONAL

11. ELABORANDO UM CURRÍCULO PARA APERFEIÇOAR O PENSAMENTO E A COMPREENSÃO

O interesse principal da educação foi tradicionalmente a transmissão de conhecimento de uma geração para outra. O que a geração mais velha sabia era ensinado para e aprendido pela geração mais nova; no processo o conteúdo do conhecimento transmitido permanecia virtualmente inalterado. Na medida em que a educação era entendida como a iniciação da criança nos conhecimentos do mundo adulto, o foco estava em aprender o que os adultos já sabiam ou pensavam saber.

A grande mudança de paradigma na história da educação redirecionou o próprio alvo da educação: o aprender deu lugar ao pensar. O principal filósofo ligado a essa mudança foi John Dewey, embora ele fosse fortemente influenciado por Peirce e G. H. Mead. Mas foi basicamente Dewey quem descreveu o curso natural do pensamento na vida diária como uma concatenação de esforços na solução de problemas, quem viu a ciência como a purificação e perfeição daqueles esforços e quem viu a educação como um fortalecimento da produção de significado no processo falível de pensamento inerente a todos os seres humanos.

Uma vez que o pensar melhor (racionalidade) foi aceito como meta da educação, outras coisas, sob um efeito dominó, começaram a ter lugar. A relação entre o adulto e a criança não poderia ser comparada àquela entre produtor e consumidor ou entre a tribo e o iniciado. O professor não poderia mais ser entendido como um jardineiro que pode cuidar e manter as flores em canteiros, ajudando-as a tornarem-se aquilo a que já estavam geneticamente determinadas a ser desde o início. Em vez disso, o professor tornou-se parte de uma intervenção adulta cuja intenção era liberar o processo de pensamento no aluno, para que este começasse a pensar por si próprio, em vez de papaguear o pensamento do professor ou do livro-texto.

A noção de que a mente da criança se encontra num estado de integridade máxima quando relaxada e imperturbada é tão ilusória quanto a noção de que uma partícula de matéria está em seu estado verdadeiro somente quando em repouso. Mentes, como partículas, são tudo o que elas fazem, e isso inclui tudo quanto elas podem ser induzidas a fazer através de intervenções experimentais. O ser humano ativo e consciente pensa tão naturalmente quanto respira, mas fazê-lo pensar melhor exige estratégias de considerável complexidade. O problema da epistemologia não é mais o de como o receptáculo estático e vazio de uma mente torna-se preenchido com representações de uma realidade estática, mas, sim, como um processo de pensamento fluente e flexível consegue envolver e interpenetrar seu ambiente. A inovação inesgotável da natureza não pode ser abordada por mentes rígidas e mecânicas: o mero pensamento — como mera aprendizagem — não é o bastante. Segue-se que saber e entender não são atividades mentais puramente dadas: elas devem ser elaboradas, geradas. Daí a necessidade de uma epistemologia generativa, na qual uma intervenção educacional inicial dá ignição para que a mente investigue tanto o problemático quanto os aspectos estabelecidos do mundo, e todo o tempo aquele ato de ignição original causa uma série sucessiva de faíscas e raios como repercussões dentro da própria mente. Os problemas tradicionais do que é realmente aquilo que entendemos (epistemologia) e como chegamos a entendê-lo (epistemologia genética) são então vistos como inextricavelmente implicados e dependentes dos modos de investigação nos quais a mente pode ser ensinada a engajar-se e do sucesso desses compromissos. Uma vez que o processo de educação pode ser visto como englobando tanto a formação de conceito como a elaboração de esquemas conceituais da realidade, não é mais possível desprezar o papel generativo da educação para o pensar melhor ou as contribuições feitas pelo aluno ao processo e aos produtos da investigação.

Contudo, permanece o problema de como envolver os alunos no processo de investigação, como introduzi-los tanto aos aspectos demonstravelmente problemáticos do assunto sob investigação como aos aspectos pretensamente estabelecidos. Como os alunos aprenderão a engajar-se na investigação e a trabalhar dentro das disciplinas acadêmicas tradicionais se eles necessitam de habilidades cognitivas — as habilidades de raciocínio, investigação, formação de conceito e tradução —, as quais são um pré-requisito para tal envolvimento?

Uma abordagem possível é fazer uso da disciplina de filosofia. O que a filosofia oferece é a familiarização com o processo de raciocínio, a sua escrupulosa abordagem da análise conceitual e seu próprio comprometimento na investigação cognitiva autocorretiva. Além disso, a filosofia fornece uma insistência no desenvolvimento de uma posição crítica, no exame do problemático e do estabelecido e na racionalidade do argumento, explicação e diálogo.

Isto significa que a filosofia da escola de 1º grau é um exemplo de filosofia aplicada? Só podemos aceitar isto com reserva. Não há dificuldade inerente em aplicar a filosofia tradicional aos problemas que surgem em áreas centrais no adulto como medicina, direito e negócios. Mas a filosofia acadêmica tradicional, com sua insistência na terminologia técnica e nos argumentos intrincados e elaborados, sem dúvida seria um anátema para a criança. Todavia, fazer filosofia é algo que a criança pode achar bastante agradável, se significa conversa sobre tópicos filosóficos em linguagem comum, disciplinada por coações lógicas. E se as crianças não pudessem ser prontamente apresentadas a uma comunidade de investigadores já existente, que mal haveria em transformar a sala de aula numa comunidade de investigação constante? Isto é filosofia aplicada no duplo sentido de que é aplicada recursivamente à disciplina a ser ensinada tanto como aos problemas no mundo como um todo.

A objeção que vem à tona com insistência neste momento pode ser colocada bem resumidamente: precisamos pensar, mas não precisamos de filosofia. O pensamento pode ser aperfeiçoado em cada uma e em todas as disciplinas, de modo a fortalecer o pensamento nessas disciplinas. Por que, pergunta-se, acrescentar uma disciplina esotérica como a filosofia a um currículo já abarrotado?

A resposta a esta objeção pode ser igualmente evidenciada. Reconhecemos a leitura e a escrita como fundamentais à educação e sabemos que estas habilidades deveriam ser utilizáveis dentro de todas as disciplinas no currículo. Contudo, não confiamos o estudo da leitura e da escrita às várias disciplinas. Reconhecemos que a leitura e a escrita não são meramente habilidades técnicas, pois através delas adquirimos e expressamos nossas formas de vida e valores mais fundamentais. Portanto, confiamos o ensino destas habilidades às humanidades e especificamente, nos Estados Unidos, aos professores de literatura inglesa, porque sabemos o suficiente para não confundir mera instrução com educação de qualidade. Similarmente, o desenvolvimento do pensamento deveria acontecer dentro dessa disciplina, filosofia, que é a melhor preparada para desenvolver o pensamento da criança e para fornecer caminhos por meio dos quais ela pode passar às outras disciplinas. Na verdade, não foram poucos os filósofos que conceberam a filosofia como o pensamento excelente, e mesmo que esta afirmação seja uma simplificação demasiada, ela sugere que a analogia entre a boa escrita com a literatura e o bom pensamento com a filosofia tem considerável plausibilidade. Agora estamos numa posição melhor para entender a reivindicação da filosofia de ser a disciplina que nos prepara para pensar nas disciplinas.

Se as crianças podem fazer filosofia, então, presumivelmente, podem fazer metafísica, lógica, ética, estética — e epistemologia. E se podem fazer epistemologia, então presumivelmente isto irá resultar numa proliferação de significados e entendimentos epistemológicos que a discussão de temas em sala de aula engendrou e submeteu à análise crítica. Contudo, se o tópico em consideração for epistemológico (ou lógico ou estético ou seja qual for), sua investigação compartilhada leva em consideração suas ramificações a outros campos da filosofia. Assim como não podemos ignorar os aspectos epistemológicos e lógicos dos assuntos éticos, do mesmo modo não podemos ignorar os aspectos lógicos, éticos e outros aspectos filosóficos dos assuntos epistemológicos.

Ao mesmo tempo, deve ser dito que uma comunidade de investigação epistemológica de crianças não exclui o interesse pelos domínios tradicionais da epistemologia propriamente dita e da epistemologia genética. Isto é, as crianças na comunidade podem ser bastante alertadas aos seus próprios esforços em justificar suas reivindicações de conhecimento pela determinação em substanciar evidências ou sustentar razões, e podem ser mais perceptivas quando chegam a narrar minuciosamente como conseguem saber o que sabem.

Consideremos estas abordagens alternativas para o entendimento das crianças. A primeira, piagetiana, visa traçar os limites do alcance intelectual da criança propondo uma série de problemas (*e.g.*, "Há mais flores do que rosas aqui?" ou "Eu gosto de cebolas, mas elas me fazem chorar, por isto não gosto delas.") e determinando em que idade a criança pode enfrentá-los com sucesso. Esta informação é então acumulada e organizada de modo a produzir uma série de estágios de compreensão. A segunda abordagem, neopiagetiana, nota que as perguntas que deixam a criança perplexa são, com freqüência, sintaticamente mal formuladas ou obscuras, como conseqüência da ambigüidade ou da indefinição deliberada do investigador. (A pergunta "Qual é maior?" supõe que o critério de grandeza do adulto é correto e o da criança, se for diferente, é incorreto. Mas o termo "maior" é inerentemente vago e pode acomodar uma variedade de critérios, não apenas um.) A segunda abordagem removeria, portanto, as obscuridades da pergunta do investigador de modo a determinar mais exatamente a capacidade de compreensão da criança. A terceira abordagem, generativa, afirma que a discussão entre as duas primeiras é meramente sobre se costuramos ou não as perguntas para a criança; nenhuma delas tenta fortalecer a capacidade intelectual da criança para que possa lidar com ambos os tipos de pergunta. A terceira abordagem, portanto, envolve sensibilizar as crianças para com exemplos de ambigüidade e indefinição, enquanto reforça suas habilidades de inquirição, raciocínio e discussão, de modo a capacitar tais crianças a enfrentarem os aspectos perplexos da linguagem natural que por certo encontrarão na vida diária. A abordagem generativa afirma que a escolha não é entre apresentar perguntas mais ou menos intelectualmente impostas, mas entre negligenciar ou reforçar a capacidade da criança para investigar. Não é uma questão de observar as limitações cognitivas da criança, mas de aumentar suas capacidades cognitivas. O restante deste capítulo considerará mais concretamente como isto pode ser feito.

Os sete programas no currículo de Filosofia para Crianças propõem uma grande quantidade de problemas filosóficos para as crianças refletirem — freqüentemente epistemológicos em natureza, quanto lógicos, éticos ou metafísicos. Por exemplo, o romance *Pimpa* (um programa para o mesmo nível de idade de *Issao e Guga*, mas enfatizando raciocínio na linguagem em vez de raciocínio na ciência*), após levantar inúmeras perguntas sobre classes, famílias, regras, relações e analogias, finaliza com Pimpa sugerindo que o grande mistério não resolvido é como nós sabemos alguma coisa. *Pimpa* está dirigido mais insistentemente às relações, em particular à semelhança e à diferença — especialmente aqueles exemplos de semelhanças ocultas entre coisas manifestamente diferentes e diferenças ocultas entre coisas obviamente semelhantes, pois é precisamente a sensibilização de tais relações que ajudam a fortalecer as habilidades de fazer distinção e de fazer ligação. *Issao e Guga* concentra-se na formação de conceitos — em particular, análise, clarificação e interpretação dos conceitos científicos tirados da zoologia e ecologia. Mas ambos os programas procuram reforçar a capacidade da criança para raciocinar, quer sobre relações ou sobre conceitos.

Para ver exatamente como isto é feito, será necessário considerar brevemente as estratégias subjacentes à elaboração do currículo assim como algumas das pressuposições dessas estratégias.
Pressuposição 1. As habilidades cognitivas de categoria inferior e categoria superior da criança não são adquiridas progressivamente com a idade mas estão em formação nos estágios pré-lingüísticos e este processo de formação é muito intensificado e acelerado na fase de aquisição da linguagem.

---

* Vide N.T. à página 43. (N.T.)

Pressuposição 2. As crianças podem e necessitam lidar com abstrações bem antes do início do tão falado estágio formal.
Pressuposição 3. A deficiência cognitiva das pessoas de qualquer idade pode ser devida à falta de experiência relevante, ineficácia das capacidades de raciocínio, ou ambas. Até certo ponto, o bom pensar depende de quanta experiência uma pessoa teve e de quão bem ela utiliza essa experiência. Segue-se que a maturidade cognitiva não deve ser arbitrariamente definida, limitando suas características às habilidades que os adultos — devido a sua maior experiência — podem desempenhar melhor que as crianças. Por exemplo, generalizar requer uma multiplicidade de experiências, mas exemplos ou contra-exemplos ou razões podem ser dados a partir de experiência limitada. A generalização pode, portanto, ser mais fácil aos adultos, mas este dificilmente é um bom motivo para supor que a generalização seja uma marca maior da maturidade intelectual do que as outras habilidades. Do mesmo modo, o fato de as crianças serem produtos mais fluentes e férteis de símiles e metáforas não pode ser diminuído sob o pretexto de que a linguagem figurativa é inerentemente de menos importância do que a linguagem literal.
Pressuposição 4. Não se pode esperar que as crianças sintetizem assuntos diferentes que lhes foram ensinados isolados uns dos outros. Dar um curso de lógica concomitante a um curso de botânica produz poucos fundamentos para se esperar que as crianças pensem logicamente sobre assuntos botânicos.

Na elaboração do currículo de Filosofia para Crianças, as seguintes estratégias foram empregadas:
Estratégia 1. O desempenho da habilidade de pensamento pode ser aperfeiçoado por (1) dar às crianças prática nas habilidades; (2) introduzi-las à *rationale* subjacente às habilidades; e (3) arranjar oportunidades para aplicar as habilidades. Isto significa, com efeito, que o currículo original das primeiras séries do primeiro grau enfatiza a prática da habilidade cognitiva com um mínimo de explicação; as crianças das séries intermediárias do primeiro grau estudam o sistema subjacente de explicação — isto é, a lógica da linguagem em que falam, lêem, escrevem e pensam; no final do 1º grau e no 2º grau é mostrado aos alunos como aplicar aos problemas da vida adolescente e adulta as habilidades que eles agora tanto podem usar como entender.
Estratégia 2. Dados os três estágios de desenvolvimento de currículo notados acima, o segundo estágio, proficiência lógica consciente, pode ser considerado de importância crucial. (Corresponde grosseiramente ao início do tão falado estágio formal do desenvolvimento da criança.) A reflexão sobre o programa (*A Descoberta de Ari dos Telles*)

produzido para este estágio mostra as habilidades necessárias para lidar proficientemente com esta porção do currículo, assim como os conceitos supostos (mais ou menos como "termos primitivos") dentro deste programa. Torna-se então possível preparar os programas para os alunos mais jovens, embutindo neles aquelas habilidades e conceitos que serão necessários no programa subseqüente. Por exemplo, *A Descoberta de Ari dos Telles* supõe noções como classes, relação e regra; essas noções são tratadas no livro anterior, *Pimpa*. *Pimpa*, por sua vez, supõe vários conceitos e habilidades que podem ser discutidos ou desenvolvidos em programas ainda mais anteriores, como *Elfie*, que é para o nível pré-escolar. *Elfie* focaliza o fazer distinção, conexão e comparação, habilidades que preparam o caminho para tratamentos mais sofisticados de classificação e comparação encontrados em *Pimpa*. Note-se que os tratamentos curriculares é que são seqüenciados e aninhados, não necessariamente as competências.

Estratégia 3. Como pode ser prontamente inferido da discussão da estratégia anterior, a educação de pessoas jovens, que ambiciona torná-las racionais, requer a destreza de um currículo logicamente ordenado. Tal currículo ajusta-se com precisão a currículos ordenados empiricamente, com cada porção planejada para corresponder aos estágios do desenvolvimento cognitivo já existentes, derivados de descrições do comportamento de crianças em contextos não educacionais. Se aceitamos o valor de logicidade como um componente de racionalidade, então a logicidade tem um valor normativo na elaboração do currículo. Ela estipula como o currículo deve ser organizado, e tal organização funciona paradigmaticamente para os alunos que procuram descobrir como devem pensar.

Estratégia 4. O currículo deve mostrar continuidade afetiva bem como cognitiva. A confrontação entre a criança e o currículo deve produzir estimulação de modo que incite à reflexão e à investigação. Deve haver desafio intelectual, mas apresentado de modo a ser emocionalmente estimulante. É este estímulo que motiva a criança a investigar as situações em que se encontra; contudo, é o currículo que fixa o tom, como se diz, e dá a qualidade situacional que orienta a investigação resultante. Esta exigência é satisfeita, no currículo de Filosofia para Crianças, ao fornecer textos em forma de romances de crianças.

Estratégia 5. As crianças imaginárias nos romances estão determinadas a servirem como modelos e, portanto, elas não podem ser totalmente ativas, brincalhonas, mas, essencialmente, crianças relaxadas; nem mesmo podem ser crianças cuja única curiosidade é descobrir o que os adultos já conhecem. Elas são, mais propriamente, modelos imaginários de crianças que se intrigam pelo que é problemático na sua experiência e são provocadas por ela para querer investigá-la. E, contudo, por mais deliciosa que a aquisição da procura do conhecimento possa ser, é com o próprio processo de investigação que as crianças imaginárias se encontram comprometidas, e isto em virtude de seu grande divertimento, e não dos resultados casuais na forma de incremento de conhecimento. Além do mais, as crianças são retratadas como pensantes, como se engajando em atos mentais e curiosas por saber sobre esses atos, de modo que o que é caracterizado é a vida do próprio pensamento — ou a vida do pensamento jovem, seja como for — em toda sua complexidade dialética e com uma quantia considerável de sua ilogicidade e irracionalidade.

Estratégia 6. Os manuais de instrução fazem com que os professores procurem manter o momento inquisitivo ao qual o romance deu o impulso inicial. Eles fazem isto por meio de uma profusão de planos de discussão e de perguntas, planejados de modo a suscitar novas perguntas em vez de preparar o caminho para respostas explícitas. Assim, os manuais tencionam promover o diálogo e o raciocínio sobre os assuntos levantados nos romances.

Estratégia 7. A investigação é necessariamente um processo de autocorreção, e a correção envolvida não é unicamente a correção de erros mas também a correção de parcialidade. Para corrigir a parcialidade do que é obtido pela observação a partir de uma única perspectiva, devemos levar em consideração o que deve ser observado de muitas outras perspectivas. Quanto maior o número de perspectivas, maior a compreensão de informação e evidência e mais nos movemos em direção da imparcialidade. Assim a investigação é necessariamente perspéctica, social e comum. Quando uma classe move-se para tornar-se uma comunidade de investigação, aceita a disciplina da lógica e do método científico; pratica o ouvir uns dos outros, o aprender uns com os outros, o construir sobre as idéias uns dos outros e o respeitar os pontos de vista uns dos outros, e ainda exigindo que as asserções sejam garantidas por evidência e razões. Uma vez que a classe como um todo opere desse modo, torna-se possível para cada membro internalizar os hábitos e os procedimentos dos outros, de modo que seu próprio pensamento torna-se autocorretivo e move-se em direção à imparcialidade e objetividade. Ao mesmo tempo, cada membro internaliza a atitude do grupo em relação ao seu próprio projeto e procedimentos, e isso manifesta-se no cuidado pelas ferramentas e instrumentos da investigação assim como no respeito pelos ideais (*e.g.*, verdade) que servem tanto para motivar o processo como para regulá-lo. Devido aos objetivos da epistemologia generativa (ou de uma abordagem generativa em qualquer outra disciplina ou subdisciplina), a criação de comunidades de investigação de sala de aula é absolutamente indispensável.

Estas são as pressuposições e estratégias envolvidas quando a filosofia é empregada no primeiro grau; elas se aplicam igualmente bem à utilização da epistemologia nesse nível. Vamos considerar como isto pode ser feito no início do primeiro grau.

Em geral, os livros-texto que os alunos das primeiras séries do primeiro grau usam costumam expor conclusões em vez de evidências, veredictos em vez de testemunhos. As crianças são consideradas incapazes de por si próprias examinar as evidências ou de oferecer hipóteses alternativas que poderiam ser cogitadas até mesmo pela imaginação mais extraordinariamente debilitada. Será dito a elas, por exemplo, que "a lua sempre apresenta o mesmo lado", mas esta afirmação do fato foi obtida unicamente a partir do exame de uma torrente de preâmbulos epistemológicos como:

> Alega-se que a lua nos mostra apenas um dos seus lados.
> Acredita-se que a lua nos mostra apenas um dos seus lados.
> Relata-se que a lua nos mostra apenas um dos seus lados.
> Sabe-se que a lua nos mostra apenas um dos seus lados.
> Pensa-se que a lua nos mostra apenas um dos seus lados.

Ora, a menos que os alunos sejam apresentados às condições epistemológicas que são introduções a qualquer afirmação do fato, não podem avaliar a garantia para esse fato. Do mesmo modo, se forem inexperientes em comparar a confiança cognitiva dos vários atos mentais (*e.g.*, acreditar, saber, supor), sua capacidade para tal avaliação é mais comprometida.

Tomemos outro caso. Diz-se aos alunos que Newton desenvolveu a teoria da gravitação após ter observado uma maçã caindo de uma árvore e após ter usado a teoria para explicar a rotação da Lua ao redor da Terra. Mas, a não ser que os alunos possam compreender a generalização que Newton fez — sua hipótese e a testagem dessa hipótese no caso de um contra-exemplo aparente (a Lua) — se bem que ainda reconhecendo a legitimidade da analogia entre a maçã e a Lua, a menos que já estejam inteirados, em outras palavras, com os procedimentos de raciocínio e investigação que Newton empregou, dificilmente poderão avaliar seu empreendimento.

Estes exemplos apontam a desejabilidade de preparar as crianças, no mínimo, para observar as preocupações terapêuticas associadas ao bom raciocínio antes de expô-las aos assuntos das disciplinas específicas. Por exemplo, suponhamos que as crianças que tenham passado por um dos programas iniciais de Filosofia para Crianças acabam por reconhecer através de várias oportunidades da prática, que "o que é verdadeiro para a parte não é necessariamente verdadeiro para o todo e o que é verdadeiro para o todo não o é necessariamente para a parte". (É assim que elas caracterizam as falácias de composição e divisão.) Agora, suponhamos que numa aula de ecologia elas se deparem com a afirmação "A água é incolor em pequenas quantidades". Alertas, as crianças imediatamente perguntam: "Disso conclui-se que a água é incolor em grandes quantidades?" E elas mesmas respondem: "Não, e a prova disso é que o mar é azul". Pode ser que alguém na sala argumente, agora, que, se a água é incolor, ela deve ser inodora. Novamente elas ficam alertas e críticas: "Conclui-se mesmo isso?" E continuam a discutir o assunto até que alguém apresenta o contra-exemplo do perfume de sua mãe, o qual é incolor mas "cheira maravilhosamente". Contudo, sem tal prática na criação de inferências perceptivas seguras, todos esses alunos poderiam ter concordado prontamente que, se a água é incolor, então, conclui-se que é inodora.

Estas questões derivam de um exercício de "Maravilhando-se com o Mundo", o manual do professor que acompanha *Issao e Guga*. Outras questões levantadas no mesmo exercício são: quando a água congelada se expande, há de fato mais água? Ou será que a água é um gás, uma vez que seus elementos componentes são gases?

Quando as crianças discutem as circunstâncias que seriam necessárias para tornar uma dada afirmação verdadeira (ou falsa), elas começam a perceber com uma intensidade consideravelmente maior o verdadeiro significado dessa afirmação. E quando discutem a noção de verdade, começam a perceber a complexidade de noções que aceitaram anteriormente sem questionar. O que a filosofia nos ensina é o risco de tomar por certo aquilo a que devíamos prestar atenção cuidadosa, bem como a possibilidade de descobrir, sob o prosaico, comum e rotineiro, um universo de extraordinária riqueza e variedade, diante do qual podemos somente nos maravilhar.

O prospecto da epistemologia do 1º grau pode espantar algumas mentes, mas apenas numa educação não-reflexiva (se é que pode ser chamada de educação) é que se espera que os alunos saibam e entendam sem ter uma apreciação crítica do que são, na verdade, o saber e o entender. Se queremos que os alunos examinem qualquer fenômeno natural em termos de suas condições e conseqüências, dificilmente poderemos excluir o saber e o entender, que não são menos naturais, de um exame em termos de suas condições e conseqüências. Nenhuma acusação à educação é mais séria do que a acusação de que ela favorece atitudes acríticas em vez de críticas. É difícil ver que o acréscimo de alguma outra coisa que não a epistemologia — até mais que a filosofia em geral — possa remediar essa deficiência.

12. PREPARANDO OS PROFESSORES PARA ENSINAR A PENSAR

Se a filosofia no 1º grau tem um "calcanhar de Aquiles", parece ser na área de formação de professores. A elaboração de materiais do currículo para crianças não é um obstáculo, uma vez que as fontes principais já exitem nos escritos básicos da tradição filosófica. O que é necessário é sua tradução numa forma mais apropriada às crianças, e tem sido amplamente demonstrado que isso pode ser feito com êxito. Mas... e quanto à formação de professores?

O ensino da filosofia requer professores que estejam dispostos a examinar idéias, a comprometer-se com a investigação dialógica e a respeitar as crianças que estão sendo ensinadas. Os métodos atuais de formação de professores não primam por desenvolver essas disposições. Na verdade, é possível que os únicos professores que possuem plenamente tais disposições sejam aqueles que de algum modo já as possuíam ao ingressar nas escolas de educação. E, de fato, aqueles que trabalham com a formação de professores de filosofia para crianças percebem que há pouca dificuldade em trabalhar com os que já estão "a meio caminho". Muito menos receptivos são os professores que estão pouco inclinados a apreciar discussões intelectuais abertas e que, polidamente, não toleram as explorações experimentais, não sofisticadas e desinibidas das crianças. Por outro lado, a simples existência da filosofia no 1º grau exerce uma atração sobre aqueles que possuem as disposições necessárias, mas que normalmente não cogitam, no âmbito de suas carreiras, a possibilidade de ensinar nesse nível escolar. Desnecessário dizer que vem aumentando o número de professores com vitalidade e brilho intelectual. Este crescimento é resultado de uma reforma na formação de professores e também do estímulo intelectual que encontram em sala de aula. A mudança pode ocorrer e terá de ocorrer se aqueles que ensinam para memorização forem substituídos por aqueles que privilegiam um pensamento ativo, enérgico e excelente.

Como foi mencionado, o problema do desenvolvimento do currículo de filosofia no 1º grau está em traduzir os textos filosóficos tradicionais em materiais que as crianças possam entender e discutir prontamente. O problema da tradução também está no cerne do processo de formação de professores. Os pedagogos usam de práticas de ensino restritas: num extremo, dão suas aulas usando uma linguagem que os futuros professores devem se desdobrar para entender. No outro, falam a linguagem do professor (que, de alguma maneira, supõem ser a linguagem de sala de aula). Raramente tentam educar os professores na mesma linguagem que estes são compelidos a usar com as crianças. Apesar de fornecerem algumas dicas de como a tradução deve ser feita, os pedagogos acabam delegando esse encargo ao professor. Este, por sua vez, dá o melhor de si: faz o que foi treinado a fazer, ensina como foi ensinado. E, com isso, repassa a tarefa para a criança que precisa primeiro fazer a tradução de uma sábia linguagem desconhecida para sua própria linguagem. Só depois ela irá entender o que está sendo ensinado.

A única maneira de evitar este exercício de inutilidade é os pedagogos traduzirem os conteúdos de suas disciplinas para a linguagem de sala de aula e então, usando essa linguagem, educarem os candidatos a professor nessa mesma linguagem, usando os mesmos métodos pedagógicos que esses professores irão mais tarde empregar com seus alunos. Tal revisão, obviamente, é um grande desafio, mas se ela requer que se dispense o método convencional de aula expositiva, exceto para alguns propósitos especiais, que assim seja. Se requer que se trabalhe o currículo com os professores da mesmíssima maneira que estes irão trabalhá-lo com as crianças, que assim seja. Não podemos continuar a colocar sobre o professor todo o peso de traduzir um currículo escolar para a linguagem dos alunos, pois sabemos o que acontecerá: o professor irá repassá-lo para a criança.

Há um outro problema com a abordagem tradicional da formação de professores, e as suas raízes históricas vão muito, muito fundo. Houve um tempo em que se acreditava que, para ensinar uma matéria não se exigia mais que a posse do conhecimento — ou alguma parcela dele — acumulado naquela disciplina. Isto resultou em gerações e gerações de professores que podiam conhecer o conteúdo de suas matérias, mas que não sabiam como ensiná-la. Com o tempo, o pêndulo virou para o extremo oposto: professores bem treinados em "métodos de ensino" mas que não sabiam suas matérias.

O tempo necessário para o pêndulo voltar é longo; mas será menos longo para chegar ao ponto em que os professores saibam o bastante sobre suas disciplinas para ensiná-las e estejam aptos o bastante em metodologia instrucional para ensiná-las bem. Em outras palavras, é hora de se encontrar um equilíbrio entre os métodos e o conteúdo educacional.

Dado o estado atual da educação, esta é uma boa ocasião para se iniciar reformas adequadas na formação de professores. Há um consenso de que o conteúdo básico das disciplinas individuais está se tornando obsoleto rapidamente no que concerne ao rápido desenvolvimento das disciplinas, e cada vez mais irrelevante no que concerne aos alunos. Por outro lado, não há uma melhora correspondente na pedagogia que compense o fato de o conhecimento perder sua importância enquanto meta educacional, do mesmo modo que as refinarias recorrem a tecnologias de processamento de categoria superior enquanto trabalham com minérios de qualidade cada vez mais inferior. Há um limite para o quão freqüentemente podemos "voltar aos clássicos". É pouco provável que as técnicas pedagógicas — de poucos resultados quando a ênfase estava na memorização — tenham êxito maior com a mudança dos objetivos educacionais para a "educação para o pensar". Levará muito tempo, será necessário muito contato direto e uso mais freqüente de "por que?" até que a educação venha a ser verdadeiramente reflexiva. Será preciso mais que uma sintonia de técnicas de manejo de classe para fazer com que os alunos tornem-se reflexivos sobre sua cultura e suas possibilidades.

O problema está em onde encontrar um paradigma de ensino para o pensar que sirva a todas as disciplinas, quer ocasional ou regularmente. Há alguma disciplina cujo próprio conteúdo exija ensinar para o pensar e possa se realizar com isso? A resposta é que todas podem, mas seria mais difícil para a filosofia do que para qualquer outra disciplina, *não* fazer assim. A filosofia e o pensar — ou, talvez, a filosofia e a busca pelo pensar melhor — andam de mãos dadas. O que isso significa para o tópico sob discussão é que a metodologia de formação de professores de filosofia é, provavelmente, muito instrutiva para o desenvolvimento de modelos de formação de professores em geral. Isto é mais verdadeiro na formação de professores de filosofia para o 1º e 2º graus do que para a faculdade, uma vez que estes últimos recebem pouco ou nenhum esclarecimento pedagógico durante seu curso. Será discutido aqui o que é restrito à formação de professores de filosofia para o 1º e 2º graus. Será mais uma descrição da prática atual do que uma proposta para implementação futura.

Comecemos pelo fato que um currículo de filosofia para o 1º e 2º graus já existe: não está só nas mesas ou nas mentes dos teóricos da educação. Não é somente para uma série escolar mas para todo o 1º e 2º graus, com material mais que suficiente para cada série. Isto não significa que já está completo; talvez nunca fique. Mas o fato de existir significa que os professores podem ser preparados em seminários e oficinas para fazer exatamente o que farão diariamente com as crianças. Os materiais já são acessíveis aos alunos; pouca necessidade há de traduzi-los em alguma coisa que se pense ser ainda mais acessível.

Não deveríamos subestimar o grau em que os educadores de professores estão presos aos materiais produzidos no mercado editorial. Tais materiais são preparados por professores e elaboradores de currículo com considerável experiência de sala de aula — experiência essa que reflete uma natureza tradicional e conservadora. Os materiais não refletem o trabalho daqueles que estão nas fronteiras da exploração educacional. É óbvio que há concessões a tendências que estão em voga, como "habilidades de pensamento". Infelizmente a formação de professores pode não ser melhor que os materiais usados no processo de treinamento de professores. Silenciar o currículo não significa silenciar o modo com que os professores são ensinados a ensinar, mas é o que costuma acontecer. Textos e testes são os motores que movem a operação escolar. O pedagogo é prisioneiro do mesmo sistema que o professor, mesmo se, a longo prazo, são as crianças que mais sofrem com esse sistema.

A prática atual de formação de monitores para prepararem professores de filosofia de 1º e 2º graus acontece em quatro estágios. *O preparo de monitores*. São candidatos os que têm um sólido conhecimento filosófico: professores de filosofia de faculdade, portadores de títulos em filosofia e aqueles com conhecimento comparável (fora dos Estados Unidos, exemplo, professores em *lycées* ou *gymnasia* têm, freqüentemente, um conhecimento tão rico do trabalho em filosofia quanto os doutores em filosofia neste país).

Tem sido especulado que as altas qualificações quanto ao conhecimento filosófico exigido do futuro monitor constituem as condições que retardam a disseminação da Filosofia para Crianças. Em resposta, deve ser dito que (1) isto ainda não aconteceu: a produção de monitores tem correspondido à demanda; (2) é mais provável que filósofos, em vez de não filósofos, tenham os conhecimentos necessários de lógica com que os monitores devem contar para ensinar o raciocínio; (3) os filósofos têm conhecimento de epistemologia, ética e estética, o que fornece uma argamassa comum para compor os tijolos isolados do edifício da educação. Geralmente, é mais fácil procurar por filósofos, e prepará-los para serem monitores, do que procurar outros educadores e prepará-los nos modos da filosofia. Quanto à alegada escassez de filósofos, a resposta é a mesma: a demanda pode criar a oferta.

Futuros monitores freqüentam uma oficina de dez dias, na qual conhecem o currículo, têm a possibilidade de conduzir sessões individuais e discutir assuntos relevantes detalhadamente. Exemplos de tais assuntos são educação moral, a relação da Filosofia para Crianças com a filosofia tradicional, o ensino de raciocínio e os procedimentos para trabalhar efetivamente nas escolas, incluindo o uso de testes de raciocínio e as relações a serem estabelecidas com os coordenadores escolares.

Logo após, o futuro monitor passa a ser um "filósofo em residência" numa sala de aula, por quatro a seis semanas, para adquirir experiência no trabalho com crianças — um pré-requisito para estabelecer credibilidade junto aos professores. Sempre que possível, o aprendiz trabalha junto com um monitor mais experiente antes de se lançar numa carreira independente.

Preparando os professores: o estágio de exploração do currículo. Uma oficina para formação de professores geralmente consiste de quinze ou vinte professores e um monitor. (Algumas oficinas mais intensivas, que seguem por cinco dias consecutivos ou mais, são tão trabalhosas que são necessários dois monitores. Não é incomum que um deles não seja um filósofo.) Estes seminários de investigação de currículo variam de três a catorze dias. Os mais curtos lidam com apenas um programa, como, por exemplo, o de 5ª e 6ª séries. Outros, mais longos, tratam dois programas simultaneamente. Isto apresenta várias vantagens: prepara cada professor com maior profundidade, uma vantagem altamente desejável, e possibilita uma seleção mais flexível de professores, de modo que a oficina possa ser composta, digamos, de sete professores de 3ª e 4ª séries e sete de 5ª e 6ª séries, em vez de catorze do mesmo nível. Cada professor, então, ensina o programa apropriado para o seu nível, mas também está inteirado do outro programa. Quanto mais os professores estiverem inteirados do currículo todo, mais perspicácia terão para abordar qualquer parte dele.

Em geral, espera-se que os professores experienciem este estágio quase que do mesmo modo que seus futuros alunos o farão. Começam pela leitura em voz alta, e alternadamente, de um determinado episódio. Isto lhes dá experiência em ouvir a linguagem do texto assim como em escutar uns aos outros. Alternar é um exercício de reciprocidade moral, e o efeito coletivo da discussão resultante é uma partilha dos significados do texto através de sua apropriação pelo grupo como um todo. Assim, mesmo no estágio bem inicial de exploração do currículo, os membros do seminário começam a vivenciar uma comunidade de experiência compartilhada e de significados compartilhados, primeiro passo rumo a tornarem-se membros de uma comunidade de investigação.

Alguns professores desaprovam ler em voz alta, ou mandar seus alunos lerem em voz alta. Preferem a leitura silenciosa, assim como preferem exercícios escritos a discussões abertas em classe. Mas essas condutas de sala de aula podem ser auto-anuladas, se seu resultado geral for o isolamento de cada aluno dos outros alunos e da variedade de significados que eles obtêm de suas próprias reflexões. Confinar um aluno em práticas isoladas é, por conseqüência, privar esse aluno da experiência vital de cooperação intelectual, de basear-se nas idéias dos outros, de provar o frescor das interpretações dos outros, de defender suas idéias quando criticadas, de apreciar a solidariedade intelectual com outros e de compreender sua própria integridade intelectual quando examina suas opiniões à luz de novas evidências.

Não é raro confundir pensar *por* si próprio com pensar *para* si próprio e ter a noção equivocada de que o pensar solitário é equivalente ao pensar independente. Contudo, nunca estamos tão dispostos a pensar para nós mesmos como quando nos encontramos envolvidos numa investigação compartilhada com outros. A maneira de proteger as crianças do pensamento não crítico na presença de outros não é compeli-las a pensar silenciosamente e sozinhas mas convidá-las a pensar aberta e criticamente sobre assuntos controversos. Para que isto aconteça na sala de aula, deve acontecer primeiro no seminário de treinamento de professores. Somente se os professores tiverem uma experiência real de uma comunidade de investigação é que poderão promover o desenvolvimento do indivíduo com seus próprios alunos.

Após a leitura compartilhada do texto, o monitor solicita que a classe proponha os tópicos para a discussão a seguir. A formulação deste convite varia conforme a idade dos alunos. Com alunos mais velhos, podemos perguntar "O que os intriga (ou os deixa perplexos) nesta passagem?" Este é um modo de chamar atenção para o que é problemático no texto em vez de para aquilo que está claro. Com alunos mais jovens, podemos perguntar "O que os *interessa* nesta passagem?" — o que assegura que perguntas e comentários surjam de um envolvimento genuíno do aluno com as questões. Com alunos muito jovens, estas maneiras de emitir o convite podem ser mal sucedidas, pois as crianças pequenas não estão acostumadas a terem suas opiniões solicitadas pelos adultos, e podem ficar um pouco desconcertadas. É melhor perguntar simplesmente

"Do que você *gosta* neste parágrafo (ou página)?" e a partir daí propor a discussão.

Conforme os comentários dos alunos são recebidos, devem ser escritos no quadro-negro o mais próximo possível de como foram verbalizados. (Cada alteração feita pelo monitor ou pelo professor arrisca afastar o sentido pretendido pelo aluno, com conseqüente perda do seu sentimento de posse.) É de praxe identificar, pelo nome, o aluno (quer professor ou criança) que contribuiu com a afirmação ou pergunta, pois isto é evidência tangível para o aluno de que sua participação e originalidade são respeitadas.

A forma da contribuição dos alunos pode variar consideravelmente. Alguns levantam questões; alguns notam contrastes ou dicotomias (tais como real *versus* artificial, arte *versus* natureza, vida *versus* arte); alguns simplesmente indicam que há um conceito singular (*e.g.*, verdade) que gostariam de discutir.

O instrutor tem várias opções neste momento. Uma técnica favorita entre os professores, mas provavelmente de interesse menor para os alunos, é agrupar as contribuições que foram escritas no quadro-negro. O agrupamento, embora tendo algum valor como prática na classificação cognitiva, também tende a ser abstrato, tedioso e consumidor de tempo. Uma outra estratégia é fazer uma votação para se eleger a primeira questão a ser discutida. Outra, é pedir a um aluno que até o momento estivesse calado para selecionar uma questão para discussão. Ou podemos pedir aos contribuidores originais que desenvolvam suas idéias ou critiquem as de outrem ou as suas próprias. Finalmente, podemos, às vezes, ter auxílio de técnicas improvisadas de sorteio, tais como selecionar uma ficha ou usar um indicador. A tarefa do coordenador é manter vivo o interesse causado pela leitura e ajudar a transportá-lo para a discussão, animando-a quando parecer enfraquecida, e esforçando-se sempre para gerar diálogo entre aluno-aluno em vez de aluno-professor.

Na preparação de uma sessão, o coordenador revisa o manual do professor e seleciona um grupo de exercícios e planos de discussão promissor. Conforme a discussão se desenvolva, um ou outro destes exercícios podem ser apresentados, de modo que as discussões possam ser melhor enfocadas filosoficamente e de modo que a estrutura da prática filosófica alterne entre discussões livres e abertas por um lado e aplicações específicas de outro.

Preparando professores: o estágio modelador. Não se pode tomar como certo que a prática que os professores vivenciam durante as oficinas será gravada tão profundamente em sua consciência que eles não terão dificuldade de transportá-la para suas respectivas salas de aula. Freqüentemente, sentem-se perturbados e se colocam na defensiva quanto a seu conhecimento limitado de filosofia em contraste ao de seu monitor; podem compensar isso sendo muito agressivos em relação a sua autoridade, especialmente naquelas situações que exigem que eles reconheçam sua ignorância ou seu conhecimento limitado. Além disso, a pedagogia dos monitores com os adultos pode lhes soar como difícil de transferir às crianças na sala de aula. Por tais motivos, os monitores devem entrar efetivamente nas salas de aula, assumir a lição do dia, e demonstrar ao professor, com seus próprios alunos, como o monitor trata a matéria.

Estas sessões modeladoras geralmente acontecem cerca de seis semanas após o professor ter começado a executar o programa na sala de aula. Elas produzem esse mínimo de habilidade, de atenção pessoal que separa este modo de educação de professores dos cursos tradicionais que meramente exigem que o professor fale (e não que mostre) como os alunos devem ser ensinados.

Preparando os professores: o estágio de observação. Cerca de seis semanas mais tarde, os monitores voltam à sala de aula para observar e avaliar o progresso da execução do programa pelo professor. A avaliação pode ser oral, escrita, ou ambas. O monitor pode perguntar ao professor questões importantes como "O que você me viu fazer que você não fez?" Ou pode revisar questões como a falha em perseguir um questionamento ou a deficiência do professor de envolver todos os membros da classe. Os treinadores usam listas de critérios para aferir o desempenho do professor, e os professores são encorajados a conhecer estes critérios para que possam também fazer uma auto-avaliação mais crítica.

Porque são formalmente semelhantes, o preparo de monitores e o preparo de professores têm sido tratados juntos nas discussões precedentes. Mas obviamente há diferenças, particularmente no fato de que os monitores são profissionalmente familiarizados com a filosofia e os professores tiveram pouco (e às vezes desagradável) contato com essa disciplina. Uma das coisas que os professores são mais ansiosos por saber é como distinguir uma discussão filosófica de uma que não é filosófica. Eles acham que não deveriam ser criticados pelo fracasso em promover conversações filosóficas se o monitor nunca se preocupou em tornar claro o que tal conversação requer. Isto não é algo que o escritor possa fazer de um dia para o outro. Geralmente é necessário mostrar aos professores a diferença entre abordagens normativas e descritivas ao ensino do raciocínio (de modo que eles possam entender por exemplo, porque a aprendizagem do silogismo é tão diferente do estudo de casos psicológicos). É necessário apresentá-los à distinção entre razões e causas (mais formalmente, entre justificação e explicação). É necessário mostrar-lhes a aplicabilidade da filosofia aos aspectos incertos e problemáticos de qualquer área do conhecimento. É necessário explicar-lhes como os problemas vistos de dentro de uma disciplina produzem um tipo de conhecimento diferente daquele que é obtido quando uma disciplina torna-se um objeto para si própria e se examina de um ponto fora de si mesma. Leva tempo para estas questões serem concluídas e assimiladas até que formem um aspecto essencial da prática diária do professor. Mas com treinamento e prática adequados, a conscientização do professor quanto à dimensão filosófica do discurso humano é intensificada quase que imperceptivelmente, dia após dia, até que a diferença entre uma discussão filosófica e uma não filosófica torna-se tão evidente que não pedimos mais para ser mostrada. Isto não significa que o professor se tornou um filósofo, mas é prova da competência do professor em dirigir uma discussão filosófica, em observar firmemente a regra básica de não bloquear a linha da investigação e de acompanhar com atenção aonde ela conduz.

13. DOZE SESSÕES COM *PIMPA* EM P.S. 87: UM DIÁRIO DE CLASSE

No início de 1982 eu decidi que precisava de alguma experiência direta no ensino de *Pimpa*. *Pimpa* havia sido publicado no ano anterior e já estava em uso em várias escolas de bairro. Uma vez que eu não estava obtendo muito *feedback* dos professores, decidi oferecer um curso intensivo sobre *Pimpa* para alguns alunos de terceira série. A escola que escolhi foi P.S., em Manhattan. O diretor, Naomi Hill, foi receptivo à idéia, e a professora de sala, Gloria Goldberg, me deixou bem à vontade. Prometi chegar às 9:00 de toda terça-feira e ficar por trinta ou quarenta minutos. Eu sabia que dificilmente poderia realizar muito em tão pouco tempo: *Pimpa* seria normalmente apresentado em sessões de quarenta e cinco minutos, três vezes por semana, durante todo o ano escolar. Ao todo, eu coordenei somente doze sessões, durante as quais lemos os primeiros seis capítulos e o último episódio do sétimo.

Sendo do lado oeste de Manhattan, esses alunos* de terceira série formavam um grupo altamente diversificado. Alguns se esforçavam para ler, ao passo que outros liam com o ritmo e a expressão dos adultos. Muitos estavam apenas se tornando familiarizados com o inglês. Alguns eram audaciosos e sinceros e outros eram temerosos e quietos. Numa ocasião em que estávamos às voltas com uma série de perguntas, uma garotinha frágil e ansiosa prorrompeu em lágrimas quando finalmente chegou sua vez de responder. Mas, geralmente, havia várias mãos levantadas durante as discussões, e eu

---

* Alunos de ascendência estrangeira, em sua maioria latinos. (N.T.)

me senti satisfeito porque eles entenderam o conteúdo em *Pimpa* e a maioria deles pareceu gostar.

As considerações de cada sessão foram escritas de memória após cada uma delas e, uma vez que não foram gravadas, seria difícil checar sua exatidão. Isso é de pouca importância, porém: o que importa é se os professores regulares de sala de aula são bem sucedidos ao usar *Pimpa* para melhorar as habilidades de pensamento de seus alunos e para intensificar sua capacidade de reflexão. Tendo provado o sabor, concluí a experiência me sentindo encorajado. O que se segue é o diário que mantive durante este período.

7 de janeiro de 1982

Lemos a página 1 e discutimos detalhadamente; em seguida lemos o restante do capítulo. Cada criança lê um parágrafo. Discussão aberta sobre a idade de *Pimpa*: eles estavam interessados no problema de que leitores diferentes podem ter idades diferentes, o que levantaria uma questão quanto à verdade da afirmação de *Pimpa*, mas estavam querendo deixar que o mistério permanecesse sem solução. Eles têm uma *hesitação* satisfatória a esse respeito. Realmente todas as crianças leram bem — com expressão, em muitos casos; mas não é uma classe talentosa.

28 de janeiro de 1982

A classe leu o capítulo 2 do começo ao fim. Nós então discutimos página por página. Eu pergunto "O que lhe interessa nesta página? Tem alguma coisa escrita nesta página que você gostaria de comentar?" Em ambos os casos, o comentário é colocado no quadro.

Os exercícios combinaram muito bem com a conversação. A primeira questão levantada foi a da possibilidade, e eles estavam interessados em notar que nem tudo era possível mas que era possível pensar sobre coisas que não eram possíveis — pelo menos algumas coisas.

A passagem sobre o pé adormecido de *Pimpa* foi citada. A conversação foi assim:

— Seu pé pode estar dormindo mesmo que você permaneça acordado?
— Sim.
— Seus dois pés podem estar dormindo mesmo que você permaneça acordado?
— Sim.

— Seus dois pés e seus dois braços podem estar dormindo mesmo que você permaneça acordado?
— Sim.
— Todo seu corpo pode estar dormindo mas sua cabeça ficar acordada?
— Sim.
— E quanto ao oposto? Sua cabeça pode estar dormindo e todo o seu corpo acordado?
— Claro, quando uma pessoa é sonâmbula. [Um garoto numa fila de fundo].

Uma outra conversação seguiu-se desta forma:

— Página 13, linha 3, Marina* vê o gato perseguindo seu rabo. Quando você se olha no espelho, é como o gato perseguindo seu rabo?
— Não, o gato está perseguindo seu corpo, mas quando eu olho no espelho, eu vejo a *aparência* do meu corpo [Natasha?].
— Bem, está certo. Mas e quanto a isto? Um gato está perseguindo seu rabo como uma pipa voando em círculos?
— A pipa tem um rabo, exatamente como um gato [uma garota no meio da sala].
— Eles não são a mesma coisa, porque o gato persegue seu rabo *intencionalmente* [Um garoto numa carteira da frente].

4 de fevereiro de 1982

A classe leu todo o capítulo 3. Boa discussão da primeira metade do capítulo. Falamos sobre "leitura de rostos". Eles afirmaram que se poderia ler o rosto de alguém e dizer o que essa pessoa estava sentindo. Perguntei se o que a pessoa *dizia* era sempre diferente do que poderia ser lido no rosto dessa pessoa. Sim, eles concordaram. Nesse caso, perguntei, o que você faz? Uma garota respondeu "Nesse caso eu sempre acredito no que leio no rosto".

Também discutimos se os unicórnios eram fictícios ou extintos. Em geral eles afirmaram que os unicórnios eram fictícios, mas muitos alunos disseram que eles eram reais. Continuamos então a falar sobre ambigüidades. Escrevi a palavra no quadro, e a Sra. Goldberg lembrou-lhes a importância do *contexto* para compreender o significado de uma palavra.

Falamos das relações que poderiam ser observadas e aquelas que não poderiam ser observadas. Eles estavam seguros quanto às relações familiares (que ser um primo ou um sobrinho não era observá-

---

* As páginas e linhas citadas, bem como os nomes das personagens de *Pimpa* seguem a edição brasileira do Programa. (N.T.)

vel) mas menos seguros quanto ao percebimento de "ser mais alto que" ou "longe de".

Fizemos um exercício sobre relações familiares. Uma criança atrapalhou-se com a pergunta: "Se dois irmãos, cada um tem uma irmã, isso significa que eles têm duas irmãs?" Porém, outros membros da classe explicam a resposta correta para ela.

Finalmente, perguntei. "Se seus pais não tivessem filhos, isso significa que vocês provavelmente não terão nenhum?" Um aluno disse (com a concordância de vários outros) "Se seus pais não tivessem filhos, você não existiria." Ao que um aluno respondeu "Você poderia, se você tivesse sido adotada". Demonstra a habilidade deles em examinar uma pergunta cuidadosamente, ver o que ela pressupõe e dar contra-exemplos.

18 de fevereiro de 1982

Hoje, pela primeira vez, houve diálogo significativo entre aluno-aluno em vez de diálogo de aluno-professor. Alguém (Natasha) disse "Eu não concordo com o que Ashaki disse", e antes que a sessão acabasse, isto aconteceu três vezes. Com estimulação isto poderia ser facilmente desenvolvido.

Discussão completamente viva sobre uma variedade de assuntos, a maioria da página 28, sobre desculpas e razões.

P: Uma desculpa é simplesmente uma má razão?
R: Não, há boas razões e más razões, e há boas desculpas e más desculpas, mas você simplesmente não pode dizer que uma desculpa é uma má razão.

Discutimos: se "porque eu quis" poderia alguma vez servir como uma razão, se as crianças *tivessem* de ser mais jovens que seus professores e em que circunstâncias era apropriado ou não fazer perguntas.

P: Uma garganta inflamada seria uma boa desculpa para não ir à escola?
R: [Cuidadosamente]: Inflamada *quanto*?
P: Muito.
R: [Em coro]: Sim, claro.
P: Se você não quisesse ir à escola, seria possível provocar uma garganta inflamada?
R: [Coro novamente]: Claro!

24 de fevereiro de 1982

Hoje os alunos entregaram seu dever de casa (escrever o início de uma história cujo final tinha sido dado a eles). Então lemos as páginas 31-33 e discutimos a página 31.

Muitas teorias sobre o que acontece à luz quando desligamos o interruptor. A luz vai "embora"? Se não, o que acontece a ela? Perguntei se escuridão era ausência de luz. Confusão. Perguntei se frio era ausência de calor. Mais confusão. Perguntei se escuridão estava para a luz assim como frio estava para calor. Alguma tentativa de aceitação. Contrastei essa sentença (escrita no quadro) com "as mãos são como os pés". Perguntei como que as mãos eram como os pés. (Eles disseram dedos, dedões, etc.) Pedi a eles para completarem a sentença "As mãos são como os pés assim como _____". Aqui um bando de mãos se ergueram:

assim como uma narina está para a outra narina
assim como cotovelos estão para joelhos
assim como seu lábio superior está para seu lábio inferior
assim como sua mão esquerda está para sua mão direita

(Nota-se que a maioria delas é similaridade de aparência; a comparação dos cotovelos com os joelhos é uma similaridade de *função*. Esta partiu de James.)

Não identifiquei "símile" e "analogia" como os nomes de dois tipos de comparações, mas nós as contrastamos, e eles parecem entender a diferença. Molly disse que a analogia era uma afirmação que dizia que uma relação era como outra.

Consideramos então a expressão "quer dizer"* na página 31, linha 11. "O que 'quer dizer' significa?", perguntei. Sam disse que poderia significar que você estava expressando alguma coisa (querendo dizer alguma coisa) ou poderia ser como o significado de uma palavra em uma sentença.

Apresentei então um exemplo (sem usar o termo "padronização") de como se poderia dizer se duas sentenças contrastáveis significavam a mesma coisa. Escrevi "Todos os alunos nesta sala de aula são inteligentes" e "Somente os alunos nesta sala de aula são inteligentes" no quadro e perguntei o que significavam. Alguém disse que a primeira sentença significava "Cada aluno nesta sala de aula é inteligente." Mas a segunda os confundiu; acho que seu *alcance* os incomodou. Um aluno disse "Significa que os alunos nesta sala

---

* Foi necessário adaptar este parágrafo à tradução pela qual se optou do termo "mean", no Programa Pimpa em português. (N.T.)

são inteligentes, mas não aqueles do resto da escola". Perguntei se poderia significar "não aqueles do resto do mundo". Eles pareceram achar isso muito inacessível, na verdade.

Tentamos mais duas: "Todos os carvalhos são árvores" e "Somente as árvores são carvalhos". Mas esse exemplo fracassou quando Natasha confundiu "carvalhos" com "gema de ovos*".

Então usei "Todos os gatos são animais" e "Somente os animais são gatos". Novamente eles tiveram problemas na frase com "somente", mas isto foi em parte devido aos exemplos que apresentei. "Um peixe poderia ser um gato?", perguntei. "Sim", disse alguém, "um peixe-gato". A isso acrescentei que um pássaro poderia ser um "cat-bird"**. Obviamente estávamos tendo problemas com exemplos de pássaros e peixes, que as crianças poderiam considerar "animais". Então perguntei "O armário poderia ser um gato? O chão poderia ser um gato?" Isto nos ajudou a entender o que se quis dizer com "Somente os animais são gatos". E, pode-se acrescentar, lhes dá prática em contra-exemplos.

Expliquei a eles, então, a regra de padronização para afirmações começando com "somente" e dei um exercício. Uma vez que as confusões de "todos" e "somente" eram das mais freqüentes no pré-teste que lhes foi dado, isto foi parte do nosso reforço prescrito.

Além de tudo, a sessão foi a mais didática que tivemos, mas acho que a alternação de discussão livre e aprendizado didático firme de princípios lógicos é produtiva. As regras dão um sentido maior de segurança intelectual e de força cognitiva às discussões mais filosóficas.

Acho que devemos aprender a conviver com uma adaptação bastante livre entre as leituras de *Pimpa*, as discussões subseqüentes de sala de aula e os trabalhos com os exercícios. Gostaríamos de que eles seguissem a seqüência própria, mas isso nem sempre acontece. Às vezes um exercício fora da seqüência é necessário e, se o momento não for pedagogicamente apropriado, ele pode ser necessário para preparar o terreno para o *próximo* momento, porque estou começando a achar que *Pimpa* deveria ser lido duas vezes num ano escolar. Num primeiro momento construindo lentamente as habilidades e, num segundo momento, penetrando muito mais profundamente no programa.

4 de março de 1982

Conforme passamos para os capítulos difíceis de *Pimpa* (5 e 6), a

---

* Em inglês, "oaks" — carvalhos — e "yolks" — gemas de ovos. (N.T.)
** Cat-bird: Todo americano; literalmente: pássaro-gato. (N.T.)

insuficiência de um encontro por semana é bastante óbvia. Diminuí a leitura de episódios, de forma que hoje pegamos apenas um episódio no capítulo 5.

— O que lhe interessou na página 34?
— O comentário de Ciça de que dois números do mesmo tamanho seriam o mesmo número.

Discutimos várias coisas que Ciça poderia querer dizer com aquela observação. Ela poderia querer dizer, alguém disse, que um número 2 de 15 cm de altura seria a mesma coisa que um número 2 de 61 cm de altura. Ela poderia querer dizer que o número 2 é a mesma coisa que 1 + 1. Ela poderia querer dizer que "two" em inglês é a mesma coisa que "two" em alemão ou francês ou italiano ou espanhol (estes termos traduzidos foram todos apresentados pelas crianças). Mas, eu salientei, não se pode trocar as palavras de uma língua para outra: "Zwei" significa em alemão o que "two" significa em inglês, mas "Zwei" não significa nada em inglês. Também poderia significar que dois ou mais exemplos do mesmo número poderiam ser encontrados. A criança que disse isso pareceu claramente estar sustentando uma distinção do símbolo-tipo, enquanto outros estavam usando o exemplo de cachorros e animais, sustentando uma distinção de espécie-gênero. Não quis entrar na terminologia técnica e estava muito desconcertado com a variedade de teorias sobre o comentário de Ciça para fazer mais do que escrevê-lo no quadro e explicar as diferenças.

Em seguida falamos de tipos diferentes de relações referidas na página 34. Alguém disse "As coisas têm relações, como a relação entre o tampo de uma mesa e sua perna".

— Qual é essa relação?
— As pernas mantêm a mesa em pé [Sam].
— Nem sempre fazem isso. Você poderia suspender uma mesa por fios presos no teto [James].

Inspirado em James, apresentei a opinião de que as pernas não mantêm alguém em pé: uma mosca pode suspender-se no teto pelas suas pernas. Nenhum comentário da sala. Um aluno observou que "taboada* de multiplicação não tem pernas". Passamos o restante do tempo revisando a distinção "todos-somente" e levantando contradições.

Uma vez que eles tinham tido problemas com um dos itens no

---

* Em inglês, "Table" que também significa mesa. (N.T.)

teste de raciocínio que envolve um processo ilícito de silogismo, passei da discussão "todo-somente" para algo semelhante:

> Todos os garotos desta classe são garotos que beliscam as garotas.
> Jimmy não é desta classe.

Primeiro perguntei se alguma conclusão poderia ser tirada destas afirmações e, depois de um momento de discordância, houve acordo em que nenhuma conclusão estava à disposição.

Então perguntei que mudança poderia ser feita na primeira premissa que tornaria possível tirar uma conclusão. Alguém, Molly acho, disse "troque o 'todos' por 'somente'". Quando perguntei que conclusão poderia seguir então, vários alunos disseram "Jimmy não belisca as garotas".

Encorajado por isso, mostrei a eles como as frases eram contraditórias umas às outras. "Como você prova que uma pessoa erra ao dizer, 'Todas as maçãs são saborosas'?" Eles concordaram que bastava encontrar uma maçã — ou algumas maçãs — que não fossem saborosas. Então escrevi:

> Todas as maçãs são saborosas.   Algumas maçãs não são saborosas.
> Nenhuma maçã é saborosa.   Algumas maçãs são saborosas.

Salientei que se uma das frases de um par de contraditórias era sabidamente verdadeira, a outra tinha que ser falsa. Também enfatizei que as frases da coluna da esquerda *não* eram contraditórias entre si, nem o eram as frases na coluna da direita.

Tudo bem didático. Mas isto foi um toque de lógica para crianças que provavelmente nunca irão ter *Ari*.

11 de março de 1982 (não houve aula)

18 de março de 1982

A classe leu o último episódio do capítulo 5. "Há alguma coisa na página 36 que interessa a vocês?" "Sim. 'Longe' e 'perto' são relações de espaço." Isto lançou uma discussão longa do modo como um termo relacional poderia significar uma relação, da mesma maneira como um substantivo poderia significar uma coisa.

Escrevendo a palavra "gato" no quadro, perguntei "O que é isto?" "Um gato." "Um gato? Ele tem pêlos e garras e ronrona?" "Não, é a *palavra* para gato", eles disseram.

Desenhei um gato no quadro. "O que é isto?" "Um gato." "É?", perguntei. A esta altura eles estão mais cautelosos. Alguém diz "É um *desenho* de um gato!" "Ah", disse, e desenhei uma moldura em volta da ilustração. "Então o que é isso?" "É um quadro de um desenho de um gato", eles disseram.

Então discutimos se nomes *descrevem* as coisas que eles *querem dizer* ou *referem-se* ou *significam*. Levantamos relações de classificação, variando de animais para gatos para (suas sugestões) gatos de pano e gatos selvagens e assim por diante até gatos com nomes próprios. Discutimos "ser um tipo de" como uma relação.

A sessão terminou tomando-se uma comparação de relações (cachorrinhos estão para cachorros assim como gatinhos estão para gatos) e contrastando-a com uma comparação de coisas (cachorrinhos são como gatinhos) e com a minha identificação desses dois tipos de coisas como *analogias* e *símiles* respectivamente.

25 de março de 1982

Após a leitura do episódio 1 do Capítulo 6, falamos sobre Pimpa tentando dormir pensando em problemas de seriação. Levantamos muitos de tais problemas, e a maior parte dos alunos não teve nenhuma dificuldade com eles. Mas quando perguntei "Que dia seria dois dias antes de seis dias a partir de agora?" um aluno observou "Você não tem de contar seis dias para frente e então voltar dois. Você simplesmente diminui dois de seis, e então conta quatro dias para frente".

Discutimos Pimpa pegando seus sapatos desordenados no escuro e fizemos o exercício "Os sapatos da Pimpa", o qual foi muito bem. Eles geralmente concordaram que os sapatos novos de Pimpa eram provavelmente maiores que seus velhos, mas Sam entrou em desacordo com a classe porque ele insistiu que a afirmação "Os quatro sapatos da Pimpa são do mesmo tamanho" não é "provavelmente verdadeira" mas "verdadeira". Nunca descobrimos por que ele se sentiu tão certo disso.

Dividimo-nos em pares e fizemos o jogo de identificação de dedo. Eles explicaram que torcer nossas mãos daquele jeito "fazia com que as mensagens do cérebro para nossos dedos se tornassem confusas". Também fizemos o jogo (do manual de *Ari*) no qual duas pessoas põem suas palmas das mãos juntas e então abaixam um par de dedos. Primeiro comentário: "Parece estranho". Segundo comentário: "Parece morto". Terceiro comentário: "É como se fossem de um só corpo".

Finalmente falamos sobre o comentário de Pimpa "Mamãe, você está aí dentro?" "Uma pessoa não está *dentro* de seu corpo, ela *é* seu corpo", disse Natasha. Perguntei se seu amigo está na sala com eles quando a voz desse amigo entra na sala pelo telefone. Eles disseram que sim; um disse que vamos tão longe quanto os nossos sentidos. Perguntei "Vamos tão longe quanto nossos desenhos e pinturas? Eles são parte de nós também?" "Sim", eles disseram. Mas Saskia observou "Há duas coisas aqui. Há o você que é o seu corpo, e há as coisas que você cria ou faz".

1º de abril de 1982

Às vezes uma discussão decola numa direção inesperada e vai tão bem que você esquece de seguir algumas das direções mais óbvias. Por conseqüência, a discussão, devido a toda sua qualidade de divertida, perde o desfecho cognitivo adequado. Isto aconteceu hoje quando lemos e falamos sobre o episódio 2 do Capítulo 6.

Na verdade, tudo que conseguimos discutir em trinta e cinco minutos foi uma citação que um dos alunos indicou na página 42. Bel disse "Podem existir barcos-modelo e aviões-modelo, mas não existem crianças-modelo". Perguntei o que ela queria dizer com a expressão "crianças-modelo", pensando que provavelmente era familiar a todos. O curioso foi que ninguém pareceu inteirado da expressão, mesmo depois de cerca de dez minutos de discussão. Primeiro eles sugeriram que "crianças-modelo" eram jovens que apresentavam roupas para propagandas em revistas. Perguntei se tal criança era uma "criança-modelo", um "modelo *de* uma criança", ou um "modelo criança". Um "modelo de uma criança", eles concordaram. Então o que é uma criança-modelo? A discussão continuou até que a Sra. Goldberg levantou sua mão, foi chamada a falar e apresentou sua interpretação do significado de "criança-modelo", com que alguns alunos concordaram.

Mais tarde, fiquei aborrecido comigo mesmo por não ter perseguido a pergunta de se crianças são modelos de adultos, pois parecia que os alunos satisfariam a estipulação de Bel que "as partes são as mesmas e as relações entre elas são as mesmas". Mas realmente gastamos muito tempo com o que isso significava quanto às relações das partes do homem-modelo no parapeito da janela serem semelhantes às relações das partes de uma pessoa viva. O exercício na página 208 do manual do professor chamado "Que são relações?" provou ser muito útil em fazer com que as crianças identificassem relações, contrastassem-nas umas com as outras e as distinguissem dos termos. As discussões mais produtivas surgiram dos primeiros dois itens: (1) Qual é a diferença entre a relação de um cavaleiro com um cavalo e a relação de um motorista com um carro? E (2) Qual é a diferença entre a relação de um médico com um paciente e a relação de um comprador com um vendedor? Eu havia pensado que os alunos teriam problemas com estes exemplos mais complexos (estes são, afinal, *não analogias** em vez de analogias), mas eles foram adiante. Isto confirma um pressentimento estabelecido há muito: os alunos podem lidar com a *lógica* da analogia e não analogia, mas podem às vezes não ter experiência de mundo e informação com relação a *termos* individuais (tais como "criança-modelo").

Concluímos a sessão fazendo o exercício da página 210 do Manual do Professor, chamado "Construindo Analogias Completando Sentenças". Eles pareceram gostar muito desse tipo de coisa; quase todo mundo na classe participou dando voluntariamente um exemplo. Eles escolheram especialmente algumas das variações mais abomináveis, tais como "Quando eu assisto TV, me sinto como um picles viscoso"; "Quando eu estou bravo, me sinto como um fogo de artifício púrpura", "Quando eu como espaguete, me sinto como uma libélula assustada"; e "Quando eu sonho, me sinto como uma lagosta constipada". Há uma lição nisto para nós?

Sim, de volta às não analogias. Quando estávamos discutindo as diferenças entre as relações carro-motorista e cavalo-cavaleiro, alguém disse "Eles são diferentes na maneira que você faz eles irem mais rápido". "O que você faz no caso de um carro?", perguntei. "Ponho mais gasolina". "O que você faz no caso de um cavalo?" Alguém disse "Dou mais água". "Dando mais água para o cavalo fará com que ele vá mais rápido?" "Se você não lhe dá água ele não irá a lugar nenhum", me disseram.

6 de maio de 1982

O último encontro com a classe foi há cinco semanas atrás. Duas sessões foram perdidas devido aos feriados, uma porque tive que sair no último momento e uma porque a classe teve de fazer exames. Ontem a Sra. Goldberg fez a classe terminar a leitura do Capítulo 6 e fazer alguns dos exercícios de analogia. Ela disse que não foi muito fácil.

Relemos os 2 últimos episódios do capítulo 6 e, após alguma discussão dos exemplos individuais de analogias dadas no capítulo,

---

* Em inglês "disanalogies". (N.T.)

seguimos para o "Exercício de Revisão" do Manual do Professor chamado "Avaliando Analogias". Isto foi muito bem. Não posso deixar de sentir que, *pace* Benjamin Bloom, as coisas vão bem melhor se a avaliação *precede* a memorização direta ou o aprendizado de materiais. O exercício exige que dadas analogias sejam classificadas (as letras de classificação com que eles estão familiarizados são E, G, F e U). Acho que a exigência de que *julguem* a excelência da analogia é algo que eles apreciam e contribui para a sua compreensão das analogias. O folclore nos ensina que devemos primeiro entender os fatos, e então fazer julgamentos, mas Nelson Goodman é mais exato quando observa que a única razão para se dar valor ao processo de avaliação é que ele leva a percepções melhores: a avaliação não é o fim, mas um meio para um fim.

De qualquer maneira, perguntei aos membros da classe o que eles achavam de "Os pensamentos estão para os pensadores assim como os sapatos estão para os sapateiros". A maior parte deles achou uma boa analogia. Pensando em fazer o papel de advogado do diabo, perguntei do que os sapateiros faziam os sapatos. "Couro, borracha e cola", disseram eles. "E os pensadores fazem pensamentos assim como os sapateiros fazem sapatos?", perguntei. Mollie disse "Claro — de outros pensamentos". Disse-lhe que sua resposta era maravilhosa.

Neste momento alguns alunos quiseram obter alguma clarificação sobre "o que é uma analogia", e revisamos a diferença entre analogias e símiles. James ainda se lembraria de seu exemplo de quase dois meses atrás, de que os joelhos estão para as pernas assim como os cotovelos estão para os braços. A classe concordou que era uma boa analogia. Perguntei por quê. Porque, disse Ashaki, você flexiona um braço no cotovelo e você flexiona uma perna no joelho.

"Sorrir está para rir assim como choramingar está para chorar" foi julgada boa porque "era do suave para o forte nos dois lados". "Alfinetes estão para alfinetar assim como agulhas estão para agulhar", foi taxada como fraca, mas os alunos não sabiam bem por que, uma vez que eles não sabiam o que era "agulhar".

"Pão está para poça assim como manteiga está para chuva" foi considerada inadequada; Sam disse que deveria ter sido "Pães estão para manteiga assim como poças estão para chuva". Tentamos essa e a rejeitamos do mesmo modo: a chuva causa poças, mas manteiga não causa pães.

"Palavras estão para histórias assim como sementes estão para canteiros", recebeu boa qualificação, porque, alguém disse, as palavras florescem em nossas mentes.

E "Tentar fazer uma outra pessoa pensar é como passear com

o cachorro" foi rejeitada por que as duas coisas não eram semelhantes; porém, houve certa dificuldade em dizer o porquê — surpreendentemente. Neste instante, um aluno levantou uma questão perceptiva. Algumas analogias envolvem a relação da esquerda (entre dois termos) sendo comparada com a relação da direita (entre dois termos). Mas "tentar fazer outra pessoa pensar" e "passear com o cachorro" não parece envolver relações entre dois termos. Sugeri que uma pessoa tente fazer outra pensar, e uma pessoa e um cachorro estão relacionados quando alguém passeia com um cachorro. Mas, é claro, o aluno está certo: algumas analogias comparam um *jeito* de fazer alguma coisa com um outro *jeito* de fazer alguma coisa e envolvem verbos em vez de substantivos. A família de analogias não é simples. Mas a analogia "fazer A é como fazer B" parece para mim redutível a A está para B assim como C está para D, ou pelo menos é comparável a ela, como em "Pôr repolho sobre sua pizza é como pôr mostarda no seu pudim", um exemplo que não trabalhamos completamente antes que os quarenta e cinco minutos estivessem terminados.

7 de maio de 1982

Hoje gastamos alguns minutos do início da aula revisando a distinção "todos — somente". Desenhei uma ilustração de um conjunto de cabines de pedágio com todas as luzes acesas (*i.e.*, todos os portões abertos) e com um sinal sobre as três cabines centrais dizendo "somente carros de passageiros". Então desenhei longas filas de carros indo somente para as cabines centrais. "O que está errado?", perguntei. Rudy disse "Eles pensam que não podem ir nas outras cabines, mas o sinal não significa isso".

Então lemos o último episódio no Capítulo 7 (sobre Adão). Eles disseram que estavam interessados na noção de "o inacreditável". Perguntei se poderiam me dar um exemplo de alguma coisa inacreditável. Nora, a pequena de cachinhos cor de palha sentada na frente, respondeu "Guerra". Isto me surpreendeu bastante, assim pedi que explicasse. "É simplesmente tão horrível", respondeu ela, "é simplesmente mais do que podemos". O que ela estava tentando formular era: que uma guerra é *inimaginável*? Não pude continuar porque esta interpretação não me ocorreu naquele momento.

Vale a pena mencionar, de passagem, com que freqüência o primeiro comentário das crianças é o mais dramático. Os outros comentários tomam em geral a direção do primeiro, mas de uma maneira menos nova; o primeiro sempre tem uma qualidade original muito mais surpreendente.

Trabalhamos um pouco mais sobre se histórias inacreditáveis poderiam ser verdadeiras e se histórias ficcionais poderiam ser verdadeiras ("ficcional" foi palavra deles). Um aluno trouxe a noção de "histórias mentirosas" e falamos sobre o Barão de Munchausen um pouco. No começo, um ou dois alunos insistiram que Adão acharia a teoria que nós desenvolvemos *mais* plausível do que a que derrubamos. Mas discutimos a dificuldade disso, considerando tais exemplos de verdade possível de idéias implausíveis como "o sol não levanta". O que achei difícil de eliciar da classe foi a noção de que não selecionamos idéias com base na sua plausibilidade ou não plausibilidade mas sobre outras bases. Que outras bases? Foi só no fim da aula, bem no fim, que Sara propôs "evidência". Avaliei que era algo bastante próximo.

14 de maio de 1982

Este foi nosso último encontro e eu não coordenei uma sessão de *Pimpa*. Em vez disso tivemos uma festa de aniversário para Pimpa (tendo primeiro concordado que, uma vez que ela tinha a mesma idade que todo mundo, ela poderia celebrar seu aniversário em qualquer dia que quisesse). Abriu-se uma caixa enorme que revelou um bolo de aniversário imenso com o escrito "Feliz Aniversário, Pimpa", e embora eu o tenha achado muito grande, ele desapareceu de algum modo, em algum lugar.

Eles não tinham percebido que hoje seria o último dia, mas após uns instantes eles começaram a vir até o canto para o qual eu tinha me afastado, murmurando obrigado ou simplesmente deslizando como gatos afetuosos, como se estivessem perguntando silenciosamente por aquilo que nos permitira seguir nossos caminhos sabendo que o que tinha que ser feito — e o que queríamos — tinha sido feito.

24 de junho de 1982

Hoje voltei para recolher os pós-testes. Uma vez que eram apenas 8:30 da manhã, a maioria dos alunos não tinha chegado ainda. Mas quando eu passei pelo pátio da escola, vi um jogo de beisebol em andamento, e lá na primeira base estava o indomável Ashaki, usando uma faixa de cor clara na cabeça. Quando me voltei percebi mais uma vez, porém mais vigorosa e emocionantemente do que nunca, quão pouco sabemos das capacidades intelectuais das crianças e quão certos estamos de suas limitações.

14. FILOSOFIA E CRIATIVIDADE

O que tenho a dizer neste capítulo refere-se à convergência e interseção de quatro domínios: a filosofia da criatividade, a filosofia da arte, a filosofia da educação e a filosofia da filosofia. Para não correr o risco de omitir algo, poderia acrescentar um quinto: a filosofia da infância. Não quero desviar-me demais do assunto, contudo devo admitir que um argumento plausível para o que desejo dizer envolveria a maioria destes ou todos estes domínios. Assim, poderia declarar as seguintes proposições: a filosofia é uma forma de arte; comportamento filosófico é, portanto, comportamento artístico, e o comportamento artístico produz obras de arte que revelam criatividade; as crianças podem comportar-se filosoficamente e, quando assim o fazem, segue-se que o produto de tal comportamento revelará criatividade.

Infelizmente, não acho este argumento satisfatório. Algumas das afirmações são contestáveis; alguns dos saltos que relacionam as declarações são bastante sutis. Será necessário examinar alguns destes itens mais cuidadosamente.

Como todo pensamento, o pensamento filosófico tem seus *allegros* e adágios: seus movimentos rápidos são probatórios e especulativos, em busca de coerência e compreensão; seus movimentos mais lentos são críticos e analíticos, em busca de integridade conceitual e responsabilidade. O ideal orientador do empenho filosófico é racionalidade ou racionalidade criteriosa, mesmo onde o objetivo seja o de encontrar os limites de tal racionalidade. As três bases da filosofia clássica eram o Bem, o Belo e a Verdade, mas a luz foi logo deslocada destas metas em direção às formas de investigação empregadas para procurá-las: o prático, o produtivo e o teorético, representados coloquialmente como agir, fazer e dizer. Mais do que manter estes três parâmetros, uma definição de filosofia poderia ser "O exame autocorretivo dos modos alternativos de fazer, dizer e agir".

Uma vez que devemos refletir sobre o comportamento filosófico alegado às crianças, na medida em que ele se relaciona à criatividade, será necessário examinar a possibilidade do fazer, dizer e reagir filosófico das crianças. Teremos de falar se tal comportamento é um acompanhamento natural do desenvolvimento das crianças, ocorre naturalmente mas de uma forma rudimentária que precisa ser fortalecida ou ocorre somente como conseqüência de intervenções educacionais cuidadosas, específicas e deliberadas. Se tais intervenções são exigidas para produzir o comportamento desejado ou apenas para encorajá-lo e reforçá-lo — cabe perguntar como são constituídas e sob que condições terão maior sucesso?

Antes de levantarmos estas questões, entretanto, seria útil investigar as possibilidades tanto das incompatibilidades quanto das conexões necessárias entre os domínios a cujas "filosofias de" já aludi: infância, educação, criatividade, arte e a própria filosofia. Espero que desta forma algum fundamento conceitual possa ser clarificado e algum espaço conceitual preparado de modo que o restante desta investigação possa acontecer mais prontamente.

Algumas questões conceituais

Uma das coisas associadas à tradição filosófica é que seus praticantes apresentaram a tendência de restringir a profissão àqueles cujo sexo, idade e origens étnicas eram mais ou menos seus próprios. Estranhos eram mantidos de fora por meio de critérios como "maturidade", "objetividade" e "racionalidade", que eram empregados de uma forma bastante auto-serviente, pois era óbvio que eram pensados como as características verdadeiras que os afins possuíam e os estranhos não tinham.

Não desejo comentar extensivamente aqui a monopolização de oportunidades profissionais, mas em vez disso mostrar que qualquer de tais oportunidades procura um conjunto claro de especificações (ou "specs") do trabalho a ser feito e uma apresentação clara das credenciais relevantes do candidato. Assim sendo, que especificações podem ser proporcionadas para desempenhar o trabalho do filósofo? Um bando de critérios surge imediatamente: precisão analítica, imaginação metafísica e assim por diante. Mas colocarei isto de lado por ora, porque a expressão "o trabalho do filósofo" é obscura e precisa ser trazida para enfoque. Por exemplo, há uma desconexão real entre o ensino e a escrita de filosofia ou é somente meu astigmatismo que obscurece essa relação?

Pode ser útil notar aqui que alguns filósofos consideram tais expressões como "ser artístico" e "ser filosófico" como se referindo a *ações* em vez de processos.[1] Assim, uma ação é algo que desempenho; um processo é algo que acontece comigo ou em mim. Posso dizer "eu projeto", "eu quero saber" ou "eu pretendo", mas não posso dizer "eu circulo meu sangue" ou "eu gravito", exceto num sentido metafórico. O que é interessante nesta distinção, para nossos propósitos presentes, é que ela leva a uma distinção entre comportamento artístico e obra de arte que não é exatamente uma distinção processo-produto. Similarmente, ela leva a uma distinção entre a criatividade no comportamento artístico e a criatividade na obra de arte. O comportamento artístico contém atos criativos; as obras de arte revelam criatividade. Deverei retornar brevemente à questão da relação entre atos criativos e criatividade. No momento, quero procurar a noção de comportamento filosófico — englobando atos ou movimentos (*moves*) filosóficos — na esperança de explicar algumas das suas especificações.

O que queremos dizer quando falamos que alguém exibe comportamento filosófico? Presumivelmente, queremos dizer que ele exibe um comportamento que contém um número significativo de atos que *prima facie* parecem os movimentos característicos dos filósofos. Certamente faríamos o mesmo para atletas, jogadores de xadrez, pessoas de negócios ou médicos: há modos pelos quais eles se comportam caracteristicamente, e, assim, qualquer um que se comporte da maneira como uma pessoa de negócios se comporta tipicamente, pode ser chamado uma pessoa de negócios. Não estou tentando determinar formas inovativas de comportamento; estou simplesmente reportando usos convencionais.

É claro que podemos ser como uma pessoa de negócios sem, na verdade, dedicarmo-nos aos negócios, assim como alguém pode agir como um atleta sem ser um atleta. Podemos abordar qualquer coisa à maneira ou método de negócios — esporte, amor, guerra, negócios, até os jogos propriamente ditos.[2] Assim, há uma diferença entre nossa abordagem de alguma coisa e a própria coisa, diferença que corresponde à diferença entre método e assunto, pois podemos empregar diferentes métodos no mesmo assunto ou o mesmo método em assuntos diferentes.

Segue-se que podemos nos comportar filosoficamente sobre qualquer coisa, incluindo a própria filosofia. Do mesmo modo, podemos dedicar-nos a atos que parecem atos filosóficos (*i.e.*, atos que são característicos de filósofos) sem de fato nos comportarmos filosoficamente — quando, por exemplo, fazemos o papel de um professor de filosofia numa peça de Stoppard, produzindo desse modo um fac-símile ou um simulacro de tal comportamento.

Portanto, devemos admitir a possibilidade de as crianças poderem ser capazes de fazer mímica ou imitar um comportamento filosófico sem de fato se envolverem nele, do mesmo modo que uma criança poderia emproar-se com roupas de adultos sem desse modo tornar-se um adulto. Por outro lado, é sabido que crianças precoces são capazes de manifestar comportamento maduro indistinguível em certos contextos próprios de adultos: indistinguível, na verdade, dos adultos mais racionais e equilibrados. Não seria possível, então, que as crianças poderiam às vezes *parecer estar fazendo mímica ou imitando* comportamento filosófico quando na verdade elas estavam realmente envolvidas nele? Como vamos distinguir comportamento filosófico meramente aparente de casos genuínos (imitações meramente aparentes) de tal comportamento? Foi um pouco a isso que Henry James se propôs em *The Sacred Fount*: como distinguir sagacidade genuína de sagacidade meramente aparente ou forjada.

Um ator menino numa peça elisabetana pode simular as paixões de uma mulher adulta, mas temos apenas de observar o mesmo menino por algum tempo fora do palco para reconhecer o comportamento no palco como um evento discrepante. Do mesmo modo, com pais que afirmam amar seus filhos: temos apenas de observá-los quando eles não souberem que estão sendo observados. Assim sendo, se o desempenho fosse apenas uma questão de ofício e ofício fosse apenas uma questão de habilidade, não poderia haver coisas como desempenho forjado. Collingwood estaria certo: teríamos apenas de possuir as habilidades da executora para imitá-la com sucesso.[3] Mas desempenho não é apenas uma questão de habilidade, ou mesmo da habilidade de orquestrar um conjunto de habilidades. A *interpretação* da executora está baseada na sua *concepção* do trabalho a ser desempenhado, e isso fornece o elemento criativo que falta no desempenho daquele que imita.

Voltemos à questão de atos ou movimentos característicos. Tais movimentos são identificáveis em si mesmos e à parte de seu emprego num contexto ocupacional especial? Isto é, há movimentos que um jogador de beisebol faz quando está jogando beisebol, e que um dançarino de balé faz quando não está dançando e assim por diante? É claro que há: eles são os verdadeiros movimentos que constituem as sessões práticas a que estes indivíduos se dedicam antes de suas atuações efetivas. Jogadores de beisebol lançarão a bola de base a base e praticarão defesa e apanho de bola; dançarinos desempenharão um conjunto de movimentos na barra; cantores e pianistas ensaiarão pequenos trechos desafiantes. Os exercícios de cada grupo são bastante distintos. Assim, o solfejo é uma técnica preparatória empregada por vocalistas mas não por pessoas de negócios, jogadores de beisebol ou barbeiros. (Wittgenstein notou que barbeiros mantêm a prática usando suas tesouras mesmo quando não estão cortando cabelos; ele achou isto semelhante à prática da filosofia.) E os exercícios de cada grupo são representativos do comportamento distinto do grupo. Isto é, se fôssemos visitar uma comunidade e notássemos uma pessoa pegando uma bola que estava rolando em sua direção, uma outra cantando alguma coisa alto e uma terceira solicitando que seu companheiro admita sua questão por ser baseada numa suposição admitida, poderia nos parecer que não representam nada em especial. Mas se a primeira pessoa persistisse repetidamente em levantar bolas do chão, o segundo persistisse em solfejar e o terceiro persistisse em revelar pressuposições, provavelmente seríamos movidos a inferir que aquele poderia ser um jogador de beisebol, o outro, um cantor e o último, uma pessoa engajada em comportamento filosófico.

Procurar expor suposições subjacentes é, naturalmente, apenas um dos muitos movimentos que são característicos do comportamento filosófico; poderíamos especificar outros como solicitar razões, procurar determinar a validade das inferências, elaborar argumentos, interpretar significados, clarificar conceitos, avaliar a coerência e a força explanatória das teorias e assim por diante. Mas o jogador de beisebol não se engaja *apenas* em prática preparatória: por fim, ele joga, assim como o cantor finalmente usa seu solfejo num Schubert. Não precisamos nos restringir a executores, pois o poeta e o artista não são diferentes. Um Auden se mantém poeticamente apto a produzir um verso sem esforço e facilmente numa provocação de momento, exatamente como colapsa facilmente, mas ele sempre está envolvido com o corpo da literatura tradicional assim como um Picasso está com o corpo da arte tradicional. Assim é com o filósofo: há sempre aquele envolvimento com a tradição filosófica, mesmo que ninguém fale muito de Aristóteles ou Peirce ou Ryle.

Parece, então, que ser um jogador de beisebol envolve fazer os movimentos característicos de tais jogadores (aqui é onde o método entra) junto com o jogar que lhes é característico (aqui é onde o assunto entra). Aquele que preenche estes requisitos é um jogador de beisebol (embora não necessariamente um bom jogador). Estamos interessados apenas na classificação, não na avaliação. Se, de modo similar, existem aqueles que persistentemente fazem os movimentos característicos do comportamento filosófico e desse modo tornam-se envolvidos com as questões — o tema estético, ético, metafísico, epistemológico e lógico — associadas à tradição filosófica, que fundamentos teríamos para negar que eles fazem o que filósofos profissionais fazem? Talvez possam não fazer tão bem, mas isto é irrelevante. Talvez sejam mais jovens, mas isto também é irrelevante.

Contudo, será argumentado que o que basicamente desqualifica as crianças ao desempenho filosófico não é a sua pouca idade, mas sua pouca experiência. Quando a experiência de mundo é de significância mínima — como no caso do xadrez, talvez, ou de matemática — as crianças podem ser prodígios. Mas não podemos ser sensatos sem experiência, e é aqui que a experiência das crianças diz contra elas. A resposta para tal argumento é que ele considera apenas a quantidade de experiência que uma pessoa jovem pode ter e ignora a qualidade. A intensidade real da experiência de infância poderia muito bem compensar a desvantagem de não ter confrontado o mundo num período mais extenso. O propósito de tal resposta não é simplesmente admitir a possibilidade de um prodígio filosófico, nem admitir a possibilidade de que algum dia milhões de crianças estarão envolvidas em atividades filosóficas de tipo profissional mas que elas pratiquem suas habilidades filosóficas e as apliquem aos outros aspectos de sua educação.

Até aqui interessei-me pelo que significa dizer que uma pessoa está envolvida em comportamento filosófico. Neste momento o ouvinte impaciente pode interromper com "Sim, sim, mas *continue*! Que tal se fosse possível mostrar às crianças como engajar-se em comportamento filosófico? Elas poderiam produzir filosofia e ela ser criativa? Isto é o que *eu* quero saber!" Isto é, concordo com uma questão um tanto diferente mas igualmente importante e me apresso a recorrer a ela.

Consideremos primeiro criatividade num sentido mais geral, como é implicada em toda arte e não somente em filosofia. Kennick sugere que, com respeito à criatividade, a relação entre comportamento artístico e obra de arte não é conversível. Todos os casos de criatividade nas obras de arte são *necessariamente* o resultado de atos criativos, mas não se segue que atos criativos resultarão em obras de arte criativas. Na verdade, ele argumenta, mesmo que se constatasse que todos os casos de comportamento criativo resultam em obras de arte criativas e se constatasse que todas as obras de arte resultam de atos criativos, ainda deveríamos dizer que a primeira relação é contingente enquanto a segunda é necessária.

Kennick conclui que a criatividade não é um conceito psicológico: "Podemos saber se uma obra de arte é criativa... sem saber nada sobre a psicologia da criação".[4] Não acho que Kennick pretenda impugnar a legitimidade do trabalho psicológico na área da criatividade, nem depreciar o trabalho da psicologia do raciocínio só porque teria pouco a ver com os princípios da validade lógica. Ele simplesmente quer que vejamos que os aspectos conceituais do problema da criatividade não devem ser resolvidos por estudos puramente empíricos.

Para o momento, vamos aceitar experimentalmente o paradigma de Kennick e aplicá-lo à relação entre *comportamento filosófico* e *trabalhos em filosofia*. Tal aplicação significaria que o engajamento de uma pessoa em atos filosóficos não garantiria a produção de trabalhos filosóficos, mas a existência de um trabalho filosófico implicaria necessariamente ter seus atos filosóficos como sua causa. Isto significa que as crianças poderiam apresentar muitos atos filosóficos característicos *e* estariam envolvidas em idéias tiradas da filosofia tradicional (de modo que se poderia dizer que estão "jogando o jogo filosófico") e, ainda, que seu comportamento não culminaria necessariamente na produção de trabalhos filosóficos.

Mas este não é o fim da questão. Trabalhamos com a abordagem de Kennick numa base experimental para ver onde ela nos levaria. O que nós não fizemos foi perguntar sobre a aplicabilidade de sua abordagem, dada a definição da filosofia com a qual começamos: "o exame autocorretivo de modos alternativos de fazer, dizer e agir". E é aqui que constatamos um pouco do problema.

É consensual, me parece, que a filosofia é ela mesma uma questão de fazer, dizer e/ou agir. É quando falamos de *filosofar* que o problema surge, porque neste caso não há uma maneira fácil de separar o fazer-agir do que é feito-agido no sentido em que podemos separar facilmente o fazer do feito e o dizer do dito. O fazer criativo de um ato não é prontamente distinguível do trabalho criativo que foi feito. É difícil imaginar como poderíamos nos engajar num comportamento nobre sem ter, no processo, desempenhado um feito (*deed*) nobre, pois desempenhar o comportamento *é* desempenhá-lo no feito (*deed*). A afirmação de Kennick de que a relação entre atos e trabalhos só pode ser contingente fracassa em adequar-se ao caso da criatividade ética, onde ato e feito (*deed*) são uma só coisa. E o que é verdadeiro para o agir ético é verdadeiro do mesmo modo para o fazer criativo, como no balé, onde "não podemos distinguir o dançarino da dança". É verdadeiro, também, para o fazer filosófico, para o filosofar. Se é possível dizer que estamos fazendo filosofia por discutir assuntos filosóficos racionalmente numa sala de aula de faculdade, devemos estar fazendo filosofia também quando discutimos racionalmente assuntos filosóficos numa sala de aula de primeiro grau. E se — seja numa conferência filosófica ou num jardim-de-infância — o fazer da filosofia é criativo, então a filosofia que tem sido feita manifestará necessariamente criatividade. Portanto, consideremos o seguinte diálogo:

> PROFESSOR: Pode haver pensamentos que ninguém pensou?
> ALUNO: Há problemas para os quais nós ainda não sabemos a resposta, mas *há* uma resposta, assim esse é um pensamento que ninguém pensou ainda.

Isto é somente um minidiálogo, mas realmente parece ser o caso em que os participantes estão fazendo filosofia e que o aluno está sendo criativo. Que ele tenha apenas 11 anos é irrelevante à questão, como os dados psicológicos rejeitados por Kennick.

Se alguém insistisse que somente a produção de trabalhos filosóficos de qualidade publicável pode ser um critério de respeitabilidade filosófica, o caso de fazer filosofia pode ser prontamente citado como refutação. Que as crianças deveriam comportar-se filosoficamente seria suficiente. Elas têm a capacidade de mergulhar na filosofia (como Sócrates mergulhou como forma de vida na qual atividade e resultado final foram uma só e a mesma coisa), não como preparação para algo que ainda está por vir, mas como práxis aqui e agora. Quando encontramos crianças em comunidades de investigação envolvidas intensamente no diálogo filosófico, deveríamos ser sensíveis ao quão próximo elas se aproximam daquele paradigma socrático.

Criatividade Filosófica

Num artigo recente, escrito em resposta ao desespero expressado por John Hospers diante da improbabilidade de sermos capazes de relatar as origens da criatividade, Carl Hausman sugeriu que o problema de Hospers está radicado em sua inaptidão para se libertar de suas pressuposições deterministas de que a explicação deve ser sempre em termos de algo lógica ou temporalmente antecedente. Como alternativa, Hausman sugere que uma compreensão melhor de criatividade poderia vir através do estudo da metáfora:

> Tomando a metáfora como modelo, poderíamos empreender o que pode ser chamado uma "explicação" da criatividade. Quando explicamos alguma coisa, não esperamos necessariamente encontrar as condições necessárias e suficientes dessa coisa; nem precisamos esperar que seja demonstrado que ela é previsível. Nossas expectativas são mais liberais... Uma explicação pode circunscrever, por assim dizer, o que

é explicado, e deveria fazer isso estendendo os recursos de explicações deterministas até onde podem ser aplicadas; contudo, deveria ainda apresentar descrições que exponham, elas mesmas, criatividade através da incorporação de linguagem figurativo-analógica assim como metafórica.[5]

E Hausman cita Peirce como exemplo de um filósofo que rejeita determinismo e emprega linguagem metafórica para explicar as irregularidades e anormalidades do processo evolucionário.

Esta incursão a Hospers, Hausman e Peirce pode nos auxiliar a compreender a criatividade filosófica em geral, para que possamos avaliar a possibilidade de criatividade no caso de crianças fazendo filosofia. Podemos lembrar, por exemplo, que Peirce distinguiu entre dois tipos gerais de raciocínio: explicativo e ampliativo.[6] Um exemplo de raciocínio explicativo seria dedução, pois a conclusão de um argumento dedutivo está presente pelo menos implicitamente nas premissas e apenas precisa ser explicado. Raciocínio ampliativo, por outro lado, vai além do que é dado. Um argumento indutivo ou analógico não pode ser limitado ao que é dado ou construído anteriormente como determinado: ele rompe os limites do conhecido e destrói as barreiras que o nosso conhecimento literal nos impõe. O raciocínio ampliativo corresponde a um mundo evoluindo como o raciocínio explicativo corresponde a um mundo estável. Metáforas e analogias representam expansões em vez de equivalências. Não são expansões da verdade, mas do significado em geral. Pode-se dizer que o raciocínio ampliativo nos leva além da experiência real a um domínio da experiência possível, relacionada.

Se as metáforas e as analogias são modelos da amplificação do significado, e se a amplificação do significado é essencialmente o que está envolvido na criatividade, então talvez metáforas e analogias, além daquilo a que se referem realmente, estejam em um sentido ilocucionário, metaforicamente representativas da criatividade em geral. Note que não estamos mais interessados em falar sobre criação *ex nihil* — o movimento do vazio ao significado, mas sobre a amplificação do significado — o movimento de um grau menor para um grau maior de ausência de significado. No que se refere ao significado, como Anaxágoras poderia dizer, não há o mínimo.

O significado de toda obra de arte é inseparável da sua existência; a noção de uma obra de arte sem significado é autocontraditória. Toda obra de arte acrescenta significado a ou amplifica ou revê os significados presentes no mundo da arte. Quando creditamos aos artistas compreensão (*insight*) e imaginação, queremos dizer que seus trabalhos nos possibilitam compreender mais efetivamente os significados a serem encontrados em nossa própria experiência. Toda apreciação estética nos engrandece neste sentido, mas a apreciação da criatividade em um trabalho engrandece de algum modo misterioso nossa capacidade para tal engrandecimento: ela faz crescer nossa força para crescer.

Ao relacionar estes pensamentos à questão da criatividade filosófica das crianças, não deveríamos deixar de considerar o fato de que as crianças são extraordinariamente prolixas no que diz respeito à produção de símiles, metáforas e analogias, um ponto bem estabelecido por Howard Gardner e outros. A freqüência com que as crianças empregam o termo "como" sugere que conforme prosseguem de um degrau a outro movendo-se além do conhecido para o desconhecido, usam o recurso contínuo de comparações que enfatizam semelhanças no que já é familiar. Inquiridos sobre algo incomum como um unicórnio, tentamos classificá-lo de modo a não torná-lo surpreendente, como com a resposta "É uma criatura mítica". Mas a criança está mais apta a responder "é como um cavalo, só que com um chifre saindo de sua fronte". A primeira parte da resposta da criança liga o familiar ao não familiar; a segunda parte reconhece o novo, o diferente, o inclassificável. Esta mesma diferença sutil subjaz à totalidade inclusiva do adulto "os humanos são animais pensantes" e a parcialidade inclusiva/parcialidade exclusiva da criança, "os humanos são animais, apenas eles pensam".

Muito tem sido escrito sobre o poderoso papel desempenhado pela metáfora e analogia na ciência, arte e filosofia, que seria um trabalho difícil me demorar aqui para elaborar mais sobre este aspecto do tópico que estou interessado em examinar. Talvez seja suficiente sugerir que o "raciocínio ampliativo" é o termo médio entre fazer filosofia e exibir criatividade. Na medida em que as crianças são proficientes em raciocínio ampliativo, isto seria uma boa base para suspeitar que, dada a oportunidade para fazer filosofia, elas a fariam de modo criativo.

Isto não quer dizer, entretanto, que raciocinar dedutivamente ou explicativamente é irrelevante à criatividade. Crianças ensinadas a distinguir entre inferências dedutivas válidas e inválidas são freqüentemente estimuladas a imaginar o tipo de mundo que a dedução inválida implica. Dado o exemplo da conversão — "Todas as cebolas são vegetais, mas nem todos os vegetais são cebolas" — continuarão a perguntar "Sim, mas que tipo de mundo haveria se todos os vegetais fossem cebolas? Não seria um mundo no qual choraríamos quando descascássemos cenouras e teríamos de retirar camada após camada de casca de batatas, e assim por diante?" Muitas crianças ficam tão à vontade com tais contrafações e com a exploração de mundos possíveis que não há dúvida que elas fazem uso muito criativo das mecânicas do raciocínio explicativo.[7]

Um Experimento Novo: Modelo de Projeto e Implementação

Até aqui nossa investigação explorou os limites obscuros e as sobreposições da filosofia da criatividade, filosofia da infância e filosofia da filosofia, e verificamos que, sim, esses domínios realmente se sobrepõem. Muito bem. Precisa ser dita mais alguma coisa? Seguramente a conclusão — que a noção de crianças fazendo filosofia não é autocontraditória e que é concebível que as crianças possam comportar-se criativamente quando engajadas no comportamento filosófico — não parece particularmente importante a qualquer um.

Contudo, somos realmente obrigados a abandonar o assunto neste ponto? Não poderíamos *fazer* alguma coisa — preparar um questionário, executar um experimento — alguma coisa, qualquer coisa, para determinar se as crianças poderiam de algum modo ser levadas a comportar-se filosoficamente? Não há alguma maneira de aplicar o que aprendemos? Alguns, sem dúvida, ficarão espantados diante de tal proposta. Nosso trabalho como filósofos, dirão, é interpretar o mundo, não mudá-lo. Outros verão a proposta como mais um esforço de enfraquecimento do nível profissional e condenarão a perspectiva de crianças precoces conduzindo seminários universitários em epistemologia ou metafísica.

Caricaturas à parte, talvez o apelo para a ação seja mais propício e meritório do que possa parecer a princípio. Que tal se executássemos de fato o experimento aludido há pouco — o que ele envolveria?

A hipótese seria que, com a ajuda de um currículo especialmente preparado e professores especialmente treinados, as crianças poderiam ser incentivadas a se engajarem confiantemente num comportamento filosófico-criativo. Um subproduto bem-vindo dessa mudança no comportamento poderá ser um avanço significante no comportamento *educacional* das crianças, mas a hipótese inicial poderia ser verificada quer este efeito específico fosse ou não observável. Um outro efeito poderá ser um aumento na quantidade e qualidade das expressões criativas (mas não necessariamente filosóficas) das crianças envolvidas.

A testagem da hipótese envolverá um projeto bastante elaborado, compreendendo uma variedade de componentes e passando por uma série de estágios. Os componentes são:
Um currículo para crianças. Tal currículo poderia representar temas centrais da história da filosofia mas seriam traduzidos para uma linguagem comum. O currículo seria disponível numa série de níveis, correspondendo às idades e às séries das crianças envolvidas. Seria também seqüencial, de modo que estágios sucessivos amplificariam

temas antigos e introduziriam novos, apresentariam novos pontos de vista e proporcionariam um olhar crítico sobre outras disciplinas. Atenção especial seria dada à seqüência dos elementos lógicos, de modo que estes se desenvolvessem de maneira cumulativa. Além de ser representativo da história da filosofia, o currículo teria de ser imparcial com respeito a qualquer visão filosófica em particular. A impressão global a ser obtida pelos alunos deveria ser a investigação racional, da qual cada um dos componentes deveria proporcionar algum tipo de modelo ou paradigma. Os textos para as próprias crianças deveriam ser textos primários em vez de secundários. Uma maneira de fazer isso é planejar romances filosóficos interessantes o bastante de modo que as crianças desejassem lê-los independentemente do seu valor didático.

Uma metodologia pedagógica. Uma vez que o objetivo é induzir comportamento filosófico e uma vez que as crianças têm uma forte propensão para a expressão verbal, a forma apropriada deveria ser centrada na discussão e não numa aula expositiva. O professor deve ser auto-retraído filosoficamente (sempre atento ao risco de fazer doutrinação inconscientemente) e, contudo, pedagogicamente forte (sempre promovendo o debate entre as crianças e as encorajando a seguir a investigação na direção que ele aponta).

A Metodologia pedagógica deveria permanecer consistentemente dialógica do jardim-de-infância até o fim do 2º grau, mas deveria haver algumas mudanças significantes de ênfase. Assim, as crianças mais jovens (de cinco a nove anos) precisam prática em raciocínio e formação de conceito, com relativamente menos ênfase na aprendizagem de princípios. Nas séries intermediárias do primeiro grau (dos dez aos treze anos), os alunos estão numa posição melhor para compreender os princípios do raciocínio válido e nas séries posteriores (dos catorze aos dezessete anos) eles podem ser auxiliados a aplicar estes princípios, adicionados à sua prática aprimorada, aos assuntos da escola e da vida com os quais eles devem lidar. Isto não significa que as crianças realmente jovens deveriam ser privadas de abstrações e ter sua atenção sempre enfocada na percepção do meio físico. (Estamos, no momento, emergindo vagarosamente de um meio século de tal ênfase mal empregada na sala de aula.)

Materiais instrucionais para professores. Conforme a noção de fazer filosofia com crianças torna-se mais popular, vemos que o modelo socrático é tomado cada vez mais literalmente: "nenhum texto para os alunos e nenhum manual para os professores". Para o momento, este é um modelo bastante impraticável. Crianças (como alunos de faculdade) precisam de textos primários e professores necessitam de exercícios preparados e planos de discussão. Mesmo que a necessidade de manuais de instrução possa ser admitida, ainda é argumentado que eles podem ser preparados por professores com pouco ou nenhum conhecimento filosófico. Isto também é indesejável, porque os professores precisam imensamente da orientação profissional dos praticantes da disciplina; eles não estão em posição de dar tal orientação a outros professores, ou como elaboradores de currículo ou como monitores de professores.

O preparo de monitores. Somente filósofos habilitados e experientes deveriam ser monitores de professores, e mesmo eles necessitam de preparo. Este preparo envolve um seminário de dez dias, no qual os participantes trabalham no currículo do mesmo modo dialógico que professores e crianças irão trabalhá-lo; e um período de trabalho diretamente com as crianças.

O preparo de professores coordenadores. Sendo na própria escola geralmente requer cinco horas por semana (metade seminário, metade prática) por vinte e oito semanas. Um segundo ano de treinamento é sempre desejável. Quando esta maneira não é possível, uma série de oficinas intensivas de três dias pode ser adequada para iniciar e continuar o programa.

Os benefícios da pesquisa educacional. Experimentação no envolvimento das crianças com a filosofia é desejável para determinar seu impacto no seu raciocínio, criatividade, atitudes sociais, motivação e educabilidade. Também seria útil descobrir até onde as crianças acham a filosofia intrinsecamente interessante, à parte de seus valores instrumentais.

Não devo continuar fingindo que este experimento ainda está por ser executado. O currículo, composto de sete programas para o ensino de primeiro e segundo graus, já está completo. Monitores e professores-coordenadores estão sendo preparados em bases regulares. Centenas de experimentos, envolvendo milhares de alunos, têm sido feitos. A maioria destes estudos revelou que as crianças expostas à filosofia progrediram significantemente na compreensão de textos nos três estudos onde isto foi medido, e melhorias significantes foram encontradas em cada caso estudado no que diz respeito à criatividade, usando-se medidas de produtividade, fluência e flexibilidade ideais. Igualmente tranqüilizadora foi a recepção calorosa concedida à filosofia pelas próprias crianças e por seus pais (com quem elas aparentemente falam de filosofia constantemente). Estas são algumas das razões para se esperar que a filosofia se torne gradualmente uma parte regular do currículo escolar.

Podemos Esperar que as Crianças Produzam Trabalhos Filosóficos que Revelem Criatividade?

Se podemos fazer com que as crianças se engajem no diálogo filosófico ao apresentar-lhes histórias em que assuntos filosóficos desempenham um papel importante e, ao fazê-las examinar tais histórias como uma comunidade de investigação, podemos também fazê-las produzir trabalhos criativos além do próprio diálogo de sala de aula? E é possível que tais trabalhos possam revelar criatividade filosófica genuína?

Devemos perceber, de início, que teremos de transcender os limites convencionais de estética para sermos bem sucedidos em tal projeto. Estetas, em geral, costumam limitar seus estudos ao raciocínio estético, criticismo, apreciação, criação, educação e tópicos similares. Deve-se reconhecer que muito destes estudos têm um aspecto generativo assim como explanatório. Isto é, os estetas têm apontado com freqüência um impulso edificante, que chega a atingir um senso evangelical de missão, para encorajar a apreciação estética e desencorajar o filistinismo, para facilitar criticismo e educação estética e para promover o apreço da humanidade pelas artes. Contudo, o sucesso dos estetas em gerar compreensão e apreciação tem sido incomparavelmente maior do que seu sucesso em gerar criação. Uma explicação possível disto é que uma estética generativa não é exeqüível. Esta é uma hipótese refutável, e um dos objetivos de fazer filosofia com crianças pode ser o de refutá-la, se não for por encontrar um conjunto pronto de contra-exemplos, então que seja por criar um.

Ora, um componente crucial em qualquer esforço generativo é o papel e a função do modelo. As crianças adquirem facilidade em falar ouvindo as conversas dos adultos, identificando-se com os que falam, internalizando seus comportamentos lingüísticos e simultaneamente compreendendo a estrutura lógica e sintática da linguagem que empregam. É sob esse aspecto que crianças surdas estão em extrema desvantagem.

Assim as crianças aprendem a falar falando, sendo expostas a modelos de conversação. Podem aprender a contar histórias ouvindo histórias e podem aprender a escrever poesia vendo primeiro modelos de poesia. Os modelos são indispensáveis, quer sejam imitados com sucesso ou não.

Infelizmente, um problema inerente ao uso de modelos é que eles podem inibir em vez de produzir comportamento emulativo. Sabemos isto da nossa experiência universitária, pois estamos todos acostumados com aqueles professores brilhantes cujas aulas expositivas são obras de arte e cujos alunos, por conseqüência, ficam paralisados de admiração. A mesma situação é a regra, em vez de a exceção, no caso de pais contando histórias a seus filhos. As histórias escritas por contadores de histórias profissionais são freqüentemente tão carregadas de imaginação e exaltação que as crianças as acham irresistíveis e pedem para ouvi-las várias vezes. Tais histórias podem ser totalmente encantadoras, mas também podem ser elaboradas e contadas de modo tão impressionante que intimidarão as crianças a usá-las como modelos para sua própria narração de histórias. Mesmo quando são os pais que inventam a história em vez de recorrer a uma já pronta, a alegria da criatividade e o prazer de ver as expressões extasiadas nos rostos da audiência cativa impede que percebam que as crianças estão se identificando vicariamente com a criatividade dos adultos em vez de experienciando a sua própria liberação.

Desnecessário dizer que tentar fazer filosofia com crianças sem o modelo de conversação numa comunidade de investigação que uma história possa conter é o caminho mais difícil de se seguir. Por outro lado, o uso de tal modelo pode ser contraproducente se for apresentado como um produto final acabado, para ser estudado com respeito, em vez de como um estímulo para aumentar a investigação e como uma ilustração de como pode ser feito.

Se queremos que as crianças sejam reflexivas, devemos apresentá-las a modelos de crianças pensantes. Isto não significa necessariamente envolvê-las com representações do *Penseur* de Rodin, que isolou o adulto de sexo masculino com a postura tensa e a fisionomia perturbada. Devemos, de algum modo, descrever o próprio processo do pensamento conforme ocorre entre as crianças e, para esse propósito, o meio ideal parece ser a literatura — mas não a literatura infantil existente. A maioria das histórias infantis envolve crianças fictícias que são alegres ou tristes, bonitas ou feias, obedientes ou desobedientes, mas são raramente descritas como pensativas, analíticas, críticas ou especulativas. Além do mais, é a literatura que nos introduz ao desempenho representado dos atos mentais específicos. As personagens de Jane Austen inferem, presumem, especulam, conjecturam e consideram. As personagens de Henry James compreendem (alguma informação), ponderam, consideram e meditam. Um currículo que visa induzir a criança a refletir sobre sua situação deve retratar crianças fictícias refletindo sobre *suas* vidas assim como sobre o mundo que as cerca.

A esta altura começamos a discernir o que levou autores e editores a excluir a meditação da representação de crianças fictícias. Os adultos podem ser mostrados pensando ativamente porque a estrutura de sua experiência é inevitavelmente problemática; eles devem pensar e decidir assim como agir, se é para perdurarem. Mas pense-se que as crianças habitam um mundo cuja segurança é garantida pelos adultos, um mundo em que a ameaça do problemático não penetra, resultando que, em tais circunstâncias, o pensamento ativo da parte da criança dificilmente é necessário. A imagem de uma infância inevitavelmente feliz é simultaneamente uma imagem da infância purgada de qualquer coisa que poderia ser problemático ou desconcertante e portanto purificada de qualquer coisa que poderia necessitar de reflexão. Os textos infantis, além disso, não dramatizam a condição de um vasto número de crianças ao redor do mundo que sofrem de subnutrição, negligência, espancamento, abandono ou menosprezo e humilhação. Mas seguramente deve-se atribuir a esses textos a responsabilidade de falharem ao retratar crianças como seres pensantes, pois a imagem da criança que a literatura infantil projeta tem muito a ver com a própria imagem que as crianças internalizam e com o autoconceito que elas conservam na maioridade.

Por meio de modelos ficcionais é possível mostrar às crianças que elas próprias podem pensar mais racionalmente e mais criativamente, pois queremos tanto estimulá-las a pensar como estimulá-las a pensar melhor. Se a leitura do texto é seguida de discussões críticas e interpretativas sobre as idéias escondidas nas entrelinhas dos romances, como tesouros numa caça ao tesouro, os alunos disputarão ansiosamente uns com os outros o momento de expressar seus pontos de vista e, se não puderem expressá-los oralmente, podem ser estimulados a escrevê-los, quer na forma de ensaio, diálogos, contos ou poesia.

O pensamento, é claro, raramente ocorre em conformidade com as convenções da escrita narrativa: tende, ao contrário, a ser altamente condensado e elíptico. Nossos pensamentos se confundem em nossas cabeças simultaneamente, e raramente de modo consistente. A discussão com uma comunidade de investigação harmoniosa pode nos ajudar a organizar tais pensamentos e arrumá-los um pouco, mas para colocá-los no papel ainda é preciso algo mais. Em momentos como esse, é útil expor os alunos aos modelos poéticos que, por serem tão casuais, conversáveis e naturais, quase parecem como pensar em voz alta. É um percurso bastante longo e difícil do pensamento à escrita narrativa, mas do pensamento à escrita poética é apenas um passo. Não surpreende que o pensamento filosófico das crianças, precipitados em um produto, possa tomar a forma de um poema.

Não tentei identificar a variedade de exemplos no currículo de Filosofia para Crianças no qual elas são representadas visitando um museu de arte, discutindo questões estéticas ou entregues à pintura ou escultura e discutindo problemas na psicologia ou epistemologia da criação, ou mesmo nas conversas com seus pais e avós sobre questões de filosòfia da arte. São apenas estratégias e pretendem os significados que produzem, assim como os significados dos diálogos que Sócrates manteve com os jovens devem ser encontrados nos trabalhos de seus alunos e nos trabalhos dos alunos desses alunos, geração após geração, até que cheguemos aos jovens nas salas de aula de hoje esperando seu primeiro encontro com a filosofia, como garrafas numa adega de vinhos só esperando para serem abertas.

VI. EPÍLOGO

15. A FILOSOFIA DA INFÂNCIA

A divisão da filosofia reflete e responde a certas diferenças entre habilidades específicas e entre dimensões específicas de experiência humana. As habilidades em questão são principalmente as variedades do raciocínio. As dimensões da experiência incluem a estética, a moral, o social e o religioso. Alguns filósofos poderiam questionar a objetividade destes últimos domínios, mas poucos contestariam a objetividade e a universalidade da infância. Parece, portanto, que a infância é uma dimensão legítima do comportamento humano e da experiência humana e que não é menos habilitada ao tratamento filosófico que as outras dimensões para as quais já existem filosofias. Talvez sua pretensão à singularidade filosófica pudesse ser o fato de que é o aspecto esquecido — se não reprimido — da experiência.

Embora não seja o caso que toda criança seja um filósofo, admite-se que (exceto em alguns exemplos raros) todo filósofo foi algum dia uma criança. E se os anos recentes ajudaram-nos a demonstrar que a experiência da filosofia não precisa ser incompatível com a infância, então pode decorrer que a experiência da infância — ou ao menos a perspectiva da criança — não precisa ser incompatível com a maioridade. Que somos de idades biológicas diferentes não nos torna mais mutuamente incompreensíveis de que somos de sexos diferentes. Na verdade, a situação dos adultos *vis-à-vis* a crianças é um pouco melhor do que homens *vis-à-vis* a mulheres, pois a última distinção é simétrica; a outra, nunca o é, pois enquanto os adultos foram um dia crianças, as crianças nunca foram adultos. Além disso, como as diferenças entre as perspectivas do homem e da mulher não constituem barreira insuperável à sua existência compartilhada experimentalmente, assim as diferenças entre as perspectivas da criança e do adulto representam um convite à experiência compartilhada da diversidade humana em vez de uma desculpa para hostilidade, repressão e culpa entre as gerações. Por exemplo, fosse a infância uma dimensão menos reservada e mais abertamente reconhecida da experiência humana, poderíamos esperar mais franqueza da parte dos filósofos ao admitir a extensão em que seus pontos de vista "maduros" são ornamentos sistemáticos de suas intuições e convicções firmemente possuídas na infância. Contudo, mesmo aqueles filósofos que tomassem o ponto de vista oposto, afirmando que seus pontos de vista como adultos diferem totalmente das opiniões que adquiriram quando crianças, poderiam reconhecer a extensão na qual o desenvolvimento de sua visão posterior representou uma reação contra as convicções da infância que foram não menos filosóficas do que aquelas que as substituíram.

A pergunta, não obstante, persistirá sobre o que há com respeito à infância que a habilita a tornar-se uma área da filosofia. A resposta a essa pergunta parece ser que, para merecer uma filosofia, uma área deveria ser rica o bastante em implicações de modo a contribuir significativamente para outras áreas da filosofia. Estudos especializados no campo em questão poderiam ter valor para a metafísica, ou para a lógica, ou para a epistemologia e profissionais nestas áreas poderiam constatar que ignoram o novo campo por sua conta. A questão, então, é se a infância preenche este requisito. Parece ser o caso de que desenvolver filosofias da infância assegura a promessa de implicações significativas para a filosofia social, metafísica, filosofia do direito, ética, filosofia da educação e outras áreas filosóficas. O propósito deste capítulo é identificar algumas destas áreas nas quais trabalhos já estão sendo feitos ou precisam ser feitos.

Projetos que já estão em andamento ou precisam ser empreendidos seriam correspondentes às seguintes questões (para mencionar apenas algumas):

1. As crianças têm direito a raciocinar e que implicações, se há alguma, são, devido a isso, relevantes à filosofia do direito?
2. As crianças podem se engajar numa investigação ética como uma alternativa significante à doutrinação moral? Se sim, quais são as implicações de tal investigação ética para o campo geral da ética?
3. Como os papéis das crianças podem, em qualquer teoria de comunidade, ser de valor à filosofia social?
4. De que maneira a pergunta "O que é uma criança?" ilumi-

na a pergunta "O que é uma pessoa?" de modo a contribuir significativamente para a importância metafísica da última questão?

Podemos examinar aqui cada um desses assuntos com um pouco mais de detalhe.

As Crianças Têm Direito a Raciocinar?

É bem sabido na filosofia que, atualmente, dá-se atenção considerável aos direitos das crianças. O florescimento deste interesse é gratificante, mas há uma necessidade evidente de um enfoque maior no direito de a criança raciocinar, especialmente aquele aspecto do problema que Bertram Bandman, num artigo recente, chamou de "o direito de a criança investigar".

Quando empregamos uma expressão chamativa como "direito de investigar", corremos o risco de não notar a ambigüidade que é predominante no uso do termo "investigação". Isto é particularmente verdadeiro no caso das crianças, uma vez que todos sabemos o quão incansavelmente elas podem dirigir perguntas aos adultos, ao passo que sabemos de poucos, se alguns, casos de crianças se engajando na investigação à maneira peirceniana. Assim não é surpresa que nossa compreensão inicial da expressão "direito de investigar" deveria ser no sentido do direito de a criança fazer perguntas, particularmente aos adultos, e com respeito a questões que os adultos possam não se interessar em discutir com as crianças, ou porque querem protegê-las de tal conhecimento ou porque querem proteger tanto as crianças como a si próprios do uso irresponsável de tal conhecimento. Neste sentido, o direito de a criança perguntar implica a questão ulterior do direito de o adulto não responder.

Como sabemos, o fato de que toda resposta tem uma pergunta não significa que toda pergunta tem — ou é habilitada a — uma resposta, nem que todo desafio está habilitado a uma reação. Hobbes enfatiza uma situação análoga quando argumenta que deve haver certas coisas que o cidadão, embora legitimamente comandado pelo soberano, pode legitimamente recusar-se a fazer. Do mesmo modo, pode haver momentos em que, embora a criança esteja dentro de seus direitos ao fazer certas perguntas, o adulto pode sem injustiça recusar-se a responder ou optar por responder com evasivas. Evidentemente há momentos — e aqui Hobbes é instrutivo — em que o direito de uma pessoa ordenar não implica necessariamente a obrigação da outra pessoa de obedecer. É somente em tal jurisprudente terra de ninguém que o exame dos direitos das crianças pode vir a ser mais recompensador.

Mas quaisquer que possam ser os méritos de examinar o direito de a criança investigar no sentido de "fazer perguntas" — presumivelmente àqueles que "sabem as respostas" —, a questão mais importante continua a persistir sem exame, ou seja, a questão do direito de as crianças engajarem-se numa investigação cooperativa. Tal possibilidade pareceria remota contanto que não houvesse tal coisa como filosofia no primeiro grau. Mas agora que foi firmemente estabelecido que há fundamentos escolares seguros para a institucionalização da filosofia como parte integrante do ensino de primeiro e segundo graus, não podemos recusar o fato de que a questão da liberdade acadêmica não pode mais ser limitada ao *campus* da universidade. Nos anos por vir, a opinião dos filósofos será cada vez mais necessária para lidar com os assuntos emergentes da liberdade acadêmica das crianças, conforme isso prolifere sob uma variedade de tópicos, tal como o direito de a criança saber, raciocinar, duvidar e acreditar. (Vamos esperar que um empenho legal distinto não seja necessário para cada ato mental.)

Finalmente, não deveria ser negligenciado que a negação do direito de um indivíduo se expressar é simultânea à negação do direito de outros indivíduos aprenderem o que aquele indivíduo poderia ter expressado. É neste sentido que, se é para as crianças serem "vistas e não ouvidas", seu silenciamento nos priva de suas compreensões *(insights)*. À objeção de que os pontos de vista das crianças raramente são compreensivos, não seria impróprio sugerir que uma análise dos pontos de vista do adulto também poderia parecer grandemente desvantajosa.

As Crianças Podem se Engajar numa Investigação Ética?

A descoberta de que as crianças podem fazer filosofia — e que elas o fazem de maneira competente e com prazer — enfatiza, por outro lado, a necessidade de desenvolver filosofias da infância. Pois se as crianças podem raciocinar quando começam a falar, e se podem fazer filosofia quando começam a raciocinar, a aliança atual entre a ética filosófica e a psicologia do desenvolvimento começará a mostrar sinais bem-vindos de força. Seria o caso de que em cada estágio do seu crescimento as crianças pudessem engajar-se na investigação e a ética não precisasse mais ser corrompida, como é agora, com aquela manipulação doutrinável dos pontos de vista morais e atitudes das crianças, que se denomina "educação moral". Aqueles que fazem uso da filosofia para doutrinar são deploráveis; do mesmo modo que são deploráveis aqueles que fazem uso da filosofia para enfraquecer os fundamentos de certas opiniões, com a desculpa de que somente assim liberam as crianças do dogma e da superstição. Pois isso, em conseqüência, poderia ser a doutrinação do relativismo, ou de um outro "ismo."

Aqueles que advogam teorias de desenvolvimento da infância tendem a cometer dois erros cruciais. Primeiro, freqüentemente assumem que a infância é um preparo para a maioridade e deve ser vista apenas como um meio para um fim, ou como uma condição incompleta movendo-se em direção da completude. Os adultos sabem e as crianças não sabem; as crianças devem, portanto, adquirir o conhecimento com o qual os adultos são tão ricamente dotados. Assim, o primeiro erro é admitir que, se as crianças não estão se movendo em direção àquilo que nós adultos sabemos e acreditamos e valorizamos, deve haver algo de errado com seu "desenvolvimento". Tal ponto de vista ignora a possibilidade de que a infância não é mais incompleta sem uma maioridade subseqüente do que a maioridade é sem uma infância prévia. É somente juntas que elas formam "uma vida".

Segundo, os proponentes da tese do desenvolvimento são sempre cuidadosos ao selecionar aqueles critérios que reforçarão a tese que estão tentando defender, enquanto ignoram outros critérios cujo uso poderia enfraquecer a tese. Disciplinas educacionais que têm sido organizadas numa seqüência simples-para-complexa são propostas como modelos — a matemática seria uma boa ilustração. Quando as crianças dominam tais disciplinas, pensa-se que seu desenvolvimento progressivo está ocorrendo passo a passo e "tipicamente". Mas aqueles que defendem a tese do desenvolvimento certificam-se de não selecionar critérios como expressão artística ou compreensão filosófica, pois assim seu caso pareceria menos constrangedor. Por que as crianças criam pinturas tão impressivas quando pequenas? Por que fazem tantas perguntas metafísicas quando ainda jovens, e então parecem sofrer um declínio de suas forças conforme se movem para a adolescência? Como as crianças podem aprender os termos e a sintaxe de toda uma linguagem — na verdade, freqüentemente, de várias linguagens — enquanto ainda estão aprendendo a andar, uma proeza além do alcance da maioria dos adultos? Por que teria a educação de estar pronta para *sustentar* o desenvolvimento da criança ao longo das linhas efêmeras com as quais começa, em vez de deixá-la decair, como acontece tão freqüentemente hoje em dia, em apatia e desespero? Parece que, para cada critério que apóia a tese do desenvolvimento, pode ser encontrado outro que vai contra ela. E para cada aspecto do crescimento da criança onde parece haver um desdobramento natural há um outro aspecto no qual o desenvolvimento ocorre unicamente por intervenção sustentada — sendo a educação o principal exemplo.

Em resumo, a filosofia da infância seria mais realçada por novos trabalhos na teoria da ética. Tais trabalhos deveriam levar em consideração a capacidade das crianças de se engajarem no diálogo racional, de apresentarem razões para sua conduta, e não tratariam as crianças de modo protetor ou condescendente por assumir que seu comportamento é necessariamente mais egoísta e menos idealístico do que o comportamento dos adultos. Tais trabalhos também reconheceriam que a abordagem do desenvolvimento alcançou uma plausibilidade dúbia ao comparar as crianças com adultos, principalmente em termos do conhecimento do adulto, em vez de em termos de outros critérios cujo emprego poderia fazer com que crianças parecessem muito melhores e adultos muito piores. Uma teoria de investigação ética é necessária, mas aqueles que planejam tal teoria devem ter em mente que a ética em que eles estão engajados é parte da filosofia e não parte da ciência. Pois se uma abordagem ética pretendesse ser "científica" asseguraria sua morte num ambiente escolar quase tão certamente quanto se pretendesse ser garantida pela "religião".

Os Papéis das Crianças Podem Ser Úteis à Filosofia Social?

Uma outra área em que precisam ser feitos trabalhos é a filosofia social. A filosofia da infância precisa dedicar-se àqueles aspectos que evidenciam as peculiaridades da infância que deveriam ser tratadas como problemáticas em vez de aceitas como certas. Típico disto é a acusação de que, ao contrário de seus pais e avós, os jovens acham o trabalho repugnante. A sugestão foi feita por Dewey: num certo sentido, a preguiça é uma invenção moderna, uma vez que é a reação que poderíamos esperar àqueles aspectos do trabalho industrial moderno que tornaram tal trabalho detestável. Mas esta provavelmente não é a explicação para a mudança observada nas atitudes das crianças, e se não é, o que é?

Se escutamos as reclamações dos pais, ouvimos o problema formulado como uma falta de simetria entre gerações: nossos pais trabalharam duro e aprendemos a fazer isso com eles; por que nossos filhos não aprenderam a fazer assim conosco? Como nossos pais, amamos o trabalho; por que nossos filhos o detestam tanto?

Uma boa razão para considerar isto um problema na filosofia social é que é um exemplo do declínio da comunidade. Somente há algumas gerações atrás a unidade de trabalho básica da sociedade não era o indivíduo ou a fábrica, mas a família. A família era uma comunidade de trabalho, na qual indivíduos de todas as idades tinham suas tarefas a executar. Mas conforme o movimento para o sucesso pessoal substituiu o processo normal da sucessão de gerações, as crianças de tais comunidades, orientadas para o trabalho, tomaram seu próprio rumo e trabalharam nele tão sinceramente quanto anteriormente tinham trabalhado no âmago de suas famílias. Elas tornaram-se profissionais, cujo trabalho ético era pessoal em vez de social. Seu trabalho — como médicos, contadores, administradores — era algo que não poderiam mais compartilhar com seus filhos, porque a família não era mais a unidade de trabalho básica à qual eles pertenciam. As tentativas dos filhos em participar eram censuradas com comentários como "Não perturbe o papai, ele está ocupado!" ou "Por favor saia e vá brincar; você não vê que a mamãe está trabalhando?" Logo a criança começou a entender: que o que havia entre ela e os pais era esta coisa detestável chamada trabalho. Talvez os pais não pudessem ser detestados, mas o que eles estavam fazendo sim.

Aqui, obviamente, precisamos de orientação. Aceitamos esta mudança de atitude como um fato consumado, ou queremos atacá-la ou evitá-la? Se nossa escolha for a de tentar reconstruir a comunidade de trabalho, como isso deve ser realizado? A criação de comunidades de investigação, das quais adultos e crianças participem juntos como semelhantes, poderia ser um passo nessa direção?

Não é incomum ver os olhos das pessoas se iluminarem quando ouvem falar de crianças engajadas em investigação. Há mais incerteza na sua reação quando a noção de comunidade é trazida à tona. Mas é difícil imaginar uma investigação que não aconteça num ambiente comunitário, e se esse geralmente é o caso com adultos, é ainda mais verdadeiro no caso de crianças! O recurso a procedimentos compartilhados e objetivos, a franqueza de evidência, o desafio de inferências feitas francamente, a consideração das conseqüências das suposições e hipóteses — isso tudo ajuda a formar a estrutura de uma comunidade de investigação entre crianças, assim como entre adultos. Quando estes e procedimentos aliados são internalizados por cada participante, o resultado é reflexão crítica. Mais do que crítica, pois também autocrítica. Ficamos acostumados a nos fazer as mesmas perguntas difíceis que levantamos aos colegas no diálogo. Desnecessário dizer que aqueles que são capazes de se engajar no autocriticismo cognitivo estão em boa posição para serem capazes de exercitar autocontrole comportamental. A internalização dos procedimentos da comunidade de investigação tem uma dimensão moral assim como dialógica ou teorética.

Além do mais, a formação de comunidades da infância, onde franqueza e confiança misturam-se livremente com admiração, procura e raciocínio, fornece um apoio social necessário durante aqueles anos críticos nos quais as crianças estão desatando os laços que as ligam a suas famílias e se esforçando para se estabelecerem como indivíduos maduros e responsáveis. Não deveríamos esquecer a advertência formulada repetidamente por Margaret Mead de que devemos aprender a inventar mecanismos sociais que irão suavizar os períodos de transição para as crianças que estão crescendo. Do contrário, estes períodos tornam-se momentos de crises na infância.

Crianças e Pessoas

Finalmente, há o problema da criança como uma pessoa. Geralmente pensamos em pessoalidade não como algo dado no nascimento mas como algo gradativamente conquistado. Ninguém parece capaz de dizer simplesmente qual é a idade normal para tornar-se uma pessoa, mas suspeitamos que, comparado com antigamente, o ponto de partida para a pessoalidade é colocado agora numa idade mais precoce e o começo da maturidade numa idade mais posterior. Contudo, embora tenha havido algum encolhimento no período de sermos uma não-pessoa, ou uma ainda-não-pessoa, continuamos a acreditar que devemos dar evidência comportamental para merecermos ser chamados de pessoa antes que o ritual de afirmação apropriado possa ser executado. O mesmo pode ser dito para reconhecer que a criança tem um eu, ou que é racional. Geralmente há garantia segura para qualquer relutância em empregar termos honorificamente, mas tal garantia pode não ser suficiente para justificar pessoalidade e racionalidade contida de crianças novas.

Assim sendo, deve-se fazer uma distinção exata entre realização e atribuição. Os termos de realização são baseados em comportamentos observáveis e devem ser atendidos somente a partir da manifestação efetiva de tais comportamentos (no sentido em que aqueles que escrevem são chamados de escritores, aqueles que correm são chamados de corredores, e assim por diante). Mas os termos de atribuição dotam seu objeto com propriedades (tais como prestígio e carisma) independente de qualquer comportamento observado, uma vez que essas propriedades existem integralmente até onde as pessoas queiram atribuí-las ou imputá-las. Dentre estes casos mais exatos está um bando de questões complicadas, em cada uma das quais pode ser discutido se as afirmações são ou não são gratuitas.

Porém, a distinção realização-atribuição é um tanto como um

maço de baralho que tem um curinga nele, e o curinga encontra-se no fato de que a aplicação da distinção a casos onde o *significado* está em questão pode ser um tanto diferente de sua aplicação a casos em que a *verdade* está em questão.

Às vezes acontece, nos diz C. I. Lewis, que o sujeito deve trazer certas condições a uma experiência de modo a entender ou compreender o objeto corretamente, e tudo o que o sujeito deve de tal forma trazer a fim de compreender o significado do objeto pertence ao objeto e não ao sujeito.[1] Se essa asserção de Lewis fosse aceita, seguir-se-ia que conceitos como "pessoa" e "racional", cuja atribuição torna significativo o que por outro lado não era significativo, pertencem merecidamente ao objeto de tais atribuições. Logo, estamos justificados pragmaticamente ao considerar o comportamento de crianças novas como o comportamento de pessoas racionais, no que podemos compreender tal comportamento como sendo mais significativo do que se recusamos a nos engajar no que consideramos ser atribuições injustificadas e gratuitas.

Imputar racionalidade a uma criança é mais garantido pois isso resulta com bastante freqüência em evidência da racionalidade da criança. Isto, conseqüentemente, não é para ser confundido com o postulado judicial de que as pessoas não devem ser consideradas culpadas antes que seja provado que elas são culpadas. Tratar pessoas culpadas como não culpadas não confirma sua inocência; tratar as crianças como racionais tende a produzir evidência que confirma sua racionalidade.

Quer esses argumentos particulares sejam ou não considerados persuasivos, a questão da personalidade e racionalidade da criança permanecerá para perseguir a filosofia da infância. E aqui outro aspecto do problema parece necessitar uma formulação pragmática. Pois se recusamos reconhecer a racionalidade da criança, não podemos nos engajar satisfatoriamente no diálogo filosófico com elas, porque não podemos aceitar suas expressões como razões. Se não podemos fazer filosofia com as crianças, privamos sua educação do verdadeiro componente que pode fazer tal educação mais significativa. E se negamos às crianças uma educação significativa, asseguramos que a ignorância, irresponsabilidade e mediocridade que prevalecem atualmente entre os adultos continuarão a acontecer. Tratar as crianças como pessoas pode ser um preço baixo para se pagar, a longo prazo, alguns benefícios sociais substanciais.

APÊNDICE

APLICANDO HABILIDADES ESPECÍFICAS DE RACIOCÍNIO A QUESTÕES DE VALORES

Exemplos de como habilidades específicas de pensamento podem ser aplicadas a questões de valores

Um currículo para a educação de valores deveria tentar desenvolver habilidades específicas de raciocínio e aplicá-las a temas específicos de valores. Os exemplos que se seguem são apenas para mostrar como isso é feito; não são paradigmas, mas exemplos típicos, para o nível de ensino de 5ª e 6ª séries. (Alguns exemplos podem ser mais apropriados para as primeiras séries do 1º grau ou para o 2º grau.)

Cada habilidade de raciocínio é acompanhada por uma breve explicação ou *rationale* em alguns casos expressada como objetivos instrucionais. O tratamento dado é conforme o que se exibe numa conversação fictícia entre crianças. Na sala de aula, esse fragmento de diálogo modela uma fração de um exercício, cuja prática traz o aprendizado da regra. Em outras palavras, o exemplo fictício torna-se a base da discussão em sala de aula, fazendo com que os alunos tenham uma participação ativa no processo, descobrindo progressivamente a regra embutida nos exemplos.

1. Tirando inferências de premissas simples

Os alunos devem ser capazes de realizar conversões lógicas e saber a regra que governa conversões válidas e inválidas. (Isto é, eles devem saber, por exemplo, que "Alguns valentes são estudantes"

pode ser inferido de "Alguns estudantes são valentes", mas que "Todas as pessoas são valentes" não pode ser inferido de "Todos os valentes são pessoas".)
Frank: Alguns europeus são franceses, assim segue-se que todos os franceses são europeus.
Rita: Sinto muito, mas você está errado. Se alguns europeus são franceses, o que se segue é que *alguns* franceses são europeus.
Frank: Mas isso é ridículo! Todo mundo sabe que *todos* os franceses são europeus!
Rita: Alguns europeus são russos. Daí se segue que todos os russos são europeus?

2. Padronizando frases da linguagem comum

Os alunos devem estar familiarizados e aptos a aplicar regras elementares da padronização lógica. Por exemplo, uma frase que se inicie com "apenas" deve começar com "todo" e ter o seu sujeito e predicado invertidos.
Linda: Todos os romances são trabalhos de ficção.
Gene: Então, segue-se que apenas os romances são trabalhos de ficção.
Observação: Gene está errada. O que se segue é "Apenas trabalhos de ficção são romances".

3. Tirando inferências de premissas duplas

Os alunos devem ser capazes de tirar conclusões corretas de silogismos válidos e devem ser capazes de identificar, pelo exame, ao menos alguns exemplos de inferências inválidas. Deve-se lembrar que os silogismos são perfeitos apenas se forem formalmente corretos (válidos) e se as premissas forem verdadeiras ou tomadas como verdadeiras.
a. Sam: Eu li num livro que todos os vulcões são ardentes.
   Mike: Bem, eu não devo ser ardente, porque eu não sou um vulcão.
   Observação: Sam não disse que *apenas* os vulcões são ardentes.
b. Marcia: Os meninos são agressivos.
   Walter: As meninas do time de voleibol são todas agressivas, então eu acho que isso significa que elas são como meninos.
   Observação: Mesmo que fosse verdade que todos os meninos são agressivos, não se seguiria que todas as pessoas agressivas são meninos. Deveria ser óbvio que há uma base lógica para o precon-

ceito. Expor o raciocínio falho sob os estereótipos étnicos e sexuais pode não remover o preconceito, mas pode ser de grande ajuda.
c. Henry: Alguns criminosos são fascinantes.
Dora: Você deve ter achado estes homens interessantes porque eles acabam de ser condenados por assalto a bancos.
Observação: Henry não disse que *todos* os criminosos são fascinantes. Se ele o tivesse dito, a inferência de Dora teria sido correta.
d. Andy: Toda crueldade é errada e pisar no rabo de um gato é cruel.
Marie: Então pisar no rabo daquele gato foi errado. Meu Deus! Mas isso foi totalmente sem querer!
Observação: Se a premissa de Andy é verdadeira, a conclusão de Marie deve ser verdadeira. Mas sua afirmação posterior sugere que pode haver uma dúvida em relação à verdade da segunda premissa de Andy.
e. Ted: Prestar uma ajuda necessária é sempre certo. Se você me ajudar a arrombar esta loja, você estará me prestando uma ajuda necessária. Assim, ajudar-me a arrombar esta loja será correto.
Sid: Prestar ajuda não é *sempre* certo.
Observação: Sid questiona a verdade da primeira premissa de Ted. Nos casos "d" e "e", discussões posteriores sobre a verdade das premissas envolverão habilidades de raciocínio adicionais, tais como definição de termos, reconhecimento de aspectos contextuais de verdade e falsidade e o uso de critérios.

4. Usando lógica ordinal ou relacional

Os estudantes devem estar familiarizados com as regras que governam relações transitivas e simétricas e devem estar aptos a distinguir exemplos válidos e não válidos de lógica relacional.
a. Glen: Washington foi um presidente melhor que Harding.
Hal: Então Harding não foi um presidente tão bom quanto Washington.
b. Joan: Na escrita, os verbos são tão importantes quanto os substantivos.
Trish: Então, segue-se que, na escrita, os substantivos são tão importantes quanto os verbos.
c. Trish: Ofélia estava apaixonada por Hamlet.
Joan: Isso significa que Hamlet devia estar apaixonado por Ofélia.
Observação: O raciocínio em "a" e "b" está correto. Mas em "c" o raciocínio de Joan é falho. A relação "estar apaixonado" não é simétrica.

d. Glen: Esparta era mais forte que Atenas e Atenas era mais forte que Tebas.
Hal: Então, segue-se que Esparta era mais forte que Tebas.
e. Trish: A Alemanha é pegado à França e a França é pegado à Espanha.
Nora: Então, segue-se que a Alemanha é pegado à Espanha.
Observação: O raciocínio em "d" está certo; mas em "e" está errado, pois "é pegado a" não é uma relação transitiva.

5. Trabalhando com a consistência e a contradição

Os estudantes devem ser capazes de reconhecer a consistência ou inconsistência em uma dada narrativa ou descrição. Eles devem também estar aptos para formular e aplicar as regras formais de contradição. (Duas sentenças são mutuamente contraditórias quando, sendo uma delas verdadeira, a outra tem de ser falsa.)
Phil: Nenhum país é democrático.
Liz: Bem, eu conheço alguns que são; mas acho que ambos podemos estar certos.
Observação: As sentenças de Phil e Liz contradizem uma a outra. Portanto, não podem ser ambas certas.

6. Sabendo como lidar com ambigüidades

Ao tentar entender textos de livros e de outras fontes de informação, os estudantes devem estar atentos às ambigüidades. Eles devem estar aptos para distinguir as ambigüidades das palavras com muitos significados no mesmo contexto das frases cujos arranjos gramaticais permitem diversas interpretações (isto é, ambigüidades semânticas *versus* ambigüidades sintáticas). Os estudantes devem também reconhecer que algumas ambigüidades (especialmente na literatura) são valiosas.
a. O juiz parou com a bebedeira depois da meia-noite no bar central.
b. Ama o pai o filho.
c. Ele cortou a manga pela metade.
d. Maria, você gosta de jogar pelada?
e. Às vezes, ela cansa.
f. Vi um velho vestido de noiva.

7. Formulando perguntas

Os estudantes devem estar familiarizados com os defeitos de que estão comumente impregnadas as perguntas, tornando-as vagas, adulteradas, autocontraditórias, sem sentido ou baseadas em suposições incorretas.

Horace: Fred, você parou de colar nas provas?
Fred: Eu nunca comecei.
Observação: *Se* Horace sabe que o Fred *tem* colado nos exames, não há nada de errado com a pergunta. Mas se ele não sabe nada sobre isso, ele está apenas jogando verde, e, portanto, sua pergunta é ilegítima.

8. Compreendendo as conexões entre parte-todo e todo-parte

Os estudantes devem saber como evitar o erro na relação entre a parte e o todo — assumir que, se um membro de um grupo tem uma característica, todo o grupo também a tem. Igualmente, deve ser evitado o erro na relação do todo com a parte, onde a característica do todo é atribuída à parte.

a. Tanya: Os policiais de nossa cidade são pobres.
   Tina: Deve ser uma polícia pobre.
b. Gil: A polícia de nossa cidade funciona vinte e quatro horas por dia.
   Josh: Pobres policiais! Como eles conseguem trabalhar sem descanso?

Observação: Há uma falácia de parte-todo em "a" e de todo-parte em "b".

9. Dando razões

Quando os estudantes se comportam de maneira questionável, costumamos pedir justificativas por suas ações. Nós também pedimos que citem razões para sustentar opiniões questionáveis. Os estudantes devem ser capazes de diferenciar razão de explicação — esta última não justifica, mas ambas usam o termo "porque".

Larry: Tenho de apresentar na próxima aula uma explicação para o ataque dos japoneses a Pearl Harbor.
Sue: Eu acho que você poderia falar sobre a disputa entre os Estados Unidos e o Japão pelo controle econômico e militar do Pacífico.
Larry: Talvez isso explique o ataque, mas não o justifica.

Sue: É claro que não! Causas não são razões.

10. Identificando suposições subjacentes

Os alunos devem ser capazes de especificar as suposições subjacentes a uma afirmação particular, cuja verdade depende do que está pressuposto. Tais suposições também podem ser subjacentes a perguntas, exclamações e imperativos.
a. Grace: Veja essas fotografias das vítimas dos campos de concentração.
Cindy: É, elas fazem a gente pensar nas coisas terríveis que essas pessoas devem ter feito para serem tratadas desse jeito.
b. Pat: Se o rio Mississípi transbordar, colocará em risco o Cairo?
Tracy: Sim, se o Cairo a que você se refere é o de Illinois, e não o do Egito.
c. Sally: As reservas mundiais de petróleo durarão por mais mil anos.
Jane: Em que índice de exploração você está se baseando?
Observação: Em "a", o comentário de Cindy exemplifica a suposição ilegítima de uma causa — neste caso, as vítimas devem ter culpa de alguma coisa.

11. Trabalhando com analogias

Uma analogia é a menção de uma semelhança entre duas relações — por exemplo "Filhotes de gatos estão para gatos, assim como filhotes de cachorro estão para cachorros" ou "Serrar está para móveis, assim como esculpir está para esculturas". A capacidade de se colocar no lugar de outro geralmente envolve raciocínio analógico e, às vezes, é denominada "imaginação moral".
a. Quando alguém derrubou acidentalmente o vaso sobre o pé do garoto, Isabel tentou se lembrar de como se sentiu quando prendeu os dedos na porta do carro.
b. O pai de Tommy perdeu o emprego e sua família está passando dificuldades.
Jenny diz "Não posso imaginar como seja isso! Meus pais sempre tiveram emprego!"
c. O irmão de Chita pisou no rabo do gato sem querer, e o gato soltou um miado estridente. Chita apanhou o gato e abraçou-o, dizendo a seu irmão "Você o machucou!" O irmão retrucou "Eu não! Os animais não sentem dor".
d. Kate conversa carinhosamente com suas plantas todos os dias. Sua

irmã lhe diz "Que diabo!" e Kate replica "Engraçado, essa é a mesma coisa que as pessoas dizem ao nosso professor a respeito do jeito como que ele *nos* trata".

Observação: As analogias podem ser expressas de maneiras muito variadas, mas elas sempre envolvem uma semelhança entre duas relações ou uma semelhança entre dois sistemas de relações. As analogias são muito importantes em ciência (especialmente na indução) e na poesia, mas não se deve esquecer que, na música, variações são analógicas. Treinar o raciocínio analógico é muito importante para a investigação de valores, uma vez que a validade do juízo depende de as experiências citadas serem comparáveis.

12. Formulando relações de causa e efeito

Os alunos devem ser capazes de identificar e construir formulações que sugerem relações específicas de causa e efeito. Eles também devem ser capazes de identificar as falácias com "depois disso, por causa disso".

a. Al: As estrelas surgem depois que o sol se põe.
   Horace: Claro, mas será que as estrelas surgem *porque* o sol se põe?
b. Gloria: O General bebeu bastante e ganhou a guerra.
   Gladys: Sim, mas ele ganhou a guerra *porque* bebeu muito?
c. Tad: A Liga das Nações foi formada logo após a Primeira Guerra Mundial e, em poucos anos, desenvolveram-se o fascismo e o nazismo.
   Seth: Mas será que a formação da Liga das Nações *causou* o surgimento do fascismo e do nazismo?
d. Beverly: A segunda palavra de todas as frases *sempre* segue a primeira, e a segunda palavra de todas as frases *somente* segue a primeira. Portanto, a primeira palavra de todas as frases é a causa da segunda palavra.
   Midge: Mesmo que o que você disse seja verdade, uma combinação constante não prova que a conexão seja causal.

13. Desenvolvimento de conceito

Aplicando um conceito a um conjunto específico de casos, as crianças devem ser capazes de identificar aqueles casos que se enquadram claramente dentro dos limites do conceito e aqueles que ficam fora de seus limites. As crianças devem ser estimuladas a citar

contra-exemplos se acharem que os limites do conceito foram definidos de maneira incorreta. Tanto os casos bem definidos como os incertos devem ser trabalhados em exercícios e planos de discussão.
Seth: Se você trai um amigo, vocês ainda poderão ser amigos mais tarde?
Lou: Mais tarde, talvez; mas acho que não enquanto acontece.
Observação: Seth está tentando descobrir os limites do conceito de amizade, considerando um exemplo bastante problemático. A resposta de Lou parece evocar a experiência (amigos podem se reconciliar mais tarde, se houver uma brecha para isso) e a lógica (a definição de amizade deve ser logicamente incompatível com a de traição). Se nossos conceitos forem muito vagos, nossos juízos de valor dificilmente serão muito claros. Seth e Lou estão tentando ser claros.

14. Generalização

Alunos trabalhando com dados devem ser capazes de notar certas regularidades ou uniformidades que existem realmente e construir generalizações que se aplicam a estes exemplos e similares. Os alunos devem estar atentos aos riscos envolvidos em tais generalizações.
a. Nora: Todos da sala de aula disseram que todos os médicos que os atenderam foram cuidadosos. Com base nisso, o que podemos dizer?
Roger: Do quanto sabemos, os médicos geralmente são cuidadosos.
b. Tricia: Todos os estados que visitamos fazem fronteira com algum outro estado, e visitamos quase todos.
Pat: Eu acho que é seguro dizer que todos os estados fazem fronteira com outros estados.
Observação: Obviamente, Roger é prudente e Pat não o é. No que se refere a valores, as generalizações não são impossíveis, mas elas podem ser perigosas — considere, por exemplo, as generalizações de valores à história da arte.

15. Tirando inferências de silogismos hipotéticos

Os alunos devem ser capazes de distinguir inferências válidas de inválidas, quando estiverem trabalhando com silogismos hipotéticos ("se-então"). Na dedução hipotética é válido afirmar o antecedente ou negar o consequente. Por exemplo, é válido dizer que — tomando, é claro, por verdadeiras as premissas — "Se eu apertar este bo-

tão, o mundo explodirá. Ele não explodiu. Então eu não devo ter apertado o botão" (negação do conseqüente).
a. Burt: Se o gás do dirigível *Hindenburg* tivesse sido hélio, ele não teria se incendiado.
Harry: Mas ele se incendiou. Portanto, o gás naquele dirigível não pode ter sido o hélio.
b. Daisy: É verdade que se o Marcos tivesse uma chance, ele venderia a própria mãe?
Tina: Sim, mas ele ainda não a vendeu, então eu acho que ele ainda não teve uma chance.
Observação: Essa é uma das mais poderosas habilidades de raciocínio. O entendimento de padrões válidos vem junto com a linguagem e não precisa ser adquirido em particular; o mesmo é verdade com respeito à maioria dos aspectos da lógica formal.

16. Capacidade de reconhecer e evitar — ou utilizar conscientemente — a falta de precisão

Palavras vagas não têm aplicabilidade clara. Os alunos devem ser capazes de diferenciar os contextos em que as palavras vagas são aceitas daqueles em que elas são impróprias.
Rose: Dois países podem lutar entre si sem que haja uma declaração de guerra?
Doug: É claro.
Rose: Dois países podem declarar guerra um ao outro e não lutarem?
Doug: Certamente.
Rose: Então "guerra" e "paz" são termos muito vagos!
Doug: É claro que são, mas também são vagos termos como "quente" e "frio" e "seco" e "úmido" e muitos outros que são úteis a despeito de serem vagos.

17. Levando em conta todas as considerações

Em questões de valores, assim como em investigação em geral, é importante verificar a abrangência. Se negligenciamos alguma consideração relevante, poderemos ser acusados de tirar conclusões apressadas. Os alunos podem desenvolver habilidade em perguntar uns aos outros — e a si mesmos — se omitiram alguma coisa ao longo da investigação.

Construtor: Você checou se o novo modelo de telhado da escola é mesmo seguro? Estou preocupado com a capacidade de ele suportar uma chuva de granizo.
Arquiteto: Nós checamos os registros dos últimos anos, e verificamos que as chuvas de granizo não são muito freqüentes por aqui. Eu não me preocuparia com isso.
Observação: Em geral, é tarde demais quando descobrimos que não levamos em conta algum fator crucial. Não é toda consideração que se torna crucial (as que se tornam, acabam sendo estabelecidas como critérios). Mas em termos de educação ética, as crianças devem ser alertadas para a importância da *consideração*, não apenas de um ou outro, mas de todos os fatores relevantes de uma situação.

18. Reconhecendo a interdependência de meios e fins

Quando um fim ou objetivo é citado ou recomendado, há uma obrigação de se relatar os meios pelos quais ele pode ser atingido. (Os meios são sempre relativos a fins específicos; assim, o que é um meio para uma situação pode não o ser para outra.) Os alunos devem ser capazes de sugerir fins para meios propostos e meios para fins propostos.

a. Professor: Além de servir como um cabide, que outro uso você pode fazer disso?
Meredith: Isso também serve para abrir o carro, quando se esquece a chave dentro.
b. Professor: O sistema ferroviário é um meio de transporte. Qual o seu fim ou propósito?
Francis: Ele ajuda as pessoas a alcançarem seus destinos e cada pessoa tem um objetivo diferente. Assim, eu acho que um meio pode servir a diversos fins.
Observação: Em "a", o professor pede por um novo propósito para um objetivo dado; a aluna pensa como um fim não usual (abrir um carro trancado) prescreve um recurso a um meio não usual (o cabide). Em "b", o estudante sugere que não há contradição entre meios que são comuns a várias pessoas e fins que são individuais.

19. Sabendo como lidar com "falácias informais"

Muitas falácias informais de raciocínio se devem à nossa confiança em considerações irrelevantes ou à nossa omissão do que é relevante — por isso, elas dependem de juízos de relevância. Elas podem tanto ocorrer na escrita quanto em violações de procedimentos dialógicos. Os alunos podem ser alertados de sua presença e de como devem tratá-las. Habilidades para lutar contra essas falácias já foram identificadas como ambigüidade (ver §6); como falta de precisão (ver §16); como composição (ver §8); como divisão (ver §8); como *post hoc* (ver §12). Ainda há muitas outras que podem ser apresentadas aos alunos; a falácia de autoridade ilegítima'' pode ser um exemplo.

Hank: Quem poderia nos falar sobre os efeitos da descarga de produtos químicos tóxicos nos rios?
Daisy: Meu tio Pedro.
Hank: Ele é uma autoridade em química ou em meio ambiente?
Daisy: Não, mas ele é bom em remoção de detritos.
Observação: Uma autoridade pode ser tomada com base em *referências* ou em *status*. Dentro de uma instituição determinada, como a família, o apelo é, em geral, à autoridade embasada no *status*. Onde não há uma instituição comum, o apelo é às autoridades com experiência comprovada ou ao próprio processo de investigação.

20. Operacionalizando conceitos

Os alunos devem ser capazes de citar efeitos observáveis para os conceitos que empregam e de expressá-los sob a forma de condição. Assim se uma coisa não é riscada por outras coisas, ela é chamada "dura". Se ela cai, diz-se que tem "peso". A ação específica é o antecedente da condição e é o critério do próprio conceito, o qual é o conseqüente da condição.
a. Joe: Por que você diz que ele é intolerante?
   Ken: Ter aversão a um grupo étnico sem ter uma boa razão, é o que eu chamo de intolerância.
b. Tess: Quais são as características de um bom professor?
   Ben: Gostar de idéias e gostar de crianças.
   Observação: Obviamente há uma conexão estreita entre esta habilidade e a de definição de termos.

21. Definindo termos

Existem algumas regras bastante gerais sobre definições: elas não devem ser inclusivas ou restritivas demais; elas não devem ser negativas; e não devem ser circulares. Um dos procedimentos mais tradi-

cionais para definir nomes é fazer perguntas como: que tipo de coisa é isso e como isso difere das outras coisas desse tipo?
a. Betty: O que é uma gema?
   Melissa: É uma *pedra*.
   Betty: Que tipo de pedra?
   Melissa: É uma pedra *preciosa*.
b. Wilma: O que é liberdade?
   Grace: É independência.
   Wilma: O que é independência?
   Grace: É liberdade.
   Wilma: Parece que estamos andando em círculos.

22. Identificando e usando critérios

Sempre que fazemos juízos de valor (seja em temas de ética ou de estética) ou de prática (estimando quantidades ou qualidades) ou mesmo de fatos (determinando a aceitabilidade de evidência), nós usamos padrões ou critérios. É importante que os alunos saibam que são usados critérios para fazer tais juízos e se esses são os mais apropriados. Critérios são especialmente importantes para a construção de definições e para a operacionalização de conceitos. Quando nos confrontamos com um problema, tentamos levar em conta todas as considerações — mas aquelas que são decisivas são os critérios.
a. Wilbur: Usando o critério de *renda per capita*, a Índia é um país pobre.
   Flo: Sim, mas considerando o critério de *riquezas naturais*, a Índia é um país rico.
b. Yolanda: Usando o critério de *população*, o Japão é um país grande.
   Zeke: Sim, mas usando o critério de *tamanho geográfico*, o Japão é um país pequeno.
c. Gail: Eu acho *O Mercador de Veneza* uma boa peça, mas qual é o critério que uso para julgá-la?
   Sandra: Julgá-la como uma tragédia não é muito bom.
   Leon: E julgá-la como uma comédia também não é bom.
   Gail: Bem, se não são esses os critérios, deve haver outros em que não pensamos. Acho que tenho de continuar tentando encontrá-los.

23. Exemplificação

Muitas crianças que têm dificuldades em generalizar e desenvolver

conceitos têm, no entanto, facilidade em dar exemplos — contrariamente ao que acontece a muitos adultos. A aptidão para dar exemplos é essencial para a capacidade de aplicar idéias a situações concretas. Igualmente essencial é a aptidão de dar contra-exemplos como um meio de refutação.
a. Ruth: Você pode me dar alguns exemplos de cores?
Jack: Claro — verde, púrpura, vermelho, marrom. Ainda bem que você não me perguntou *o que é* cor.
b. Gene: Tudo o que sobe tem de descer.
Joy: Como um foguete espacial, não é?
Observação: O contra-exemplo de Joy refuta a afirmação de Gene.

24. Construindo hipóteses

Hipóteses são idéias que representam possíveis maneiras de resolver situações problemáticas. Quando nos deparamos com fatos surpreendentes ou importunos, inventamos hipóteses para responder por eles. A habilidade em construir hipóteses tanto requer quanto abrange habilidade em fazer previsões pelas quais as hipóteses em questão ou são confirmadas ou descartadas.
a. Max: Eu acho que isto aqui é um ácido. Veja o seu vapor!
Lucy: Vamos examiná-lo no papel de tornassol. Se ficar vermelho, você está certo.
b. Tim: Eu estou intrigado com aquele cara parado lá. Ele não pára de nos observar jogando fliperama.
Jeff: Bem, se ele for o bedel da escola, estará tudo explicado.
Observação: Em "b", se o homem *não* for o bedel da escola, então a hipótese é irrelevante, e uma nova hipótese será necessária. Se ele for o bedel, mas não estiver olhando para Tim e Jeff, então a hipótese é descartada, pois ela não explica por que ele os observa.

25. Contextualizando

Os estudantes devem ser capazes de reconhecer como as afirmações mudam de sentido — e provavelmente seus valores verdadeiros — quando são aplicadas a contextos diversos. Assim, afirmando que alguma coisa é verdade, devemos estar preparados para dizer *em que circunstâncias* poderia ser falsa, e vice-versa. Também devemos ser capazes de fornecer, da experiência prévia, contextos que fariam significativas algumas declarações elípticas.

Tony: Escute o que Otelo diz na Cena 2, ato 5º: "Apaga a luz e apaga a luz!" Isso é redundante!
Louise: Não, não é. Você tem que fornecer um contexto diferente para cada "Apaga a luz" e, quando você o fizer, cada um terá um significado diferente.

26. Antecipando, prevendo e estimando conseqüências

Até certo ponto, a racionalidade envolve a previsão do impacto futuro sobre o que acontece no presente, atividade essa que pode ou não ser feita por nós. É difícil cobrar a responsabilidade por algo que alguém tenha feito se for evidente que esse alguém era incapaz de prever o que aconteceria como resultado de seu ato.
Clare: Bill, eu não faria isso se fosse você. Existe uma punição severa para quem dá alarme falso de incêndio.
Bill: Ah, ninguém vai me pegar. Não tem ninguém olhando.
Clare: Mas enquanto os bombeiros correm atrás de alarmes falsos, eles deixam de apagar incêndios de verdade.
Bill: Isso é besteira.
Clare: Claro que é besteira — principalmente se for na sua casa!
Observação: Clare está tentando fazer Bill raciocinar. Ele está tentando encontrar razões que pudessem dissuadi-la. Neste caso, as razões citadas envolvem conseqüências desvantajosas. Clare poderia apenas citar a lei em vez das penalidades. Mas provavelmente ela suspeita que a formação de caráter de Bill para a obediência à lei deveria ter sido feita muito tempo antes e este não é o momento para completar sua educação moral.

27. Classificação e categorização

Existem dois tipos de classificação: por escolha e por nivelamento. Na escolha não se envolve a distinção entre melhor e pior; no nivelamento sim. Ao selecionarmos um conjunto de classes em que muitos indivíduos devem ser agrupados, devemos procurar por classes que sejam mutuamente exclusivas e exaustivas da totalidade de indivíduos.

Biff: Os países podem ser classificados como democráticos ou não-democráticos.
Pam: Mas os países não-democráticos podem ser classificados como totalitários ou autoritários.

Biff: Eu discordo de você em dois pontos: primeiro, os países totalitários são também autoritários; e, segundo, há países que não são democráticos e também não são autoritários.
Observação: Biff está correta. A classificação de Pam não é nem exaustiva nem mutuamente exclusiva.

NOTAS E BIBLIOGRAFIA

NOTAS

Capítulo 2

1. Jacques Derrida, *Qui a peur de la philosophie?*
2. Plato, *Republic*, Book 7, trad. Francis Cornford. Nova York: Oxford Press, 1945, p. 261.
3. Gilbert Ryle, "Plato", in *The Encyclopedia of Philosophy*, ed. Paul Edwards. Nova York: Macmillan, 1967.
4. Plato, *Gorgias* (p. 485), in *The Collected Dialogues of Plato*, ed. Edith Hamilton and Huntington Cairns. Princeton, N.J.: Princeton University Press, 1961.
5. George Santayana, "Ultimate religion", in *Obiter Scripta*, ed. Justus Buchler and Benjamin Schwartz. Nova York: Scribner's, 1936.

Capítulo 3

1. Robin G. Collingwood, *Essay on Philosophical Method*. Oxford: Clarendon Press, 1933, pp. 26-52.
2. Eduard Hanslick, *On the Musically Beautiful*, ed. e trad., Geoffrey Payzant. Indianapolis, IN: Hackett Publishing Co., 1986.

Capítulo 4

1. David Hume, *An Inquiry Concerning Human Understanding*. Nova York: Liberal Arts Press, 1955, p. 173.

2. Veja, por exemplo, Robert Bellah *et al.*, *Habits of the Heart*, Berkeley: University of California Press, 1985, bem como os comentários recentes de E. D. Hirsch, Jr., nos quais ele proclama ser capaz de identificar "o que todo americano precisa saber" (*Education Week*, 15 de abril de 1987, p. 9).

Eis a explicação de Hirsch de que para os alunos serem "culturalmente letrados" precisam não apenas de habilidades de pensamento, mas de fatos:

Poderíamos incorporar os elementos da instrução cultural na estrutura dos livros didáticos, cursos e requisitos escolares. Poderíamos ensinar mais visões que abranjam grandes movimentos do pensamento humano e experiência. Mesmo agora o objetivo do ensino de informação compartilhada está sob o ataque da última versão do formalismo educacional, o movimento do "pensamento crítico". Este bem intencionado programa educacional visa levar a criança para além das habilidades básicas mínimas determinadas pelas diretrizes do Estado e encorajar o ensino de "habilidades superiores". Por mais admiráveis que sejam estas metas, o denegrir dos "meros fatos" pelos proponentes do movimento é uma repetição perigosa dos erros cometidos em 1918.

Qualquer movimento educacional que evite chegar a um acordo com os conteúdos específicos da educação ou que escape à responsabilidade de comunicá-la a todos os cidadãos está cometendo um erro fundamental. Por mais nobres que sejam suas metas, qualquer movimento que proteste contra os fatos como antiquados ou irrelevantes ofende a causa da instrução nacional. O velho preconceito de que os fatos enfraquecem as mentes das crianças tem uma longa história nos séculos dezenove e vinte e inclui não apenas os discípulos de Rousseau e Dewey, mas também de Charles Dickens, que, na figura de Mr. Gradgrind em *Hard Times*, satirizou o ensino dos meros fatos. Mas não são os fatos que enfraquecem as mentes das crianças pequenas, que estão armazenando fatos em suas mentes todos os dias com voracidade estonteante. É a incoerência — nossa falha em assegurar que o padrão de ensino compartilhado, vívido, e de conhecimento para a capacitação social emergirá de nossa instrução.

A noção de que habilidades de pensamento podem ser confiadas juntamente com a tarefa de dar coerência à massa inerte, atomística de fatos dificilmente é levada a sério. Sem conceitos ou idéias, tais fatos são simples resíduos de informação alienada. Há dificuldades em abundância em qualquer

noção de "cultura comum", mas nenhuma é mais problemática que a de Hirsch, com sua visão primitiva de que tal cultura é um agregado de fatos. (Veja E. D. Hirsch, Jr., *Cultural Literacy*. Boston: Houghton Mifflin, 1987, pp. 132-33.)
3. Cf. R. M. Hutchins, *The Conflict in Education in a Democratic Society*. Nova York: Harper, 1953.
4. Benjamin Bloom et al., eds., *Taxonomy of Educational Objectives*. Vol. 1. Nova York: David McKay, 1956-64.

Capítulo 5

1. Aristotle, *Nichomachean Ethics*, in *The Basic Works of Aristotle*, ed. Richard Mckeon. Nova York: Random House, 1941, pp. 935-43.
2. Emmanuel Kant, *Fundamental Principles of the Metaphysic of Morals*. Nova York: Liberal Arts Press, 1949.
3. John Stuart Mill, *On Liberty and Utilitarianism,* in *The Six Great Humanistic Essays of John Stuart Mill, ed. Albert Wm. Levi. Nova York: Washington Square Press, 1963.*
4. John Dewey, *"Moral Judgement and Knowledge",* in *Theory of the Moral Life*, ed. Arnold Isenberg. Nova York: Holt, Rinehart and Winston, 1908, 1960, pp. 120-46.
5. Para um exame comparativo de uma lista similar de habilidades cognitivas aplicadas a assuntos mais factuais que valorativos, veja Matthew Lipman, "Thinking Skills Fostered by Philosophy for Children," in *Thinking and Learning Skills, Vol.1: Relating Instruction to Research*, ed. Judith W. Segal, Susan F. Chipman e Robert Glaser. Hillsdale, N.J.: Lawrence Eribaum Associates, 1985, pp. 83-108.
6. Os números relacionam as habilidades conforme estão seqüenciadas no Apêndice.

Capítulo 6

1. Citado em Justus Buchler, *The Concept of Method*. Nova York: Columbia University Press, 1961, p. 13.
2. Stuart Hampshire, "Logic and Appreciation," *World Review*, 1952.
3. Algo pode ser chamado de singular por ser "o único de um tipo", isto é, o único exemplo de um dado tipo. Mas o fato

de algo ser singular não o impede de pertencer a uma ordem ou, no que diz respeito ao assunto, a inúmeras ordens.
4. Veja Buchler, *Concept of Method*.
5. Para a discussão daqueles atos altamente extraordinários e individualizados que excedem grandemente o que é moralmente esperado de uma pessoa, veja J. O. Urmson, "Saints and Heroes", in *Essays in Moral Philosophy*, ed. A. I. Melden. Seattle: University of Washington Press, 1958, pp. 198-216.
6. Robin G. Collingwood, *The Principles of Art*. Oxford: Oxford University Press, 1937, pp. 15-16.
7. Cf. Gilbert Ryle, "Thinking and Self-Teaching", *Rice University Studies* 58, n? 2 (Verão, 1972).
8. Isto foi discutido por Gilbert Harman, *The Nature of Morality*. Nova York: Oxford University Press, 1977, p.127.

Capítulo 9

1. Charles Glock *et al.*, *Adolescent Prejudice*. Nova York: Harper & Row, 1975.
2. Matthew Lipman, Marcos. Upper Montclair, N.J.: IAPC, 1980, Cap.1.

Capítulo 10

1. Ronald Berman, Op Ed column, *The New York Times*, Jan. 29, 1978, p. 4.
2. Kenneth Kotch, Rose, *Where Did You Get That Red?* Nova York: Random House, 1973; e *Wishes, Lies, and Dreams*. Nova York: Chelsea House, 1970.
3. ohn Dewey, *Art as Experience*. Nova York: Minton, Balch, 1934, pp.35-57.

Capítulo 14

1. Cf. W. E. Kennick, "Creative Acts", in *Art and Philosophy*. 2ª ed., ed. W. E. Kennick. Nova York: St. Martin's Press, 1979, p.166.
2. A noção de tratar todas as atividades humanas como jogos é em geral associada em Wittgenstein, mas pode-se ver também Johan Huizinga, em *Homo Ludens: A Study of the Play-*

Element in Culture. Londres: Routledge and Kegan Paul, 1949, pp. 199-213.
3. Veja, por exemplo, sua discussão sobre "técnica" in *The Principles of Art.* Oxford: Clarendon Press, 1938, pp. 26-28.
4. Kennick, "Creative Acts," p. 181.
5. Carl R. Hausman, "Creativity Studies: Where Can They Go?" *The Journal of Aesthetics and Art Criticism* 45, n? 1 (Outono, 1986): 87-88.
6. Charles Peirce, "The Probability of Induction", in *Philosophical Writings of Peirce*, ed. Justus Buchler. Nova York, Dover Publications, 1955, p. 180.
7. Cf. Michael A. Wallach, "Creativity and the Expression of Possibilities", in *Creativity and Learning,* ed. Jerome Kagan. Boston: Houghton Mifflin, 1967, pp. 36-57.

Capítulo 15
1. C. I. Lewis, *An Analysis of Knowledge and Valuation.* La Salle, Ill.: Open Court, 1946, pp. 469-78.

BIBLIOGRAFIA

Baier, Kurt. "Response to Matthew Lipman's 'Philosophical Practice and Educational Reform.'", *Journal of Thought* 20, n.º 4 (Inverno, 1985): 37-44.
Baier, Kurt e Nicholas Rescher, eds. *Values and the Future*. Nova York: Free Press, 1969.
Bandman, Bertram. "The Child's Right to Inquire", *Thinking, The Journal of Philosophy for Children* 2, n.º 2, pp. 4-11.
Baron, Jonathan. *Rationality and Intelligence*. Nova York: Cambridge University Press, 1985.
Bellah, Robert, et al. *Habits of the Heart*. Berkeley: University of California Press, 1985.
Benderson, Albert. "Critical Thinking". *Focus* 15 (1984): 7-9.
Berman, Ronald. Op Ed column, *The New York Times*, Jan. 29. 1978, p.4.
Bloom, Benjamin, et al., eds. *Taxonomy of Educational Objectives*. Vol.1. Nova York: David McKay, 1956-64.
Brandt, Anthony. "Teaching Kids to Think", *Ladies Home Journal* (Set., 1982): 104-6
Brumbaugh, Robert S. *The Philosophers of Greece*. Albany, N.Y.: State University Press, 1977.
Buber, Martin. *Between Man and Man*. Nova York: Macmillan, 1965.
Buchler, Justus. *The Concept of Method*. Nova York: Columbia University Press, 1961.
Chance, Paul. *Thinking in the Classroom*. Nova York: Teachers College Press, 1986.
Collingwood, Robin G. *The Principles of Art*. Oxford: Oxford University Press, 1937.
Descartes, René. *The Philosophical Writings os Descartes*. Cambridge. Cambridge University Press, 1984-85.
Dewey, John. *The Child and the Curriculum*. Chicago: The University of Chicago Press, 1902.
_____.*How We Think*. ed. rev. Nova York: D. C. Heath, 1933.
_____.*Human Nature and Conduct*. Nova York: Henry Holt and Co.,1922.
_____.Theory of the Moral Life. Nova York: Holt, Rinehart and Winston, 1908.
_____.*Theory of Valuation*, in *International Encyclopedia of Unified Science*, Vol. II, n.º 4. Chicago: University of Chicago Press, 1939, pp. 40-50.
Durkhein, Emile. *The Division of Labor in Society*, trad. George Simpson. Nova York: Macmillan, 1933.
_____.*Suicide*, trad. John A. Spaulding e George Simpson. Glencoe,Ill.: Free Press, 1951.
Edgeworth, Maria e Richard L. Edgeworth. *Practical Education*. 2.ª ed., 3 vols. Londres: J. Crowder, 1801.
Edgeworth, Richard L. *Essays on Prefessional Education*. Londres: J. Johnson, 1809.
Ende, Michael. "Literature for Children", *Thinking: The Journal of Philosophy for Children* 5, n.º 2, pp.2-5.
Epictetus. *Enchiridion*, trad. George Long. Chicago: Henry Regnery, 1956,
Glock, Charles, et al., eds. *Adolescent Prejudice*. Nova York: Harper & Row, 1975.
Golding, William. *Lord of the Flies*. Nova York: Capricorn Books, 1955.
Goodman, Nelson. *Languages of Art*. Indianapolis: Bobbs-Merrill, 1968.
Gutek, Gerald. "Philosophy for Children", *Phi Delta Kappan*, Abril, 1976. Hampshire, Stuart. "Logic and Appreciation", *World Review*, 1952.

Harman, Gilbert. *The Nature of Morality*. Nova York: Oxford University Press, 1977.
Hausman, Carl R. "Creativity Studies: Where Can They Go?" *The Journal of Aesthetics and Art Criticism* 45, n.º 1 (Outono, 1986):87-88. Hirsch, E. D.,Jr. *Cultural Literacy*. Boston: Houghton Mifflin, 1987.
Hobbes, Thomas. *Leviathan*. Nova York: Liberal Arts Press, 1958.
Huizinga, Johan. *Homo Ludens: A Study of the Play-Element in Culture*. Londres: Routledge and Kegan Paul, 1949.
Hume, David. *An Inquiry Concerning Human Understanding*. Nova York: Liberal Arts Press, 1955.
Hutchins, R. M. *The Conflict in Education in a Democratic Society*. Nova York: Harper's, 1953.
Johnson, Tony W. "Philosophy for Children and its Critics - Going Beyond the Information Given", *Educational Theory* 37, n.º 1 (Inverno, 1987): 61-68.
Kant, Immanuel. *Fundamental Principles of the Metaphysic of Morals*. Nova York: Liberal Arts Press, 1949.
Kennick, W. E., ed. *Art and Philosophy*. 2ª ed. Nova York: St. Martin's Press, 1979.
Koch, Kenneth. *Rose, Where Did You Get That Red?* Nova York: Random House, 1973.
_____.*Wishes, Lies, and Dreams*. Nova York: Chelsea House, 1970.
Last, Jane. "I Think, Therefore I Add", *The Times Educational Supplement*, Junho 15, 1984.
Lewis, C. I. *An Analysis of Knowledge and Valuation*. La Salle, Ill.: Open Court, 1946.
Lipman, Matthew. *Harry Stottlemeier's Discovery*. Upper Montclair, N.J.: I, 1974.
_____.*A Descoberta de Ari dos Telles*. 2 vols., trad. Ana Cecília S. T. Americano. São Paulo: Difusão Nacional do Livro, Editora e Importadora Ltda., 1987.
_____.*Issao e Guga*. 2 vols., trad. Sylvia Judith Mandel. São Paulo: Difusão Nacional do Livro, Editora e Importadora Ltda., 1987.
_____. *Kio and Gus*. Upper Montclair, N.J.: IAPC, 1982.
_____.*Lisa*. 2ª ed. Upper Montclair, N.J.: IAPC, 1983.
_____.*Mark*. Upper Montclair, N.J.: IAPC, 1980.
_____. *Pimpa*. 2 vols., trad. Sylvia Judith H. Mandel. São Paulo: Difusão Nacional do Livro, Editora e Importadora Ltda., 1985.
_____. *Pixie*. Upper Montclair, N.J.: IAPC, 1981.
_____. *Suki*. Upper Montclair, N.J.: IAPC, 1978.
Lipman, Matthew e Ann Margaret Sharp. *Ethical Inquiry*. Lanham, Md.: University Press of America, 1985.
_____. *Growing up with Philosophy*. Filadélfia: Temple University Press, 1978.
_____. *Looking for Meaning*. Lanham, Md.: University Press of America, 1984.
_____. *Social Inquiry*. Upper Montclair, N.J.: IAPC, 1980.
_____. *Wondering at the World*. Lanham, Md.: University Press of America, 1984.
_____. *Writing: How and Why*. Upper Montclair, N.J.: IAPC, 1980.
Lipman, Matthew, Ann Margaret Sharp e Frederick S. Oscanyan. *Philosophy in the Classroom*. 2ª ed. Filadélfia: Temple University Press, 1980.
_____. *Philosophical Inquiry*. Lanham, Md.: University Press of America, 1984.

Locke, John. *John Locke on Education*, ed. Peter Gay. Nova York: Teachers College Press, 1964.
_____. *Two Treatises on Government*. 2ª ed., ed. Peter Laslett. Londres: Cambridge University Press, 1967.
Matthews, Gareth B. *Philosophy and the Young Child*. Cambridge, Mass.: Harvard University Press, 1980.
_____. Dialogs with Children. Cambridge, Mass.: Harvard University Press, 1984.
McManus, Michael. "Using Classroom as a Community of Inquiry", *Chicago Sun-Times*, Nov. 28, 1984.
Mead, George Herbert. "The Psychology of Social Consciousness Implied in Instruction", *Science* 31, (1910): 688-93.

Montaigne, Michel E. de. *The Essays of Michel de Montaigne*: Nova York: Heritage Press, 1946.

Munchausen, Baron. *Gulliver Revived: Or the Vice of Lying Properly Exposed*. Londres: Smith, 1785.

Nelson, Leonard. *Socratic Method and Critical Philosophy*. New Haven, Conn.: Yale University Press, 1949.

Nickerson, Raymond e David Perkins. *The Teaching of Thinking*. Hillsdale, N.J.: Lawrence Erlbaum, 1985.

Oakeshott, Michael. "The Voice of Poetry in the Conversation of Mankind", in *Rationalism in Politics*. Nova York: Basic Books, 1962.

Peirce, Charles. "The Fixation of Belief", in *Philosophical Writings of Peirce*, ed. Justus Buchler. Nova York: Dover Publications, 1955.

_____. "The Probability of Induction", in *Philosophical Writings of Peirce*, ed. Justus Buchler. Nova York: Dover Publications, 1955.

Piaget, Jean. *Judgement and Reasoning in the Child*. Londres: Routledge and Kegan Paul, 1928.

_____. *Language and Thought of the Child*. Londres: Routledge and Kegan Paul, 1932.

Plato. *Republic and Gorgias*, in *The Collected Dialogs of Plato*, ed. Edith Hamilton and Huntington Cairns. Princeton, N.J.: Princeton University Press. 1961.

Pritchard, Michael S. *Philosophical Adventures with Children*. Lanham, Md.: University Press of America, 1985.

Reed, Ronald F. *Talking wilh Children*. Denver: Arden Press, Inc.,1983.

Richards, I. A. *Interpretation in Teaching*. Nova York: Harcourt Brace, 1938.

Rousseau, Jean-Jacques. *The Social Contract*, trad. G. D. H. Cole. Nova York: Everyman's Library, E. P. Dutton, 1913.

Ryle, Gilbert. *Collected Papers*. Nova York: Barnes & Noble, 1971.

_____. "Plato", in *Encyclopedia of Philosophy*, ed. Paul Edwards. Nova York: Macmillan, 1967.

_____. "Thinking and Self-Teaching", in *Rice University Studies* 58, n? 2 (Verão, 1972).

Santayana, George. "Ultimate Religion", in *Obiter Scripta*, ed. Justus Buchler and Benjamin Schwartz. Nova York: Scribner's, 1936.

Segal, Judith W., Susan F. Chipman e Robert Glaser, eds. *Thinking and Learning Skills, Vol.1: Relating Instruction to Research*. Hillsdale, N.J.: Lawrence Erlbaum Associates, 1985.

Sheils, Merril e Frederick V. Boyd. "Philosophy for Kids",
Newsweek, Set. 20, 1976.

Sternberg, Robert J. "Critical Thinking: Its Nature, Measurement and Improvement", in *Essays on the Intellect*, ed. Frances R. Link. Alexandria, Va.: Association for Supervision and Curriculum Development, 1985.

Urmson, J. O. "Saints and Heroes", in *Essays in Moral Philosophy*, ed. A. I. Melden. Seattle: University of Washington Press, 1958.

_____. "On Grading", *Mind*, 1950, pp. 398-401.

Vico, Giovanni Battista. *The New Science of Giovanni Vico*. Ithaca, N. Y.: Cornell University Press, 1968.

Vygotsky, L. S. *Thouhght and Language*, ed. e trad. E. Hanfmann e F. Vakar. Cambridge, Mass.: MIT Press, 1962.

Wallach, Michael A. "Creativity and the Expression of Possibilities", in *Creativity and Learning*, ed. Jerome Kagan. Boston: Houghton Mifflin, 1967.

Weber, Max. "The Protestant Essay and the Spirit of Capitalism", in *Man in Contemporary Society*. Vol. 2, trad. Peter Gay. Nova York: Columbia University Press, 1956.

NOVAS BUSCAS EM EDUCAÇÃO
VOLUMES PUBLICADOS

1. *Linguagem Total* — Francisco Gutiérrez.
2. *O Jogo Dramático Infantil* — Peter Slade.
3. *Problemas da Literatura Infantil* — Cecília Meireles.
4. *Diário de um Educastrador* — Jules Celma.
5. *Comunicação Não-Verbal* — Flora Davis.
6. *Mentiras que Parecem Verdades* — Umberto Eco e Marisa Bonazzi.
7. *O Imaginário no Poder* — Jacqueline Held.
8. *Piaget para Principiantes* — Lauro de Oliveira Lima.
9. *Quando Eu Voltar a Ser Criança* — Janusz Korczak.
10. *O Sadismo de Nossa Infância* — Org. Fanny Abramovich.
11. *Gramática da Fantasia* — Gianni Rodari.
12. *Educação Artística* — luxo ou necessidade — Louis Porches.
13. *O Estranho Mundo que se Mostra às Crianças* — Fanny Abramovich.
14. *Os Teledependentes* — M. Alfonso Erausquin, Luiz Matilla e Miguel Vásquez.
15. *Dança, Experiência de Vida* — Maria Fux.
16. *O Mito da Infância Feliz* — Org. Fanny Abramovich.
17. *Reflexões: A Criança — O Brinquedo — A Educação* — Walter Benjamim.
18. *A Construção do Homem Segundo Piaget* — Uma teoria da Educação — Lauro de Oliveira Lima.
19. *A Música e a Criança* — Walter Howard.
20. *Gestaltpedagogia* — Olaf-Axel Burow e Karlheinz Scherpp.
21. *A Deseducação Sexual* — Marcello Bernardi.
22. *Quem Educa Quem?* — Fanny Abramovich.
23. *A Afetividade do Educador* — Max Marchand.
24. *Ritos de Passagem de nossa Infância e Adolescência* — Org. Fanny Abramovich.
25. *A Redenção do Robô* — Herbert R'ad.
26. *O Professor que não Ensina* — Guido de Almeida.
27. *Educação de Adultos em Cuba* — Raúl Ferrer Pérez.

28. *O Direito da Criança ao Respeito* — Dalmo de Abreu Dallari e Janusz Korczak.
29. *O Jogo e a Criança* — Jean Chateau.
30. *Expressão Corporal na Pré-Escola* — Patricia Stokoe e Ruth Harf.
31. *Estudos de Psicopedagogia Musical* — Violeta Hemsy de Gainza.
32. *O Desenvolvimento do Raciocínio na Era da Eletrônica* — Os Efeitos da TV, Computadores e "Videogames" — Patrícia Marks Greenfield.
33. *A Educação pela Dança* — Paulina Ossona.
34. *Educação como Práxis Política* — Francisco Gutiérrez.
35. *A Violência na Escola* — Claire Colombier e outros.
36. *Linguagem do Silêncio* — Expressão Corporal — Claude Pujade-Renand.
37. *O Professor não Duvida! Duvida!* — Fanny Abramovich.
38. *Confinamento Cultural, Infância e Leitura* — Edmir Perrotti.
39. *A Filosofia Vai à Escola* — Matthew Lipman.
40. *De Corpo e Alma* — o discurso da motricidade — João Batista Freire.
41. *A Causa dos Alunos* — Marguerite Gentzbittel.
42. *Confrontos na Sala de Aula* — uma leitura institucional da relação professor-aluno — Julio Groppa Aquino.

www.**gruposummus**.com.br

Acesse, conheça o nosso catálogo e cadastre-se para receber informações sobre os lançamentos.

www.gruposummus.com.br

IMPRESSO NA
sumago gráfica editorial ltda
rua itauna, 789 vila maria
02111-031 são paulo sp
tel e fax 11 **2955 5636**
sumago@sumago.com.br

GRÁFICA
sumago